Methodisch-didaktische Prinzipien u
Konzepte für Hebräisch an H

Ganna Lirer

Methodisch-didaktische Prinzipien und organisatorische Konzepte für Hebräisch an Hochschulen

PL ACADEMIC RESEARCH

Bibliografische Information der Deutschen Nationalbibliothek
Die Deutsche Nationalbibliothek verzeichnet diese Publikation
in der Deutschen Nationalbibliografie; detaillierte bibliografische
Daten sind im Internet über http://dnb.d-nb.de abrufbar.

Gedruckt auf alterungsbeständigem,
säurefreiem Papier.

ISBN 978-3-631-65879-6 (Print)
E-ISBN 978-3-653-05197-1 (E-Book)
DOI 10.3726/978-3-653-05197-1

© Peter Lang GmbH
Internationaler Verlag der Wissenschaften
Frankfurt am Main 2015
Alle Rechte vorbehalten.
PL Academic Research ist ein Imprint der Peter Lang GmbH.

Peter Lang – Frankfurt am Main · Bern · Bruxelles · New York ·
Oxford · Warszawa · Wien

Diese Publikation wurde begutachtet.

www.peterlang.com

Diese Arbeit widme ich dem einzelnen Mensch, der an mich glaubt – meinem Mann Yevgeniy Ovsyannykov

Inhaltsverzeichnis

Diagramm- und Tabelleverzeichnis

Danksagungen

Diese Arbeit wäre ohne das Verständnis meines Mannes mir bloß unmöglich. Mein Dank gilt meinen allen beiden Gutachterin Frau Pr. Dr. Karin Kleppin (Ruhr-Universität Bochum, Fakultät Sprachlehrforschung) und Frau Pr. Dr. Dagmar Börner-Klein (Henrich-Heine Universität Düsseldorf, Fakultät „Jüdische Studien") für die hervorragende kritisch-konstruktive Betreuung der vorliegenden Arbeit.

M.A. (Phil.) Ganna Lirer

Einleitung

Um eine Sprache zugänglich, systematisch und strukturiert zu unterrichten, stützt sich ein Lehrer auf Prinzipien, die auf der Grundlage der Unterrichtsmethodik entwickelt wurden.

„Im Hinblick auf die Ziele des Fremdsprachenunterrichts hat es in den letzten Jahren in vielen Ländern grundlegende Veränderungen und Neuorientierungen gegeben. Dabei ist ein wichtiger Einflussfaktor die didaktisch-methodische Fachdiskussion, die sich zunehmend von globalen und starren vermittlungsmethodischen Konzepten entfernt und sich eher an so genannten didaktisch-methodischen Prinzipien orientiert". (K. Ende/ R. Grotjahn/ K. Kleppin/ I. Mohr, 2013:8) [1].

Auf diese Weise bestimmen die unterrichtsmethodischen Prinzipien ein ergebnisgerichtetes, zweckgebundenes und planvolles Vorgehen bei der Wissensvermittlung. Als Ergebnis der Fremdsprachenvermittlung werden das in ausreichendem Maße erlangte Sprachkönnen und das Sprachwissen der Lernenden angesehen. Als planvolles Vorgehen wird der Zuwachs des Wissens in der durch die Planung bestimmten Reihenfolge bezeichnet.

Die unterrichtsmethodischen Prinzipien bestimmen die Lehr- und Lernverfahren und dienen als Leitfaden für das unterrichtspraktische Handeln des Lehrers mit dem Ziel, die Inhalte konzeptuell strukturiert und zugänglich zu vermitteln. Die lern-, inhalts- und handlungsorientierten Prinzipien fördern den Lernprozess. Das Wissen muss vom Lehrer zugänglich vorgestellt und erläutert sowie von den Lernenden behalten werden. In der vorliegenden Arbeit werden die folgenden sieben unterrichtsmethodischen Prinzipien des Fremdsprachenunterrichts am Beispiel des Modernhebräischunterrichts (Iwrit) betrachtet:

Lernerorientierung, Kompetenzorientierung, Handlungsorientierung, Aufgabenorientierung, Inhaltsorientierung, Interaktionsorientierung, Interkulturelle Orientierung. Zu jedem Prinzip erfolgt eine Beschreibung bzw. Benennung von Einsatzmöglichkeiten im Hebräischunterricht. Jedes Prinzip kann von Lehrenden anders umgesetzt werden. „Der handelnde Lehrer wird hier sozusagen zum Forscher in eigener Sache – in einem Forschungsprozess, der unter aktiver Mitwirkung aller Beteiligten zugleich Wissen vertiefen und Praxis verändern will". (siehe auch Altrichter, Posch, 1994 in: A. Vielau, 1997:10-11) [2]. Häufig nutzt der Lehrer in einem Kurs mehrere Unterrichtsprinzipien nebeneinander, indem er aus mehreren Prinzipien eine eigene Methodik erarbeitet.

„Methodik... ist eine primär praxisorientierte Handlungswissenschaft, die nicht nur von Empirie und exaktem Wissen, sondern auch vom Experiment, von praktischer Erfahrung und subjektiver Phantasie, Feldbeobachtung und verstehender Interpretation lebt – zumindest dort, wo schlüssigere Erkenntnisquellen (noch) fehlen". (A. Vielau, 1997:10) [3].

Methodisch-didaktische Prinzipien bilden die wissenschaftliche Basis für die Unterrichtsplanung. Das heißt: Das konkrete Lernziel des Unterrichts findet eine Übereinstimmung mit einem bestimmten Prinzip. So liegt beispielsweise dem Lernziel „Fehleranalyse bzw. Fehlerkorrektur" das Prinzip der Bewusstheit zugrunde. Auf diese Weise üben die Prinzipien auf die Orientierungen bei der Unterrichtorganisation in dem Lernprozess aus Einfluss.

1. Adressaten und Verwendungszwecke

1.1 Hebräischunterricht an der Universität

An der Universität lernen Menschen unterschiedlichen Alters, unterschiedlicher Nationalitäten und Muttersprache Hebräisch. Für das Modernhebräisch steht als finales Ziel der aktive Sprachgebrauch im Fokus. Aus diesem Grund wird der Kurs auf die für den aktiven Sprachgebrauch erforderlichen Fertigkeiten ausgerichtet.

In der ersten Phase wird Hebräisch als Fremdsprache von Studierenden außerhalb des Ziellandes gelernt. Der Lernprozess ist anhand eines Lehrplans gesteuert.

> „Der Lehrplan regelt Art und Umfang des Input,...er regelt die Abfolge der Lernaktivitäten, die den Intake des Lernstoffs bewirken sollen; und er legt spezifische Erfolgskriterien fest, an denen der Output der Lernenden gemessen und der Bezug zu den Lehrzielen hergestellt wird". (A. Vielau, 1997:75-76) [4].

Es geht nicht um einen ungesteuerten Erwerb einer Sprache (wie im Kindesalter), sondern um bewusstes, zielgerichtetes Lernen mithilfe eines Lehrers und Lehrbüchern.

> „Ein Lehrbuch vermittelt den grammatischen Stoff in schrittweisem Aufbau.... Der klaren Isolierung und dem konsequenten Aufbau der grammatischen Erscheinungen gilt das Bemühen eines Lehrbuchs bis zur umfassenden Kenntnis des Systems". (D. Vetter/ J. Walther, 1973:12) [5].

Die geeignetsten Lehrbücher werden von israelischen Universitäten für Studierende, die Hebräisch als Fremdsprache lernen, herausgeben.

Die Adressaten dieses Kurses sind vor allem die Studenten des Faches „Jüdische Studien". Grundsätzlich kann er aber für Studenten aller geisteswissenschaftlichen Fachrichtungen interessant sein. Die Mehrzahl der Studierenden hat keine Vorkenntnisse in den semitischen Sprachen. Deswegen orientiert sich der Kurs „Modernes Hebräisch" an den Anfängern, die Interesse an der Sprache, Kultur und Literatur des Landes Israel haben.

Der Sprachkurs „Modernes Hebräisch" dauert zwei Semester (je 2 SWS). Das Ziel dieses Kurses ist es, zur mündlichen und schriftlichen Kommunikation in Hebräisch zu befähigen. Deswegen erwerben die Studierende Kenntnisse im mündlichen und schriftlichen Bereich. Dafür muss man sich ein Grundvokabular (die ca. 2000 geläufigsten Wörter) aneignen. Dieser Wortschatz ermöglicht es den Lernenden, in Alltagssituationen innerhalb des Landes der Zielsprache zurechtzukommen. In der ersten Phase im Rahmen des dreijährigen Bachelor-Studiums erlernen Studierende in dem ersten Lehrjahr die hebräische Sprache bis Niveau A2 (א) (alef), in dem zweiten – bis Niveau B1 (ב) (bet) und in dem dritten – bis Niveau B2 (ג) (gimel).

In der zweiten Phase im Rahmen des zweijährigen Masterstudiums erlernen Studierende während des Auslandsemesters die Sprache innerhalb des Ziellandes. In zahlreichen Programmen von Universitäten (z.B. von den Universitäten in Jerusalem, Tel-Aviv und Beer-Scheva) können die Studierenden ihre Sprachkenntnisse vertiefen und weiterentwickeln. Auf diese Weise wird Hebräisch in der Konversation mit Muttersprachlern im Zielland verwendet bzw. verbessert.

1.2 Wozu lernt man Hebräisch an der Universität?

(siehe Anhang 2: Leitfaden für Gruppengespräch mit Studierenden der Universität Düsseldorf, die Hebräisch als Fremdsprache lernen. S. 123)

Was motiviert Studierende dazu, Hebräisch zu lernen, obwohl die hebräische Sprache eine nicht so populäre und in Deutschland eine wenig verbreitete Fremdsprache ist? Diese Frage ist bedeutsam für Lehrer, die die hebräische Sprache in der Hochschule unterrichten.

Meistens interessieren sich Menschen für die europäischen Sprachen, vor allem für Englisch als lingua franca. Ich werde mich am Anfang meiner Arbeit mit der Fragestellung auseinandersetzen, warum sich Studierende für die hebräische Sprache entschieden haben und zu welchem Zweck sie die hebräische Sprache lernen wollen.

Die Gründe, die Studierende benannt haben, lassen sich kategorisieren.

Ein Teil der Studenten wollte die hebräische Sprache aus praktischem Gründen erlernen, z.B. zur Verbesserung der eigenen beruflichen Perspektiven, um in einem Unternehmen in Israel zu arbeiten oder um eine Dienstreise von Deutschland nach Israel problemlos antreten zu können. Die Antworten dieser Studierenden weisen die instrumentelle Motivation auf, weil die Sprache als Instrument für das Erreichen eines praktischen Ziels betrachtet wird.

Ein Paar Studierende sagen, dass sie Hebräisch lernen, weil sie sich für die Menschen und die Kultur Israels interessieren. Hebräisch gehört zu den ältesten Sprachen der Welt und innerhalb der Gruppe gibt es Studenten, die etwas über den für alten Orient aus der heutigen Sicht erfahren wollen. Aus ihren Aussagen folgt, dass sie mit dem Erlernen des alten und modernen Hebräisch die Hoffnung verbinden, den Geist des Volkes zu verstehen.

Im Vergleich zu der ersten Gruppe betrachten sie den Prozess des Hebräischerwerbs nicht nur als Mittel zum Erreichen des persönlichen Erfolgs.

Sie zeigen eine Begeisterung für die Sprache, die mit dem Wunsch verbunden ist, sich im hebräischen Raum „einzuleben", um sich in dem Land geistig zuhause zu fühlen. Daraus kann man schließen, dass diese Studierende eine integrative Motivation bewegt.

Eine weitere Gruppe von Studierenden lernt Hebräisch, weil sie oft in Israel Urlaub machen und ihnen die Sprachkenntnisse helfen, sich besser zu verständigen. Dieses kann als Reisemotivation bezeichnet werden.

Wenn ein paar Befragte sagen, dass sie die hebräische Sprache als Mittel zur Kontaktaufnahme benötigen, um freundschaftliche Beziehungen zu den Vertretern oder Bewohnern Israels zu pflegen, um mit ihnen per Internet oder persönlich zu kommunizieren – liegt eine Kommunikationsmotivation zugrunde.

Das primäre Ziel des heutigen Erlernens einer Fremdsprache bzw. des Fremdsprachenunterrichts besteht nicht nur in der Aneignung des Wissens über Sprache im Sinne eines Sprachsystems, sondern in dem Training von kommunikativen Fertigkeiten. Die Entwicklung von der Fertigkeit, mit der Sprache zu handeln, ist ohne Erwerb vom Wissen über die Kultur und die Traditionen des Volkes, das der Träger der Zielsprache ist, prinzipiell unmöglich. Auf diese Weise dient das Erlernen der Zielsprache ohne das Verstehen des kulturellen bzw. religiösen Hintergrundes dient kaum der Entwicklung von Fertigkeiten, die innerhalb des Ziellandes für eine erfolgreiche Kommunikation erforderlich sind. Die Einsicht in die grammatische Struktur der Sprache sollte mit der Landeskunde im Verlauf eines Sprachkurses verbunden werden. Dafür sollte man im Verlauf eines Sprachkurses nicht nur lernen, die Sprachregelmäßigkeiten zu begreifen, sondern ist es wichtig, dass man auch an die Kultur herangeführt wird.

Manche Studierenden lernen die Sprache, weil das Sprechen in der Zielsprache im Zielland mit Handeln verbunden ist. Wenn z.B. jemand sagt, dass er Hebräisch lernte, um mit israelischen Spezialisten im Rahmen eines gemeinsamen beruflichen Projekts Gespräche zu führen, dann liegt eine Handlungsmotivation vor.

Die Studenten, die sagen, dass ihnen durch die gewonnene Kenntnisse einer „schwierigen semitischen Sprache" mehr Anerkennung von anderen Personen entgegengebracht wird, sind von Prestigemotivationen geleitet.

Wenn Studierende davon sprechen, dass sie den Wunsch haben, Hebräisch zu lernen, weil diese Sprache zu der ältesten Gruppe von semitischen Sprachen gehört und der Lernprozess von ihnen als spannend definiert wird, liegt die intrinsische Motivation zugrunde. Das intrinsische Lernen ist durch den inneren Lehrplan der Lernenden beeinflusst. Gemäß diesem Plan, der auf eigenen Vorstellungen der Lernenden von dem Lernprozess bzw. auf ihren Zielen basiert, steuern die Lernenden selbst die Reihenfolge der Aneignung von Fertigkeiten in Bezug auf das eigene Interesse. Der Erfolg dieses Lernens ist abhängig von dem individuellen Konzept des Lernens, das in sich sowohl das Wissen über der Besonderheiten der Zielsprache als auch didaktisch-methodische Kenntnisse über die Organisation des Lehrprozesses und Methoden des Fremdsprachenlernens einbezieht.

Die intrinsische Motivation ist personbezogen und kann deswegen sehr unterschiedlich sein. Dies ist der Fall, wenn beispielsweise ein Student antwortet, dass er Hebräisch lernt, weil er ein in Deutschland geborener Jude ist, dessen Muttersprache Deutsch ist, er sich aber für die alte und moderne Sprache des eigenen Volkes interessiert.

Einige Studierende berichten, dass sie Hebräisch lernen, weil sie Philologie und vergleichende Sprachwissenschaft studieren und ein rein sprachwissenschaftliches Interesse an dem Bereich des Fremdsprachenlernens haben.

Bei einer jungen Studentin basiert die Begeisterung für die hebräische Sprache auf der Neugier, mehr über die Kultur und Religion des „heiligen Landes" zu erfahren.

Ein Student sagte, dass ihm das Hebräischlernen einfach Freude bereitet und die geistige Entwicklung fördert. Die Unterrichtsgestaltung spielt eine entscheidende Rolle bei der Frage, ob die Lernenden den Sprachkurs als erlebnisreich empfinden. Eine sinnvolle und abwechslungsreiche Organisation des Unterrichts wirkt sich positiv auf die Lernmotivation aus.

Ein Teil der Studenten ist der Meinung, dass beim Hebräischlernen viele interessante Themen in Bezug auf die alte und neue israelische Geschichte/ Kultur/ Literatur/ Mentalität im Unterricht besprochen wurden.

Die intrinsische Motivation ist eine langfristige Motivation, bei der die Selbststeuerung entscheidend ist. Sie basiert auf individuellen Beweggründen. Ein Student, der als Kernfach Ingenieurwissenschaften studiert, sagte, dass Hebräischlernen eine bedeutende Aufgabe für ihn ist und er deswegen er gerade diesen Sprachkurs ausgewählt hat. Diese Art von Motivation bezieht auf die intrinsische Relevanz.

Wenn die übrigen Studierenden als Gründe für ihr Hebräischlernen angeben, dass es in der Studienordnung ihres Faches vorgeschrieben ist oder dass sie den Wunsch haben, eine Prüfung im belegten Studiengang zu bestehen bzw. eine gute Note zu erhalten, um das Studium erfolgreich zu absolvieren, dann handelt es sich um extrinsische Motivation. Sie ist kurzfristig und hängt mit den solchen äußeren Umständen zusammen wie z.B. dem Wunsch, in der Prüfung eine gute Note bzw. ein Lob vom Lehrer zu erhalten. Wenn die „guten" Studierenden das Bedürfnis haben, im Unterricht erfolgreich zu sein, um einen guten Eindruck beim Lehrer zu hinterlassen, geht es um äußere Motivation extrinsischer Art.

Eine Studentin erklärte, dass sie einen Hebräischsprachkurs besucht, weil man in diesem Sprachkurs alles lernen kann, was man für spätere Prüfungen brauchen wird. In diesem Fall spricht man von extrinsischer Relevanz.

Wenn einige der Studierenden sagen, dass sie Hebräisch lernen, weil viele nette Menschen im Kurs sind, liegt Gruppenmotivation vor. Unter Gruppenzusammenhaltsmotivation versteht man, dass der Lernende durch ein gutes Klima bei der Zusammenarbeit zum Lernen motiviert wird.

Das Streben, im Prozess des Hebräischlernens erfolgreicher zu sein als andere Mitglieder der Gruppe zeigt sich in der folgenden Art der extrinsischen Leistungsmotivation: man lernt Hebräisch, weil man aufgrund seiner arabischen Vorkenntnisse im lexikalisch-semantischen Bereich die hebräischen Vokabeln schneller lernen kann als andere. Daher versteht man unter der „Leistungsmotivation" das Bedürfnis, auch beim Sprachenlernen erfolgreicher zu sein als andere Teilnehmer.

Einige Studierende berichten, dass sie leistungsfähig sein wollten. Sie lernen Hebräisch gerade deswegen, weil die Sprache schwer für sie ist, um sich zu überzeugen, dass sie in der Lage sind, u.a. auch sprachliche Probleme zu überwinden. Es geht um eine Art von intrinsischen Leistungsmotivation.

Obwohl die Art der Motivation von Lernenden nicht unbedingt den Erfolg des Lehrprozesses bestimmt, weil Erfolg vom Zusammenspiel mehrerer Faktoren abhängt, spielen die Gründe für das Erlernen der hebräischen Sprache eine wichtige Rolle. Sie erlauben z. B. eine Prognose darüber, ob man sich über das Lehrprogramm hinaus mit der Sprache beschäftigt wird. Die persönliche Motivation ist ein Faktor, der dem Fremdsprachenlernen zugrunde liegt und der den Lernprozess beeinflusst.

1.3 Wie verändern sich Motivation und Einstellungen im Laufe der Zeit?

Wenn die Studierenden den eigenen Lernprozess betrachten, stellen sie fest, dass die Begeisterung zu Beginn des Fremdsprachenunterrichts am größten ist: sie wurden neugierig auf die „alte" und gleichzeitig „ewig neue" hebräische Sprache, und die ersten Stufen des Lernprozesses bereiten trotz der ungewohnten Schreibweise keine unüberwindbaren Schwierigkeiten. Durch eine effektive Methodik und eine vernünftige Organisation eignet man sich im Verlauf der Unterrichtskommunikation die geläufigen Wörtern und verbreiteten Ausdrucksweisen der Zielsprache an, um die ersten eigenen Äußerungen in der Zielsprache selbst zu konstruieren. Später lässt diese Motivation nach. Die Begeisterung ist vergangen, und die sprachlichen Schwierigkeiten rücken in dem Vordergrund.

Enttäuschungs- und Frustrationserlebnisse treten ein und Willenskraft und Disziplin werden erforderlich.

Je höher die Sprachkompetenz eines Lernenden ist, desto motivierter wird das weitere Hebräischlernen verlaufen. Wenn man große Schwierigkeiten hat, Hebräisch zu verstehen, zu sprechen und zu lesen, dann spielen persönliche Charaktereigenschaften wie Ausdauer und Konzentrationsfähigkeit eine wichtige Rolle. Wenn man sich bemüht, dem Unterricht konzentriert zu folgen und man darüber nach denkt, wie man strategisch besser Hebräisch lernen könnte, dann entwickelt man Eigenschaften, geht es um besonders ausgeprägten persönliche Merkmale, die nicht nur beim Fremdsprachenlernen, sondern auch im Leben allgemein hilfreich sein können.

Um einen Erfolg beim Sprachenlernen zu erzielen, sollte der Lernprozess auf den modernen unterrichtsmethodischen Prinzipien basieren. Die Anforderungen an den Lernenden sollten dem Sprachniveau der Lernenden entsprechen, um Überforderung, Langweile oder Verlust des Interesses und der Motivation zu vermeiden.

I. Diagramm: Die Veränderung von Motivation im Laufe der Zeit

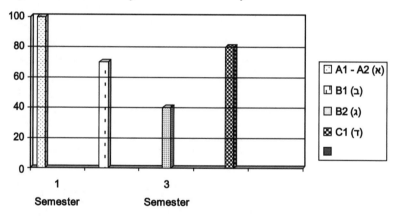

2. Die unterrichtsmethodischen Prinzipien

2.1 Die Kompetenzorientierung

„Kompetenzorientierung ist ein Schlüsselprinzip modernen Fremdsprachenunterrichts. Es besagt, dass es im Unterricht vor allem darauf ankommt, zu lernen, was man mit der Sprache tun kann: andere Menschen und Kulturen verstehen können, sich mit anderen verständigen können, Texte verstehen und produzieren können, am gesellschaftlichen und kulturellen Leben aktiv teilnehmen können". (K. Ende/ R. Grotjahn/ K. Kleppin/ I. Mohr, 2013:144) [6].

2.1.1 Was beinhaltet der Begriff „Kompetenz"?

Das gesteuerte Lernen ist ein geplanter, zielgerichteter und kompetenzorientierter Prozess des kontinuierlichen Aufbaus des Sprachwissens.

„Kompetenzen sind die Summe des deklarativen Wissens, der prozeduralen Fertigkeiten und der persönlichkeitsbezogenen Kompetenzen, die es einem Mensch erlauben, Handlungen auszuführen". (Europarat, 2001:21 in: K. Ende/ R. Grotjahn/ K. Kleppin/ I. Mohr, 2013:19) [7].

Auf dieser Weise kann das allgemeine Sprachwissen in das deklarative und das prozedurale Wissen unterteilt werden.

Zu dem deklarativen Wissen zählt Wortwissen in der Form von mentalem Lexikon- und Regelwissen sowie Faktenwissen und Sachwissen. Das deklarative Wissen ist explizit (d.h. unmittelbar abrufbar) und befindet sich in dem deklarativen expliziten Gedächtnis (vgl. R. Grotjahn, 1997:39) [8].

„Das deklarative Wissen.... [kann] durch Mitteilung unmittelbar erworben werden". (R. Grotjahn, 1997:41) [9].

Das deklarative Wissen lässt sich gut verbalisieren und wird in Netzform im Gedächtnis behalten. Es kann sowohl richtig als auch fehlerhaft sein. Das fehlerhafte deklarative Wissen führt zu Kompetenzfehlern z.B. wen falsche Regeln oder falsche Informationen im Bewusstsein gefestigt werden. Das deklarative Wissen ist propositional und leicht verbalisierbar, d.h. es kann in wörtlicher Form aus dem Gedächtnis abgerufen werden. Das deklarative metakognitive Wissen schließt an das explizite Wissen um Situationen (z.B., Situationsmodell), Aufgaben (z.B., Aufgabenformat) oder Personen (z.B., Charakteristiken) an (vgl. R. Grotjahn, 1997:43) [10]. Das deklarative Wissen ist Wissen über Sprachphänomene, Ereignisse und Prozesse. Das menschliche Bewusstsein lässt über den wahrgenommenen Inhalten nachdenken und hat deswegen metakognitiven Charakter.

„Metakognitives Wissen [ist] relativ stabil und Teil unseres Langzeitgedächtnisses. (R. Grotjahn, 1997:43) [11].

Das prozedurale Wissen umfasst die automatisierten Fertigkeiten, die eine Person ohne Nachdenken schnell handeln lassen. Die Automatisierung spielt eine bedeutsame Rolle bei der Sprachverwendung. Beispielsweise ist das schnelle und grammatisch richtige Schreiben dank automatisierter Anwendung des Erlernten möglich. Man liest effizient und reibungslos, wenn die Dekodierungsprozesse auf der Wortebene genug automatisiert sind. Deswegen betrachtet man das prozedurale Wissen als Handlungswissen, und gerade der Automatisierungsgrad bestimmt dabei die Effektivität des Handelns.

„Zum Erwerb von Handlungswissen [braucht man] wiederholte Übung". (R. Grotjahn, 1997:41) [12],

um den Gebrauch der erworbenen Kenntnisse zu automatisieren.

Das prozedurale Wissen befindet sich in dem prozeduralen impliziten Gedächtnis. Das prozedurale Wissen ist Wissen darüber, wie bestimmte Handlungen ausgeführt werden. Im Gegensatz zum deklarativen Wissen Art ist das prozedurale Wissen instabil, aufgaben- und situationsabhängig,

„mehr oder minder angemessen, nicht aber richtig oder falsch". (R. Grotjahn, 1997:42) [13].

Das prozedurale metakognitive Wissen lässt sich

„als regulatives Kontrollwissen... [bezeichnen]" und „bezieht sich ... auf das Planen, das Überwachen (monitoring) der Ausführung und das Überprüfen des Ergebnisses einer Tätigkeit". (R. Grotjahn, 1997:43) [14].

Zu den persönlichkeitsbezogenen Kompetenzen gehören die individuellen Charakteristiken der Lernenden, vor allem ihre kognitiven Fähigkeiten und sozialen Kompetenzen. Die kognitiven Fähigkeiten beziehen sich auf die geistige Entwicklung, und die sozialen Kompetenzen – auf die Fähigkeit, angemessen und zielorientiert in unterschiedlichen Lebenssituationen zu handeln. Auf dieser Weise ist unter sozialer Kompetenz „Problemlösensfähigkeit" zu verstehen. (vgl. Klieme, 2003 in: T. Raith, 2011:15) [15]. Der gesteuerte Spracherwerb setzt voraus, dass man eine Fremdsprache auf der Grundlage von Strategien zur Bewältigung der entstehenden Sprachschwierigkeiten beherrscht. Der bewusste und systematische Spracherwerb ist möglich dank eines erfolgreichen Zusammenspiels von einerseits erworbenem deklarativen und prozeduralen Wissens und andererseits entwickelten kognitiven, kreativen und problemlösenden Fähigkeiten der Lernenden.

2.1.2 Kompetenzorientierung als Standard des gemeinsamen europäischen Referenzrahmens (GeRs)

GeR-basierte Kriterien:
A1-A2- elementare Sprachverwendung
B1-B2- selbständige Sprachverwendung
C1-C2- kompetente Sprachverwendung
(anhand Trim, John/ North, Brian/ Coste, Daniel (2001): *Gemeinsamer europäischer Referenzrahmen für Sprachen: lernen, lehren, beurteilen.* Langenscheidt. Straßburg) [16]
(siehe Anhang 4: Tabelle: GeR (Gemeinsamer europäischer Referenzrahmen) S. 129).

Das jeweilige Niveau bestimmt den Grad der Schwierigkeit in Bezug auf Inhalt, Aufgabenstellung und Bewertungskriterien. Die Lehrwerke sind daher an den GeR-Kriterien. ausgerichtet. Der gesamte Lernprozess zielt auf die Entwicklung der sprachlichen Teilkompetenzen ab. Die Einschätzung dieser Kompetenzen geschieht separat und differenziert anhand der konkret formulierten Deskriptoren und Skalen. „Jedes Niveau einer Kompetenzskala ist so zu verstehen, dass es alle niedrigen Niveaus einschließt". (E. Leupold, 2007:32) [17]. Ziele, Niveaustufen und Kompetenzbeschreibungen für moderne Sprachen sind im GeR ausführlich beschrieben.

„Eine Zielsetzung des GeRs ist es zu beschreiben, welche Kompetenzen Lernende erwerben müssen, um mit Hilfe einer Fremdsprache erfolgreich kommunikativ handeln zu können". (T. Raith, 2011:55) [18].

2.1.2.1 Der gemeinsame europäische Referenzrahmen: Verwendungszwecke

Die Neuorientierung des Fremdsprachenunterrichts erfolgt in Bezug auf den Gemeinsamen Europäischen Referenzrahmen, in dem die Entwicklung und Überprüfung sprachlicher Kompetenzen im Mittelpunkt steht.

„Der Sprachlehr- und Sprachlernprozess ist – so die Philosophie des GeRs –auf die Ausbildung dieser Kompetenzen hin auszurichten. Mit dieser Ausrichtung an einem lernerorientierten Kompetenzbegriff wird zweifelsohne eine fundamentale Neuorientierung des Fremdsprachenunterrichts formuliert". (E. Leupold, 2007:26) [19].

Der Gemeinsame europäische Referenzrahmen (GeR) ist ein Bemühen, die unterschiedlichen Anforderungen an den Fremdsprachenunterricht (FU), verursacht durch die unterschiedlichen Bildungssysteme, anzugleichen. Das Ziel des GeRs ist es, durch standardisierte Sprachzertifikate einen Überblick über die verfügbaren Sprachkenntnisse der konkreten Lernenden zu geben, um das Verhältnis des Sprachwissens zu dem Kompetenzniveau vergleichbar zu machen. Im Rahmen der Globalisierung sollten mithilfe des GeRs die gemeinsamen Standards explizit und transparent dargestellt werden. Gemäß den Prinzipien des GeRs wird die jeweilige moderne gesprochene Sprache in der ersten Linie als Kommunikationsmittel angesehen. Aus diesem Grund steht die Sprachverwendung im Zentrum des Konzeptes des GeRs.

„Mit der Begrifflichkeit von Sprache und dem Verständnis des Sprachenlernens bietet der GeR aber ein Referenz für einen Fremdsprachenunterricht am Anfang des 21. Jahrhunderts, der sich durch die folgenden Prinzipien auszeichnet:

- Fokussierung auf die Sprachverwendung
- Lernerorientierung
- Situativ -funktionaler Umgang mit Sprache
- Aufgabenorientierung
- Erwerb und Training von Lernstrategien". (E. Leupold, 2007:25) [20].

Der GeR bestimmt die Kompetenzen und die Teilkompetenzen, die die Lernenden auf einer bestimmten Stufe in der Zielsprache erreichen sollten. Dies geschieht mit der Entwicklung von zielsprachlichen Lehrplänen, curricularen Richtlinien sowie Prüfungen und Lehrwerken auf einer gemeinsamen europäischen Basis. Der GeR wurde zur Planung von Sprachlernprogrammen, Sprachzertifikaten und selbständigem Lernen der Sprachen entwickelt. Die internationale Standardisierung der Anforderungen sowie detaillierte Beschreibungen von Kompetenzen in allen erreichten Stufen von „Anfänger" bis „Mastery" bildet eine wissenschaftliche Grundlage für die gegenseitige internationale Anerkennung von Sprachzertifikaten, die als Nachweis von Sprachkenntnissen dienen.

Der GeR erleichtert den Lernenden die Einschätzung ihrer Sprachkenntnisse und das Lernen der Sprachen durch das Wissen über Kenntnisse und Fertigkeiten, die mit einem bestimmten Niveau verbunden sind. Der GeR gibt den Sprachvermittlern aus unterschiedlichen Ländern eine Möglichkeit der Kommunikation und Zusammenarbeit durch die Transparenz der Ziele, Inhalte und Methoden der Sprachvermittlung. Mit dem Wachstum der Europäischen Union und dem damit verbundenen Schwinden von Grenzen ist es auch notwendig, den Arbeitgebern die Möglichkeit zu geben, einen Überblick über die verfügbaren Sprachkenntnisse der Arbeitnehmer zu bekommen.

Der GeR wurde mit dem Ziel entwickelt, die mehrsprachliche Kompetenz zu fördern. Unter *Mehrsprachigkeit* versteht der GeR nicht den Erwerb zweier, dreier oder mehrerer Fremdsprachen bis zu einem hohen „muttersprachlichen" Niveau, sondern die Entwicklung der Kompetenzen, die dem Menschen erlauben, sich in mehreren Sprachen auszudrücken.

2.1.2.2 Die Merkmale des Gemeinsamen europäischen Referenzrahmens

Der GeR bildet einen ausführlichen, durchsichtigen und kontinuierlichen Rahmen für die objektive Einschätzung vom Sprachstand der Lernenden und dient somit als eine stufenbezogene Orientierung für Lehrende im Bereich des Fremdsprachenlernens. Dieser Rahmen sollte dynamisch, benutzerorientiert und nicht eigensinnig sein (vgl. J. Trim/ B. North/ D. Coste, 2001:21) [21].

2.1.2.3 Die Deskriptoren des Gemeinsamen europäischen Referenzrahmens

Unter Deskriptoren verstehen die Autoren des GeRs ein aufgefächertes Beschreibungssystem für die objektive Bestimmung von Kenntnissen der jeweiligen Sprache der Sprachenlernenden. Sie sind eindeutig, transparent und kurz formuliert. Die Beschreibung von Kompetenzen und Teilkompetenzen von Lernenden erfolgt anhand von Deskriptoren. Die Bewertungskriterien sind in Form von skalierten Deskriptoren dargestellt.

„Die Deskriptoren sind holistisch, was bedeutet, dass die Formulierung einer globalen Einschätzung der Kompetenz des Lerners entspricht". (E. Leupold, 2007:33) [22].

2.1.2.4 Die Skalen des Gemeinsamen europäischen Referenzrahmens
(siehe Anhang 3: Schema: Verständnis von Skalen und die Deskriptoren durch Veranschaulichung. S. 128)

Eine der Aufgaben des GeRs ist Erarbeitung von Skalen für die sachliche Beurteilung von Sprachkenntnissen. Diese Skalen dienen zur Leistungsfeststellung und können sowohl holistisch (globale Skalen) als auch analytisch (differenzierte Skalen) sein.

Insgesamt gibt es drei Sprachkompetenzskalen, die unterschiedliche Funktionen haben.

Die *benutzerorientierten Skalen* sind für Sprachenlernende als Benutzer entwickelt. Sie haben die Form eines Rasters und geben Orientierungskriterien für die Selbsteinschätzung der Lernenden. Sie beschreiben dem Lernenden, was er mit einem bestimmten Kompetenzniveau tun kann (Kann-Beschreibungen) und sind auf Quantität ausgerichtet. Diese Skalen sind grundsätzlich positiv formuliert. Der Einsatz ist holistisch, d. h. sie

„geben nur einen Deskriptor pro Niveau an". (J. Trim/ B. North/ D. Coste, 2001:46) [23].

Die *beurteilungsorientierten Skalen* sind für den Lehrer als Beurteilenden brauchbar und

„haben die Aufgabe, den Beurteilungsprozess zu lenken". (J. Trim/ B. North/ D. Coste, 2001:47) [24].

Sie dienen zur Diagnostizierung, sind komplex und evaluationsorientiert. Der Lehrer schätzt ein, wie gut der Lernende die erlernte Sprache verwendet.

Diese Skalen sind auf Qualität ausgerichtet und können deswegen auch negativ formuliert und sowohl holistisch, als auch analytisch sein.

Die *aufgabenorientierten Skalen* dienen Testautoren als Anleitung zur Testerstellung. Diese Skalen sind aufgaben- und konstruktionsorientiert und werden auf Kategorisierung und Systematisierung der Sprachkenntnisse der Lernenden ausgerichtet. Sie zeigen, welche Fertigkeiten die Lernenden in Bezug auf den Sprachgebrauch entwickelt sollten und sind ganzheitlich und interaktionsorientiert.

Die anderen Skalen des GeRs beziehen sich auf den eingeschätzten Sprachgebrauch (d.h. produktive mündliche und schriftliche Aktivitäten). Zu den produktiven mündlichen Aktivitäten gehören sowohl allgemeine mündliche Produktionen als auch die unterschiedlichen Arten des zusammenhängenden monologischen Sprechens, wie z.B., Erfahrungen beschreiben oder Argumentieren.

Zu den produktiven schriftlichen Aktivitäten wird die schriftliche Produktion allgemein sowie die Fähigkeit zum kreativen (Erzählungen, Romane) und sachlichen (Protokollen, Berichte) Schreiben gezählt.

Beim Lesen und bei der Arbeit mit Skalen sollte man diese Skalen von unten nach oben lesen. Unten befindet sich die einfachste Stufe (A1) und oben die schwierigste (C2), wobei die oberen Stufen alle unteren Stufen in sich mit einschließen. Aber nicht alle Aspekte des Deskriptors werden in den oberen Stufen wiederholt, d.h. man muss sich die übrigen fehlenden Aspekte mit wenigen oder gar keinen Einschränkungen vorstellen. Dabei

> „gibt es nicht in allen Skalen Beschreibungen für alle Niveaus. Es ist schwer, aus dem Fehlen eines bestimmten Bereichs auf einem bestimmten Niveau irgendwelche Rückschlüsse zu ziehen…". (J. Trim/ B. North/ D. Coste, 2001:45) [25].

Damit kann man unterschiedlich umgehen: man kann entweder selbst die Lücken abhängig vom konkreten Verwendungskontext füllen, oder erkennen, dass der Bereich für dieses Niveau nicht relevant ist.

2.1.2.5 Die Bestimmung des Referenzniveaus mithilfe des GeR und die inhaltliche Kohärenz

Die Niveaus A1 und A2 (Grundstufe) entsprechen der elementaren Sprachverwendung im privaten Bereichen mit dem Ziel, unmittelbare kommunikative Bedürfnisse zu befriedigen, z.B. über die eigene Person, die Familie, Wohnort, Bekannte oder vertraute Dinge zu sprechen.

Auf dem Niveau A2 kann man kurze alltägliche soziale Kontaktgespräche führen bzw. Höflichkeitsformen im Gespräch verwenden.

Die untere Mittelstufe (Niveau B1)

„entspricht der Lernzielbestimmung für Reisende in ein anderes Land" (J. Trim/ B. North/ D. Coste, 2001:43) [26]

und ist zugleich „Einbürgerungsniveau", weil die Beherrschung der Sprache auf dieser Ebene ausreicht, um einen Einbürgerungstest zu bestehen. Das Niveau B1 setzt die selbständige Sprachverwendung in den privaten und öffentlichen Bereichen voraus. Man sollte z.b. in der Lage sein, seine Meinung über Arbeit, Schule, Reise, Freizeit, Hobby etc. zu äußern, an einem Gespräch teilzunehmen, Hauptpunkte von längeren Gesprächen zu verstehen und sich zu verständigen. Die Fähigkeit, die Interaktionen des Alltags aufrechtzuerhalten, ist ein entscheidendes Kriterium für das Erreichen des Niveaus B1.

Das Niveau B2 schließt in sich die privaten und öffentlichen Bereiche sowie die berufliche Domäne (Fachbereiche) ein. Im Vergleich zu Niveau B1 sollte man fähig sein, sowohl im alltäglichen als auch im beruflichen Leben zu interagieren. Die erfolgreiche Kommunikation im Berufsfeld bedeutet z.b., die Entwicklung von produktiven Fertigkeiten in den mündlichen und schriftlichen Bereichen sowie Debattieren, eigene Meinung fundieren, Korrespondenzen führen etc.

„Am unteren Ende dieses Niveaus liegt der Schwerpunkt z.b. auf erfolgreichem Argumentieren: Kann in Diskussionen die eigenen Ansichten durch relevante Erklärungen, Argumente und Kommentare begründen und verteidigen; kann den eigenen Standpunkt zu einem Problem erklären und die Vor- und Nachteile verschiedener Alternativen angeben". (J. Trim/ B. North/ D. Coste, 2001:44) [27].

Das Niveau C1 als Oberstufe

„wurde Effective Operational Proficiency genannt" (J. Trim/ B. North/ D. Coste, 2001:44) [28]

und setzt die kompetente Sprachverwendung voraus. Dieses Niveau nennt man „Studiumniveau" und umfasst alle Domänen der privaten, öffentlichen, beruflichen und wissenschaftlichen Bereiche. Man sollte auf diesem Niveau strukturiert sprechen können, um zu flüssigen, spontanen Kommunikationen in die Zielsprache fähig zu sein. Auf der rezeptiven Ebene sollte man z.B. die Fähigkeit besitzen, längere wissenschaftliche Texte sowohl global als auch detailliert zu verstehen, um analysieren zu können, was für ein Studium notwendig ist.

Auf dem Niveau C2 erreicht man in allen Domänen und allen thematischen Bereichen (privaten, öffentlichen, beruflichen und wissenschaftlichen) die Kompetenz „Mastery". Es ist das höchste Niveau, das der Lernende beim

Fremdsprachenlernen erreichen kann. Man ist in der Lage, Informationen sinnvoll zusammenzufassen, Bedeutungsnuancen genau und flexibel auszudrücken etc. Obwohl Niveau C2 die höchste Kompetenz in der Fremdsprache aufweist,

> „[bedeutet dies] aber nicht, dass eine muttersprachliche oder fast muttersprachliche Kompetenz erreicht ist. Beabsichtigt ist nur, die Präzision, Angemessenheit und Leichtigkeit zu charakterisieren, welche die Sprache dieser sehr erfolgreichen Lernenden auszeichnen". (J. Trim/ B. North/ D. Coste, 2001:45) [29].

Insgesamt ist die Progression zwischen der dritten und der vierten Stufe (zwischen B1 und B2) sehr viel stärker als zwischen den ersten drei Stufen.

Der Unterschied zwischen den Niveaus B2 und C1 besteht in der Qualität des Könnens der Lernenden. Mit Niveau C1 sind (im Vergleich zu Niveau B2) besser entwickelte Automatisierungen: die Automatisierung der Dekodierungsfähigkeit beim Lesen, der Sprechfertigkeit beim Reden etc. gemeint.

Der Unterschied zwischen C1 und C2 besteht darin, ob der Lernende eine Aufgabe mit

Anstrengung (C1) oder ohne Anstrengung (C2) erfüllt.

2.1.2.6 Die Bedeutung des Gemeinsamen europäischen Referenzrahmens für die Lernprogramm: Lernebene-Bewertungsmaßstab- Ergebnis

In dem Gemeinsamen europäischen Referenzrahmen für Sprachen werden die Kriterien des Standards für die Ermittlung von Sprachfertigkeiten erarbeitet und die Deskriptoren von zu erwartenden Lernerleistungen zum Ende einer bestimmten Sprachstufe (A, B, C) eingeführt. Ziel ist es, die Qualität des Unterrichts zu sichern bzw. zu fördern und die Transparenz und Gerechtigkeit von Schulabschlüssen zu erreichen.

2.1.2.7 Das Schwierigkeitsniveaus des GeRs in Bezug auf dem Begriff „inhaltliche Kohärenz"

Die inhaltliche Kohärenz des GeRs bezieht auf Themengebiete und weist immer eine steigende Progression der Schwierigkeitsgrad auf. Auf dem Niveau A1 können Lernenden z.B., die konkrete Personen und die übliche Wohnungen beschreiben.

> „Niveau A1 (Breakthrough) wird als die niedrigste Ebene einer generativen Sprachverwendung angesehen – der Punkt, an dem Lernende sich auf ganz einfache Weise verständigen können". (J. Trim/ B. North/ D. Coste, 2001:42) [30].

Das Erreichen von Niveau A2 setzt voraus, dass man dazu in der Lage ist, die persönlichen Wahrnehmungen und Gefühle zu erläutern,

„jemanden zu grüßen oder anzusprechen". (J. Trim/ B. North/ D. Coste, 2001:42) [31].

Der Übergang zu Niveau B1 kennzeichnet sich durch die Fähigkeit, über Ereignisse zu sprechen, die eigenen Meinung zu erklären und zu begründen, Pläne für die Zukunft zu äußern. Man kann über persönliche Erfahrungen aus der Ausbildung und beruflichen Tätigkeit berichten. Auf Niveau B1 ist man in der Lage, Geschichten aus dem Alltagsleben zu erzählen bzw. die Handlungen wiederzugeben. Das Erreichen des Niveaus B1

> „zeichnet sich besonders durch zwei Merkmale aus: (1) die Fähigkeit, Interaktion aufrechtzuerhalten und [sich] in einem Spektrum von Situationen auszudrücken.... Das zweite Merkmal ist die Fähigkeit, sprachliche Probleme des Alltagslebens flexibel zu bewältigen". (J. Trim/ B. North/ D. Coste, 2001:43) [32].

Auf Niveau B2 kann man viele Themen sowohl aus privatem als auch beruflichem Leben darstellen und einen Standpunktes mit Vor und Nachteilen erläutern. Man

> „kann sich so spontan und fließend verständigen, dass ein normales Gespräch mit einem Muttersprachler ohne Belastung für eine der beiden Seiten möglich ist...". (J. Trim/ B. North/ D. Coste, 2001:44) [33].

Wenn man fähig ist, komplexe Sachverhalte bzw. Verbindungen mehrerer Thesen zu betrachten und zu erläutern, hat man das Niveau C1 erreicht.

> „Die Diskursfertigkeiten, die für das vorhergehende Niveau charakteristisch waren, sind auch hier evident, wobei das Gewicht jetzt auf dem Aspekt größerer Flüssigkeit ...liegt... [Man kann] sehr fließend und gut strukturiert sprechen und zeigt, dass er/ sie die Mittel der Gliederung sowie der inhaltlichen und sprachlichen Verknüpfung beherrscht". (J. Trim/ B. North/ D. Coste, 2001:44-45)[34].

Wenn man schließlich in der Lage ist, einen Bericht logisch aufzubauen, um den Hörern das Merken zu erleichtern, dann hat man die höchste Ebene – Niveau C2 – in der Zielsprache erreicht.

> „Zu den Deskriptoren, die für dieses Niveau kalibriert wurden, gehören: Kann ein großes Repertoire an Graduierungs- und Abtönungsmitteln weitgehend korrekt verwenden und damit feinere Bedeutungsnuancen deutlich machen; beherrscht idiomatische und umgangssprachliche Wendungen gut und ist sich der jeweiligen Konnotationen bewusst; kann bei Ausdrucksschwierigkeiten so reibungslos neu ansetzen und umformulieren, dass die Gesprächpartner kaum etwas davon bemerken". (J. Trim/ B. North/ D. Coste, 2001:45) [35].

Der Gemeinsame europäische Rahmen bestimmt ebenso den Umfang der Kompetenz. Unter der Kompetenzsteigerung ist der Übergang von

Verständnis und Produktion von getrennten und einfachen Sätzen hin zu zusammenhängenden Äußerungen gemeint. Der Wechsel von B1 auf B2 besteht darin, dass man ab B2 nicht mehr von Sätzen spricht, sondern von einer komplexeren Darstellung von Informationen innerhalb eines Textes (von der klaren und detaillierten Darstellung über die ausführliche Darstellung bis zur im Stil der jeweiligen Situation angemessenen Darstellung).

2.1.2.8 Die Einschätzung von hebräischen Texten auf der Grundlage des Gemeinsamen europäischen Referenzrahmens

Text 1: *(Lehrbuch: Volpe, Idit/ Lauden, Edna/ Harusi, Hanna/ Shoshan Rachel (1991): Et-Ivrit (Teil 2). MATAH Zentrum Verlag. Tel-Aviv. S. 113) [36].*

לחברת אל-על	לבית החולים תל-השומר	למלון "הילטון" בירושלים
דרושים	דרושים	דרושים
אנשי ביטחון	רופא ילדים – בעל ניסיון	1. טבח ראשי\ מנוסה
דיילים ודיילות	רופאת נשים	למטבח אירופי
במשרה חלקית	העבודה גם במשמרות לילה	2. מדריך תיירים – אחרי צבא,
לעבודה	נא לפינות בכתב	דובר אנגלית וצרפתית
נא לפנות טלפונית		
Gesellschaft „El-Al" **gesucht**	**Im Krankenhaus „Tel-haSchomer" gesucht**	**Im Hotel „Hilton" im Jerusalem gesucht**
Leute für Sicherheit Stewards und Stewardessen für Teilzeitarbeit Bitte melden Sie sich per Anruf	Kinderarzt – mit Erfahrung Frauenarzt Für Arbeit auch in Nachtdiensten Bitte melden Sie sich per Brief	1. Ober-Koch/ mit der Erfahrung von europäischen Küche 2. Reiseführer – nach dem Militär, mit Englisch- und Französischkenntnissen

Textsorte: Anzeige aus den Internetseiten;
Domäne: der öffentliche Bereich;
Die geforderte Lesestrategie: selektives Lesen.
Die Leseskala: zur Orientierung lesen
Referenzniveau: A2

Diese Anzeigen sind sehr einfach und konkret formuliert, deswegen schätze ich das Niveau der Textschwierigkeit als A2 ein. Auf diesem Niveau müssen Lernende konkrete Informationen in einfachen Texten (Anzeigen im Internet) verstehen. Die Anzeigen sind plausibel gehalten (Aufzählungen und kurze Listen), aber man muss den Zusammenhang verstehen und nicht einfach vertraute Wörter heraussuchen.

Text 2: *(Lifschitz, Arieh/ Yakubovski, Sara (1984): Be'al-pe u'vichtav (Hebrew text and work-book for beddiners). (Part 1). Printed in Israel. S. 268) [37].*

Entschuldigen Sie bitte, wo ist der Bank „Idud"?	סליחה, איפה בנק "עידוד"?
Izhak muss sich bei der Bank „Idud" einfinden. Er weiß nicht, wo sich diese Bank befindet. Er hält einen Mensch auf der Strasse an und fragt, wo die Bank ist.	יצחק צריך להגיע לבנק "עידוד". הוא לא יודע איפה נמצא הבנק. הוא פונה אל אדם (איש) ברחוב ושואל איפה הבנק ...
Izhak: Entschuldigen Sie bitte, Frau, könnten Sie mir vielleicht sagen, wo die Bank „Idud" ist? Wie gelangt man dorthin?	**יצחק:** סליחה, גברת, אולי את יכולה להגיד לי איפה בנק "עידוד"? איך מגיעים לשם?
Frau: Ja.	**גברת:** כן.
Izhak: Ist es weit von hier?	**יצחק:** זה רחוק מפה?
Frau: Nein, es ist ganz in der Nähe von hier. An der Ampel biegst du rechts ab, an der zweiten Strasse hinten der Ampel nach links, und dann wieder rechts. Hast du verstanden?	**גברת:** לא זה קרוב מאוד ברמזור אתה פונה ימינה וברחוב השני אחרי הרמזור שמאלה ותיכף ימינה. אתה מבין?
Izhak: Nicht ganz. Vielleicht, kannst du mir noch mal erklären? Aber ganz langsam. Ich verstehe leider nicht so gut Hebräisch.	**יצחק:** לא בדיוק. אולי את יכולה להסביר לי עוד פעם, אבל לאט-לאט. אני לא מבין כל כך טוב עברית.
Frau: Gut. Du gehst hier über die Strasse und gehst immer gerade aus. Siehst du diese Bushaltestelle gegenüber?	**גברת:** בסדר. אתה עובר פה את הכביש והולך ישר – ישר קדימה. אתה רואה את תחנת האוטובוס ממול?
Izhak: Ja	**יצחק:** כן
Frau: Du gehst am dieser Haltestelle vorbei und weiter gerade aus bis zur Ampel. Gleich hinter der Ampel gehst du nach rechts und dann gehst du gerade aus. Auf der zweiten Strasse hinter der Ampel biegst du nach links ab und dann die erste Strasse rechts. Die Bank befindet sich im dritten Gebäude vor der Ecke.	**גברת:** אתה עובר את תחנת-האוטובוס וממשיך ישר עד שאתה מגיע לרמזור. מיד אתרי הרמזור בפינה, אתה פונה ימינה וממשיך ללכת ישר. ברחוב השני אחרי הרמזור אתה פונה שמאלה ותיכף ברחוב הראשון ימינה. הבנק נמצא בבניין השלישי מהפינה.

Textsorte: Instruktionstext (ein Handlungsanweisung);
Domäne: der öffentliche Bereich;
Die geforderte Lesestrategie: selektives Lesen;
Die Leseskala: zur Orientierung lesen
Referenzniveau: A2

Der Text entspricht dem Niveau A2. Der Text ist relativ einfach zu lesen (Niveau A2), aber man muss nicht nur die Wörter verstehen, sondern zusätzlich über Performanzwissen verfügen, um die Aufgabe zu erledigen. Dieser Text ist anwendungsorientiert, d.h. sein Ziel ist, Handlungswissen zu vermitteln.

Text 3: *(Berosh, Shoshanah/ Mantsur, No'Omi/ Padan, Rinah (2005): Ivrit me-alef ad tav. 2 (Bet). Deyonon. Tel-Aviv. S. 1) [38].*

Worin besteht das Glück?	**מהו אושר?**
Über 70% der Schüler schreiben: Es sind nur die reichen Leute, die glücklich sein können. Sie haben alles, weil sie viel Geld haben. Sie können alles „kaufen": gute Ärzte, ausgezeichnete Lehrer. 9% der Schüler schreiben: wenn ich gesund bin, bin ich glücklich. 8% der Schüler schreiben: wenn ich schöne Orten sehen, Musik hören kann. Und ich liebe es, guten Wein zu trinken und leckere Speisen zu essen, ich bin glücklich.	כשבעים אחוזים מהתלמידים כתבו: היו רק אנשים עשירים יכולים להיות מאושרים. יש להם הכול, כי יש להם הרבה כסף. הם יכולים "לקנות" הכול: רופאים טובים, מורים מצוינים. תשעה אחוזים מהתלמידים כתבו: כאשר אני בריא אני מאושר. שמונה אחוזים כתבו: כאשר אני יכול לראות מקומות יפים, לשמוע מוזיקה שני אוהב, לשתות יין טוב ולאכול ארוחה טעימה, אני מאושר

Textsorte: Zeitungsartikel/ Interview;
Domäne: der öffentliche Bereich (Personen- und Sachverhalten bewerten);
Die geforderte Lesestrategie: detailliertes Lesen (um Textargumentation zu erfassen).
Die Leseskala: zum Informationsgewinn lesen
Referenzniveau: B1

Der Text entspricht dem Niveau B1. Er zielt auf die Erkennung von Einstellungen und die Bewertung von Fragestellungen ab. Dieser Text beinhaltet die explizit formulierten logischen Erklärungen und ist deswegen argumentativ. Um diesen relativ einfachen Text zu verstehen, sollte man Sichtweisen bzw. emotionale Komponenten von verschiedenen Personen wahrnehmen können.

Text 4: *(Berosh, Shoshanah/ Mantsur, No'Omi/ Padan, Rinah (2005): Ivrit me-alef ad tav. 3 (Gimel). Deyonon. Tel-Aviv. S. 2) [39].*

Wachstum der Pflanzen und genetische Nahrung	**צמחים במגדלים ומזון גנטי**
Die Zahl der Menschen in der Welt wächst ständig. Nach einer Schätzung werden im Jahr 2025 Jahr in der Welt mehr als 9 Milliarden (Billion) Menschen leben. Wovon wird das Essen für eine so große Zahl von Menschen genommen? Diese Frage hören wir schon seit langer Zeit. Und bisher gibt es keine Antwort. Und dann kam ein Ingenieur und sagte: „Es gibt nur eine Entscheidung – man muss die des Wachstumsgeschwindigkeit der Pflanzen beschleunigen, um die Reifezeit schneller als zuvor zu erzielen	מספר האנשים בעולם הולך וגדל. חושבים כי 2025 יהיו בעולם יותר 9-מ מיליארד (ביליון) בני-אדם. מאין ייקחו מזון בשביל כל-כך הרבה אנשים? זאת שאלה ששואלים כבר הרבה זמן, ועדיין אין לה תשובה. והנה בא מהנדס אוסטרי ואומר: "יש אר פתרון אחד – צריך לזרח את גידול הצמחים כדי שיגדלו יותר מהר מאשר בעבר, ויספקו יותר ירקות ופירות לאוכלוסייה בעולם". הוא גם מציע איך לעשות זאת. לפי תוכניתו צריך לגדל צמחים במגדלים גבוהים. אלה יהיו מגדלים סגורים מזכוכית, ובהם הצמחים לא יהיו תלויים במזג-האוויר שבחוץ: במגדל לא יהיו חום כבד של קיץ, לא גשמים ולא קור. גם מחלות לא יהיו בו. אפשר יגדל הצמח הרבה יותר מהר, ייתן יותר מהר פרי, וכך יהיה יותר מזון בעולם.

damit es genug Gemüses und Obstes für die Bevölkerung in der Welt gibt". Er findet auch heraus, wie man das erreichen kann.
Nach seinen Plan muss man die Pflanzen in einem hohen Treibhausen wachsen lassen. Diese Treibhäuser werden geschlossen und die Pflanzen in darin sind nicht vom Wetter abhängig (im Unterschied zu den Pflanzen, die natürlich wachsen). In dem Treibhaus wird es im Sommer weder zu heiß noch zu regnerisch, noch zu kalt. Auch gibt es darin keine Krankheiten. Eine Pflanze kann darin viel schneller wachsen und so gibt es mehr Früchte und mehr Nahrung in der Welt.

Textsorte: ein (populär) wissenschaftlicher Artikel;
Domäne: der öffentliche Bereich;
Die geforderte Lesestrategie: sowohl globales als auch detailliertes Lesen
Die Leseskala: Leseverstehen allgemein und ins Detail;
Referenzniveau: C1

Der Text entspricht Niveau C1. Er ist lang und komplex und aus einem bestimmten Spezialbereich (Wirtschaft) entnommen. Die Aufgabe zu diesem Text wird durch den dritten Punkt „ist im Text nicht erwähnt" und durch die Umformulierung der Fragen erschwert. D.h. die Antwort ist nicht einfach im Text zu finden, wenn man den Text nicht komplett verstanden hat.

Zusammenfassung

Die Einschätzung eines Schwierigkeitsniveaus erfolgt aufgrund des Gemeinsamen europäischen Referenzrahmens bzw. der Kriterien der Schwierigkeiten des Textes bzw. Textverstehens.

Die Verständlichkeit des Textes hängt von der Frequenz, Eindeutigkeit und Konkretheit der Wörter ab.

„Konkret-anschauliche Texte werden besser behalten und reproduziert: sie führen zu präziseren Schlussfolgerungen und erleichtern gegenüber abstrakten Texten die satz-übergreifende Integration von Information". (Sadoski, Goetz und Fritz, 1993/ Wippich, 1987 in: N. Groeben/ B. Hurrelmann, 2002:154) [40].

Weitere Faktoren der Textverständlichkeit sind die stilistische Einfachheit, semantische Redundanz und inhaltliche Strukturierung (vgl. N. Groeben, 1982 in: N. Groeben/ B. Hurrelmann, 2002:154) [41].

Die stilistische Einfachheit zeigt sich auf der Wortebene durch den Gebrauch der aktiven Verben, durch die Verwendung von eindeutigen, kurzen und geläufigen Wörtern und der Vermeidung von Nominalisierungen. Auf der Satzebene haben die stilistisch einfachen Texte eine weniger komplexe Struktur bzw. kürzere Sätze.

„Bezüglich der syntaktische Einfachheit gilt als gesichert, dass Satzschachtelungen (d.h. überlange Sätze) bzw. eingebettete Relativsätze und Nominalisierungen die Verarbeitung erschweren" (vgl. Überblick Engelkampf, 1974/83; Evans, 1972/73; Berkowitz, 1972 in N. Groeben/ B. Hurrelmann, 2002:154) [42].

Unter der semantischen Redundanz ist gemeint, dass die Inhaltselemente bei der mündlichen oder schriftlichen Übergabe von Informationen immer wiederholt werden sollten. Es geht um Argumentüberlappung innerhalb eines Textes, was die Grundlage für die Kohärenzbildung schafft. „Verständliche Texte weisen zumeist eine höhere Redundanz auf als schwer verständliche Texte" (empirisch: Andersen, 1985, 1987 in N. Groeben/ B. Hurrelmann, 2002:154) [43]. Obwohl die kohäsiven Verbindungen dienen dem derselben Ziel, die Kohärenz des Textes zu schaffen, existiert der gewisse Unterschied zwischen den Wiederholungen von einer innerhalb eines Textes einen und desselben Objekt durch Personalpronomen und durch Synonym.

Beispiel:

Kohäsive Verbindung (Viola ➜ sie)	Semantische Verbindung (Viola ➜ Mädchen)
Viola ist 7 Jahre alt.	Viola ist 7 Jahre alt
Sie geht schon in die Schule	Dieses Mädchen geht schon in die Schule

„Die sprachliche Einfachheit und semantische Redundanz ermöglichen eine unaufwendige und reibungslose Textrezeption" (vgl. Christmann und Groeben, 1996; Berlyne, 1960/1974; Hidi, 1990; Krapp, 1992 in N. Groeben/ B. Hurrelmann, 2002:154) [44].

Die inhaltliche Strukturierung erleichtert den Einsatz der neuen Informationen in die kognitive Struktur des Lesers. Daraus folgt, dass hohe syntaktische Komplexität, reduzierte Redundanz und mangelnde inhaltliche Strukturierung die Faktoren sind, die die Verständlichkeit eines Textes erschweren. Bedeutsam ist auch das Wecken des Interesses beim Leser durch den konzeptuellen Konflikt des Textes, d.h. durch spannende Inhalte bzw. interessanten Einzelinformationen. Auf dieser Weise wird der Leser wird motivational stimuliert.

Der Einstufung eines Textes gemäß seinem Schwierigkeitsniveau wird anhand der oben genannten Kriterien vorgenommen. Generell entspricht das Alltagsgespräch in Bezug auf seine Komplexität den unteren Bereichen des GeRs (A2-B1).

Das Verständnis von Informationen aus einem Zeitungsartikel setzt das Niveau B2-C1 voraus. Eine genauere Bestimmung hängt von der Aufgabenstellung und dem Grad der Explizertheit der Textinformationen ab: je expliziter die Informationen dargestellt werden, desto einfacher ist der Text und desto niedriger ist das Niveau.

2.2. Die Outputorientierung

„Outputorientierung bedeutet u.a., dass Lernziele in Form von erwarteten Lernergebnissen formuliert werden und dass die Zielerreichung auch überprüft wird". (K. Ende/ R. Grotjahn/ K. Kleppin/ I. Mohr, 2013:145) [45].

2.2.1 Outputorientierung als Prinzip

„Mit Output werden alle mündlichen und schriftlichen Äußerungen der Lernenden bezeichnet". (K. Ende/ R. Grotjahn/ K. Kleppin/ I. Mohr, 2013:145) [46]. Der Mittelpunkt der outputorientierten Tradition liegt im pragmatisch-kommunikativen Bereich. „Kommunikation wird... als kommunikatives Handeln bezeichnet, sprachliche Kommunikation als Sprechhandeln". (A. Linke, M. Nussbaumer, P. R. Portmann, 2004:197) [47].

Im outputorientierten Unterricht ist es die übergeordnete Aufgabe, die Bedingungen für den aktiven Sprachgebrauch zu schaffen. Die Entwicklung von Mündlichkeit ist ein primäres Ziel des modernen Fremdsprachenunterrichts. Deswegen ist die produktive Phase des Unterrichts auf die Entwicklung von sozialer Kompetenz ausgerichtet. Die Sprachkompetenz ist eine Art von sozialer Kompetenz, weil der Spracherwerb den Prozess des Kommunizierens ermöglicht (vgl. K. Kleppin, 2002:83) [48]. Die Sozialisierung erfolgt in der jeweiligen Gesellschaft durch die Verwendung der erworbenen in bestimmter sprachlichen und sozialen Umgebung Kenntnisse. D.h., im Prozess der Interaktion erwirbt man alle Arten von Wissen: allgemeine, sprachliche und sachliche. Und Fremdsprachenunterricht sollte ebenso ausgehend aus der kommunikativen Natur von Sprache als sozialer Prozess der menschlichen auf die Sprache basierten Mitwirkung organisiert werden.

Trotz unterschiedlicher Funktionen von Sprache bleibt die Funktion der Sprache als *„parole"* für den zwischenmenschlichen Kommunikationsvorgang entscheidend. Durch diese Funktion einerseits übermittelt man einerseits die eigenen Sprechabsichten. Andererseits besitzt man die Fähigkeit, die Äußerungen der Anderen zu verstehen. Deswegen sollte das Fremdsprachenlernen auf „sozial-kooperative Lernziele" (K. Kleppin, 2002:87) [49] ausgerichtet werden. Diese

„sozial-kooperative Ziele der Lernenden [weisen sich z.B. in dem Wunsch auf], mit Muttersprachlern mündlich oder schriftlich kommunizieren zu können, soziales Ansehen zu gewinnen oder in einer Lerngruppe Kontakte mit anderen Lernenden zu knüpfen". (K. Kleppin, 2002:87) [50].

Diesen Zielen Gruppenarbeit und Partnerarbeit bzw. Lernen im Tandem. Im Gruppenunterricht sollten sich die Lernenden in die erster Linie in der Zielsprache verständigen. In dieser Unterrichtsform lernt man so zu sprechen, dass die Kommilitonen die Gedanken erfassen können. Die Fehlerkorrektur bzw. Fehleranalyse spielt dabei eine wichtige Rolle. Auf diesem Weg erhöht

„Gruppenarbeit... die Qualität der fremdsprachlichen Lerneräußerungen, da die TN [Teilnehmern] gemeinsam nachdenken und [sich] gegenseitig helfen können". (K. Kleppin, 2002: 92) [51].

Alle Formen des sozial-kommunikatives Lernens können in der Outputphase des Lehrprozesses angewendet werden. Unter dem Output versteht man die Sprachverwendung. Im Rahmen des Fremdsprachenunterrichts kann Outputorientierung als Prinzip durch interaktive Sprachspielen, offene Gespräche und Tandemlernen eingesetzt werden. So erhalten die Lernenden

„die Möglichkeiten, ... im Unterricht zu sprechen und zu üben". (K. Kleppin, 2002:92) [52].

Der Akt des Sprechens setzt den Gebrauch der mündlichen Sprache voraus. Da der Charakter der Sprache die Form der Arbeit bei dem Spracherwerb bestimmt, wird die Gruppenarbeit als Sozialform des Unterrichts gewählt. Um zu sprechen, braucht man mindestens einen Gesprächspartner, sodass die Aneignung von gesprochener Sprache durch den Dialog im Verlauf der Unterrichtskommunikation erfolgt.

„In jeder Lerngruppe findet Interaktion zwischen Unterrichtenden und Lernenden und zwischen den Lernenden statt (vgl. z.B. House, 1995); Die Art und Weise, wie sie miteinander umgehen, trägt ebenfalls zum Lernerfolg bei (vgl. Edmondson, 1995)". (K. Kleppin, 2002:85) [53].

Für das gegenseitige Verständnis sowohl innerhalb der Lerngruppe als auch in Alltagssituationen spielt eine gute Aussprache, die durch systematische Ausspracheschulung erworben werden sollte, eine große Rolle. Der Lernende bemüht sich damit, sich an authentische Sprachvorbilder anzunähern mit dem Ziel, die Struktur der Fremdsprache durch Nachahmung von Modellsätzen automatisch zu beherrschen und anzuwenden.

„Ziel ist also das Sprachkönnen, nicht das Sprachwissen. Dabei haben die primären Fertigkeiten (Hören/vor allem: Sprechen) Vorrang von der sekundären (Lesen/Schreiben)". (G. Neuner/ H. Hunfeld, 2007:61) [54].

Für die mündliche Kommunikation nutzt man die mündliche Sprache, die sich durch folgende Merkmale auszeichnet: sie ist primär (geschriebene Sprache: sekundäre) und dialogisch (geschriebene Sprache: monologische) (vgl. A. Vielau, 1997:236) [55]. Wenn man in der natürlichen Reihenfolge: Hören – Sprechen

-Lesen- Schreiben lernt, wird erst die Fähigkeit zur Verarbeitung und Verwendung von gesprochener Sprache entwickelt (Fähigkeit zum Hören und Sprechen), und erst danach – die Fähigkeit zum Lesen und Schreiben. Das Gespräch geht durch den auditiven Kanal. Nach dem Organon- Modell von K. Bühler (1934) ist der Sprecher der Absender des auditiven Signals und der Hörer ist der Empfänger dieses Signals.

„Bühlers Organon- Modell als Zeichenmodell zugleich schon ein Kommunikationsmodell, da für ihn Sprache sich gar nicht unter Absehung von ihrer Funktion, hier: von ihrer Kommunikationsfunktion, betrachten lässt". (H. Pelz, 1990:46) [56].

Bei der mündlichen Kommunikation handelt es sich um eine direkte, zeit- und raum-abhängige, synchrone Kommunikationsform. Der Äußerungsproduzent ist anwesend. Bei der schriftlichen Sprache ist der Produzent der schriftlichen Äußerungen (Autor) dagegen nicht persönlich anwesend und könnte sogar tot sein. Bei der mündlichen Kommunikation ist die Gesprächssituation authentisch. Das Gespräch besteht aus dem wechselseitigen Informationsaustausch zwischen Sprecher und Hörer im Prozess der Kommunikation.

„Das Gespräch unterscheidet sich – wie bereits ausgeführt wurde – vom (monologischen) Text grundlegend durch das Merkmal des Sprecherwechsels („turn-taking"), d.h. durch den Übergang des Rederechts vom Sprecher an den Hörer. Dieses Prinzip impliziert, dass Gespräche durch mehr als eine Sprecherperspektive gekennzeichnet sind". (K. Brinker/ S.F. Sager, 2006:65) [57].

Um an einem Gespräch teilzunehmen, sollte man lernen, sollte man einerseits lernen, in der Fremdsprache zu hören bzw. verstehen. Andererseits muss man erlernen, wie man eigene Sprachäußerungen sinngemäß und nach den grammatischen Regeln der jeweiligen Sprache produziert. Das im Unterricht Gelernte muss in Gesprächssituationen kommunikativ angewendet werden können. Der Fremdsprachenunterricht für Erwachsenen ist erster Linie sozial-kooperativ orientiert (vgl. K. Kleppin, 2002:87)[58].

„Sozial-kooperative Lernziele können die folgenden drei Typen von Kommunikationssituationen betreffen:

1) den Fremdsprachenunterricht als Ort der Kommunikation mit anderen TN [Teilnehmern];

2) die Antizipation möglicher Verwendungssituationen in der Kommunikation mit zielsprachigen Partnern;

3) die authentische Verwendungssituation mit zielsprachigen Partnern neben dem Fremdsprachenunterricht…". (K. Kleppin, 2002:87-88) [59].

Um Verständigung zu erreichen und somit in den Kommunikationssituationen erfolgreich zu sein, sollte man die Merkmale der gesprochenen Sprache kennen.

Die gesprochene Sprache ist durch kurze Sätze mit nicht komplizierten Satz-strukturen gekennzeichnet. Die Äußerungen werden spontan formuliert. Redundanzen und Paraphrasen treten immer wieder auf, weil eine Information im Verlauf des Gesprächs mehrmals wiederholt wird, wenn z.B. der Gesprächspart-ner häufig nachfragt.

Die Schwierigkeiten bei der Verarbeitung der mündlichen Sprache sind mit dem Problem der Flüchtigkeit der Information verbunden. Das Hörverstehen wird in diesem Kontext als spontaner Prozess betrachtet, weil der Input nicht wiederholt wird und der Gesprächspartner daher keine Möglichkeit hat, unver-ständliche Stelle noch einmal zu hören. Aufgrund des momentanen Charakters der Sprache geht einmal Gehörtes schnell verloren.

Der Sprecher spricht impulsiv und emotional. Im Verlauf des Gesprächs nutzt der Hörer Intonation, Mimik, Gestik und andere außersprachliche Merkmale des Gesprächs als Verständnishilfe.

Das Gespräch wird in der Zielsprache geführt. Die beiden Gesprächsteilneh-mer haben keine Zeit, sich gute Formulierungen zu überlegen oder eigenen Aus-sagen zu überprüfen. Der Sprecher sollte deswegen gleichzeitig an die Kohäsion in Bezug auf die richtige Auswahl der Sprachformen und die Kohärenz im Sinne des logischen Zusammenhangs der Geäußerten denken, um verstanden werden zu können. Auch die Beachtung des Kontextes der Gesprächssituation könnte behilflich sein, um die während der Interaktion entstehenden Verstehenslücken nachvollziehen zu können.

Dank Weltwissen und persönlichen Erfahrungen können die nicht gehörten oder nicht verstandenen Informationen auf diese Weise durch Inferenzbildung kompensiert werden. Die Erweiterung des Gehörten durch eigene schemagelei-tete oder erfahrungsbasierte Vorstellungen erfolgt meist unbewusst im Prozess des Nachdenkens und wird als Elaboration bezeichnet.

Zur Schulung des Hörverstehens werden in der Unterrichtspraxis authenti-sche Hörtexte eingesetzt. Aber trotz zahlreicher mit dem Begriff Authentizität zusammenhängender Vorteile weisen sie auch gravierende Nachteile auf. Die Nachteile hängen zusammen mit dem Sprechtempo verbunden (zu schnell, be-sonders für Anfänger), der Flüssigkeit (zu flüssig, weil man im Unterschied zum Lesen keine Wortgrenzen sieht) und der Deutlichkeit (man empfindet die ziel-sprachigen authentische Texte als undeutlich gesprochene). Die unbekannten Redemittel, Redewendungen und Idiome erschweren ebenso das Verständnis von authentischen Texten (vgl. A. Vielau, 1997: 239-241) [60].

Da das Hörverstehen in der Zielsprache (L2) meist nicht genügend automa-tisiert ist, muss man es trainieren. Das Hörverstehen in L2 lässt sich nicht trans-ferieren und sollte bei einer neuen Sprache jedes Mal erworben werden. Um diesen Prozess zu erleichtern, probiert man die unterschiedlichen Arten von Hören aus: in erster Linie lernt man das globalen Hören vom dem selektiven Hören zu unterscheiden. Das strategische Hören ist eine schwierige Aufgabe, die viel Übung erfordert, weil das Hörverstehen in der Erstsprache (L1) auf unbewussten Prozessen basiert, die man in der L2 bewusst machen muss.

> „Die Gesamtbedeutung [eines Textes] [wird] vorrangig bottom-up durch die Verknüpfung lokaler Operationen gebildet; die Zusammenschau dieser Lokalinformation ergäbe dann die Gesamtinformation". (A. Vielau, 1997:236) [61].

Die Breite des Wortschatzes bestimmt ebenso den Erfolg beim Hören (und Lesen): je breiter der Wortschatz, desto potentiell leichter ist das Textverständnis. Die Vokabelprogression ist kommunikativ orientiert und erfolgt durch Fragen, Antworten und Nacherzählen. In den outputorientierten Lehrbüchern werden als Beispieltexte authentische Texte aus dem Alltag zum Auswendiglernen und weiteren Gebrauch in den Lebenssituationen angeboten. Die Inhaltsvalidität dieser Lehrbücher besteht darin, dass Themen von Texten bzw. Aufgaben aus der zielsprachigen Alltagswelt vorkommen, sodass diese Texte direkt im Prozess der zielsprachlichen Kommunikation direkt eingesetzt werden können.

2.2.2 Die Aneignung des Sprachkönnens im Modernhebräisch

Der Erwerb des Sprachkönnens in Bezug auf alle Teilkompetenzen (Hören, Lesen, Sprechen, Schreiben) ist das primäre Ziel des Sprachenlernens. Das moderne Hebräisch (Iwrit) hat sich als eine lebendige, von Menschen im Alltag Israels gebrauchte Sprache etabliert.

Bis zum Ende des 19. und Anfang des 20. Jahrhunderts hatte Hebräisch zu der Gruppe von geistig-schriftlichen Sprachen wie Latein und Altgriechisch gehört. Viele Wörter des heutigen Iwrits existierten damals nicht. Sprachwissenschaftler wie Ben Jehuda und seine Vertreter mussten diese alltäglichen Wörter „erfinden".

Ende des 19. – Anfang des 20 Jahrhunderts entwickelte sich das Modernhebräisch (Iwrit) zu einer modernen, lebendigen Sprache. Seit 1948 ist Iwrit die Staatssprache in Israel. Da im mündlichen Sprachgebrauch ein ganz anderer Wortschatz als im schriftlichen benutzt wird, rückten im Sprachunterricht die Aspekte der gesprochenen hebräischen Sprache in den Vordergrund. Die mündliche Sprache ist die Umgangssprache. Sie zeichnet sich im Vergleich zur schriftlichen Sprache durch einfachere Satzstrukturen, kürzere und spontane Formulierungen sowie durch Redundanzen und Paraphrasen aus.

Für die Modernhebräischlernende im Vergleich zu den Bibelhebräischlernende änderte sich das Ziel des Sprachenlernens: Im Vordergrund stand nicht mehr die Vermittlung des Wissens über eine nicht gesprochene, „alte" Sprache, sondern die Aneignung und Anwendung einer „neuen", lebendigen Sprache.

> „Entscheidend für die Herausbildung der neuen Methodenkonzeption ist also der Versuch, sich von der Lehrmethode der Alten Sprachen zu lösen und Unterrichtsverfahren zu entwickeln, die dem Gegenstand – der „lebenden" gesprochenen Fremdsprache angemessener sind …". (G. Neuner, 2007:228) [62].

Damit entwickelte sich in der Richtung der Outputorientierung ein neues Verständnis von Lehr- und Lernzielen: Es ging nun darum, nicht nur Bildungswissen, sondern auch Bildungskönnen bzw. Fertigkeiten zu entwickeln, um die erworbenen Kenntnisse bei der Kommunikation auf Iwrit produktiv zu nutzen.

> „Im Vordergrund des Unterrichts sollte die aktive mündliche Sprachbeherrschung stehen". (G. Neuner/ H. Hunfeld, 2004:34) [63].

Deswegen ist das Prinzip,

> „Umgangssprache in Konversation zu lehren" (G. Neuner, 2007:228) [64],

für den outputorientierten Unterricht grundlegend.

2.3. Handlungsorientierung

> Der GeR - Ansatz ist „handlungsorientiert, weil er Sprachverwendende und Sprachenlernende vor allem als sozial Handelnde betrachtet, d.h. als Mitglieder einer Gesellschaft, die unter bestimmten Umständen und in spezifischen Umgebungen und Handlungsfeldern kommunikative Aufgaben bewältigen müssen…". (J. Trim/ B. North/ D. Coste, 2001:21) [65].

Der *handlungsorientierte Ansatz* des GeRs ist mit dem funktionalen Gebrauch der Sprache verbunden und beinhaltet die Verwendung von kommunikativen Aufgaben, die zur Handlung anregen.

> „Der Lehrer gibt Anweisungen, bestimmte praktische Handlungen auszuführen; die Lerner zeigen ihr Verstehen, indem sie diese Handlungen tatsächlich praktisch vollziehen …". (A. Vielau, 1997:91) [66].

Bei der Erfüllung dieser Aufgaben setzen die Lerner Strategien ein, die zur Verstärkung oder Veränderung der sprachlichen Kompetenzen führen können. Der Lerner besitzt die Fähigkeit, sich mithilfe der Sprache sich in der menschlichen Gesellschaft zu äußern. Aus diesem Grund wird er als sozial Handelnder betrachtet. Handlungsorientierung besteht in der Anwendung der im Unterricht erworbenen Kenntnisse in realen Lebenssituationen. In der Handlungsorientierung besteht die Neuorientierung des Fremdsprachenunterrichts.

„Handlungsorientierung ist das Prinzip eines Sprachunterrichts, in dem die Lernenden darauf vorbereitet werden, sprachlich handeln zu können". (K. Ende, R. Grotjahn,
K. Kleppin, I. Mohr, 2013:143) [67].

Der Ausgangspunkt der Überlegung ist, dass die Sprache als Verständigungsmittel ein Aspekt menschlichen Handelns ist. In diesem Kontext bedeutet „sprechen", dass man mit Wörtern handelt. Das sprachliche Handeln bzw. der aktive
Sprachgebrauch in echten Kommunikationsvorgängen ist das primäre Ziel des
Modernhebräischunterrichts.

> „Als kommunikative Kompetenz zum obersten Lernziel des Unterrichts wurde, fokus-
> sierte man kommunikative Situationen, authentische Sprechanlässe und Lernmateri-
> alien sowie pragmatisch angemessenes sprachliches Handeln". (K. Ende, R. Grotjahn,
> K. Kleppin, I. Mohr, 2013:143) [68].

Linguistisch gesehen besteht das Handlungsorientierungsprinzip in der Integration der Pragmalinguistik in das Konzept der Sprechakttheorie. Nach diesem
Prinzip sollte man in erster Linie beim Erlernen einer neuen Sprache die pragma-
tisch- kommunikative Kompetenz entwickeln. Dabei ist das erfolgreiche Handeln
in einer bestimmten Situation wichtiger als die perfekte Beherrschung der Sprache.
Das Prinzip der Handlungsorientierung wendet sich dem Lernenden und
dem Lernprozess zu und besagt, dass das Fremdsprachenlernen ein kognitiver
und kommunikativer Prozess der Aneignung des „breiten Alternativenspekt-
rum an verbalen und/oder nichtverbalen Handlungsmöglichkeiten" (A. Vielau,
1997:78) [69] ist. Es sollte helfen, durch Unterrichtskommunikation und Gruppenarbeit die individuellen Fähigkeiten der Lernenden zu entwickeln.

> „… Die klassischen kommunikativen Teilkompetenten (Hörverstehen/Hör-Sehverste-
> hen, an Gesprächen teilnehmen, Zusammenhängend sprechen, Leseverstehen, Schrei-
> ben) [ist] selbstverständlicher Bestandteil realer kommunikativer Handlungsabläufe".
> (K.-R. Bausch/ B. Bergmann/ B. Grögor/ H. Heinrichsen/ K. Kleppin/ B. Menrath/ E.
> Thürmann, 2009:9) [70].

Deshalb kann man sagen, dass das wichtigste Ziel von handlungsorientierten
Fremdsprachenlernen der zweckgebundene Erwerb und die Verwendung der
Zielsprache ist.

Kommunikation und Kooperation sind Aufgaben in dem Lehrvorgang. Daraus folgen die allgemeinen Prinzipien für die handlungsorientierten Didaktik:
Aktivierung der Lernenden, Begrüßung alternativer Sozialformen zum Frontalunterricht sowie offene und flexible Gestaltung des Lernmaterials. Der Lehrer
dient als Helfer,

> „Moderator und Förderer des Lernprozesses". (F. Haß/ W. Kieweg/ M. Kuty/ A. Müller-
> Hartmann/ H. Weisshaar, 2006:22) [71].

Der Rückbezug auf die Erstsprache oder bei der heterolingualen Gruppe auf die lingua franca der Gruppe ist erlaubt.

> „Der Erstsprache kommt ... die Funktion einer Muttersprache zu – einer Sprache, in der über eine andere Sprache (über eine „Objektsprache") reflektiert wird". (A. Vielau, 1997: 77) [72].

Das handlungsorientierte Lernen bedeutet die Durchführung erfolgreicher Sprechhandlungen in der Zielsprache in den verschiedenen Lebenssituationen.

> „Sprachhandlungskonventionen, die in diesem Sinne interkulturell übertragbar sind, sind auch in der künstlichen Lernumgebung des Fremdsprachenunterrichts erlernbar: denn ...muss hier nur die jeweilige Versprachlichungskonvention in der Zielsprache erlernt werden, das nötige Handlungswissen kann potentiell inferiert werden". (A. Vielau, 1997: 81) [73].

D.h., man sollte mithilfe der erlernten sprachlichen Mittel (übliche Ausdrucksweisen, Redewendungen, standardisierten Formulierungen etc.) in der Lage sein, seine Meinung zu äußern (z.B., Zustimmung oder Ablehnung ausdrücken), Unklarheiten zu klären, Argumente vorzubringen, Vorschläge zu machen, Kompromisse zu finden.

> „In Bezug auf den Sprachgebrauch bedeutet dies, dass der Unterricht vorwiegend in der Zielsprache stattfindet und Lernende ausgiebig Gelegenheit bekommen, für ... sinnvolle Inhalte auszuhandeln". (F. Haß/ W. Kieweg/ M. Kuty/ A. Müller-Hartmann/ H. Weisshaar, 2006:21) [74].

Zusammenfassend kann man sagen, dass das Ziel des handlungsorientierten Fremdsprachenlernens darin besteht, die funktional-kommunikativen und sozial-interaktiven Aktivitäten der Lernenden in der Zielsprache zu entwickeln und zu fördern.

> „Handlungsorientierung bezieht sich nicht nur auf gegenständliche oder symbolisch-abstrakte Aneignungsformen, sondern auf soziales Handeln". (H. Gudjons, 1997:119) [75].

Damit das neue Wissen aktiv wahrgenommen wird, müssen die Lernenden die metakognitiven Strategien erlernen. Dabei hilft es, die neuen Informationen in eine bereits vorhandene Wissensstruktur zu integrieren.

Der handlungsorientierte Ansatz verfolgt das Ziel, durch kreative Verwendung der Sprache die Befähigung zur Alltagskommunikation zu fördern.

> „Sprachverwendung heißt, dass Lehrende ihre Kursteilnehmer auf vielfältige Handlungssituationen in der Fremdsprache vorbereiten: Texte lesen, hören und verstehen, Dialoge und Korrespondenz führen. Das heißt für Lehrende, dass die Lernenden im Fremdsprachenunterricht so viel Gelegenheit wie möglich bekommen müssen, diese Sprachhandlungen zu trainieren. Nur so können sie außerhalb des geschützten Raumes

des Unterrichts erfolgreich sprachlich handeln". (K. Ende, R. Grotjahn, K. Kleppin, I. Mohr, 2013:21) [76].

Die Sprachverwendung ist bedürfnis- und ergebnisorientiert. Da man mit der Sprache handeln können muss, steht an der Stelle des Erlernens der Hochsprache das Training des alltäglichen Sprachgebrauchs, um in der Gesellschaft anerkannte Gesprächsformen verwenden zu können.

„Dabei werden Domänen der Sprachverwendung als kommunikative Handlungsfelder verstanden, für die sprachlichen und interkulturellen Kompetenzen angebahnt werden sollen". (K.-R. Bausch/ B. Bergmann/ B. Grögor/ H. Heinrichsen/ K. Kleppin/ B. Menrath/ E. Thürmann, 2009:10) [77].

Die kommunikative Handlungsfähigkeit ist mit dem Verhaltensmustererwerb verbunden, um die Sprachanwendung ohne tiefes Nachdenken über der Regeln und Strukturen zu automatisieren.

Die Fähigkeit, die Sprachbedeutungen bzw. Bedeutungsnuancen der Zielsprache zu erfassen, ist für die Performanzentwicklung entscheidend.

„Die Bedeutungen einer natürlichen Sprache sind Ergebnis der lebendigen Sprach- und Kulturgeschichte eines Volkes; sie verweisen auf eine Vielzahl tieferliegender Handlungs-, Denk- und Empfindungsmuster...". (A. Vielau, 1997:80) [78].

In jedem Land gibt es standardisierte, formalisierte und vorgeschriebene Handlungsformen, die man für erfolgreiche Kommunikationsakte beherrschen muss. Für erfolgreiche Interaktionen gilt, dass Menschen miteinander kontaktieren und ihr zweckhaftes Handeln sowohl in Bezug auf ihre eigenen Ziele als auch hinsichtlich der Positionen der anderen einem wechselseitigen Interpretationsprozess unterliegt.

Der einfache Satzbau und die reihende Anordnung sowie die Konzentration auf einfache, authentische und häufig verwendete Redemittel ermöglichen die schnelle Beherrschung der Zielsprache auf die Ebene der Alltagskommunikation.

„Das kommunikative Handeln .... ist immer an konkrete Situationen, Inhalte und Themen gebunden, für die (Fremd)-Sprachenlerner über entsprechende sprachliche Mittel und entsprechendes (inter)-kulturelles Orientierungswissen verfügen müssen". (K.-R. Bausch/ B. Bergmann/ B. Grögor/ H. Heinrichsen/ K. Kleppin/ B. Menrath/ E. Thürmann, 2009:11) [79].

Dieser Befähigung zur Alltagskommunikation liegt das pragmatisch-funktionale Prinzip der Handlungsorientierung zugrunde. Die Fremdsprache sollte im Unterricht direkt und aktiv durch die Gruppenarbeit (Rollenspiele und Dialoge) eingesetzt werden. Das Verfahren ist Einsprachigkeit oder funktionale Einsprachigkeit (Verwendung der lingua franca der Gruppe bei Unklarheiten oder schwierigen grammatischen Erklärungen). Die Fehlerkorrektur ist dabei weniger wichtig als der ununterbrochene Verlauf des Kommunikationsprozesses und die offene und freundliche Gruppenatmosphäre. So fördert der Lehrer durch Erfolgserlebnisse das Zutrauen der Lernende zu der eigenen Sprechfähigkeit.

> „Handlungen sind … mehr als bloße Fertigkeiten, „es sind zielgerichtete, *im ihrem inneren Aufbau verstandene Vollzüge*" (Aebli 1983, 182)". (N. Gudjons, 1997:45) [80].

Eine zielgerichtete Strukturierung des Unterrichts spielt für die Entwicklung eines handlungsorientierten Verhaltens eine bedeutsame Rolle. Um den Bezug zum Thema herzustellen, aktiviert der Lehrer die Vorkenntnisse und Erfahrungen der Lernenden in dem freien Gespräch und benennt explizit die Lernziele und Lerninhalte. Dann stellt der Lehrer die Sachverhalte und Schwerpunkte von Inhalte vor und verteilt vorbereitete Unterlagen (z.B. Wörterliste mit Redewendungen, die in der Zielsprache oft benutzt werden und dabei helfen können, die sprachlichen Handlungen aktiv durchzuführen). Die Lernenden werden durch Fragen aktiviert und auf dieser Weise wird die Kommunikation im Prozess des Lernens durch Rollenspiele und Diskussionen gefördert. Die Taktik ist, durch Interaktion spielerisch zu lernen.

> „… Jede Tätigkeit sowohl Arbeit als auch Spiel [kann] sein. Im Unterrichtskontext hieße das, dass die Bedeutung sowohl auf den Lernprozess und die Anwendung des Gelernten als auch auf den motivations- und lustfördernden Charakter der jeweiligen Tätigkeit als solcher gelegt werden kann. Dies hängt im Wesentlichen von der Einstellung der Handelnden und ihrer Interpretation ab…". (K. Kleppin, 1989:185) [81].

Diese Methode basiert auf der Pragmalinguistik. Aus ihr folgen die wichtigsten Prinzipien. Um kommunikative Lernziele zu erreichen, soll der Lehrer die laufende Kommunikation nicht unterbrechen (keine Fehlerkorrektur während des Gesprächs!).

Die Grammatik spielt keine zentrale Rolle in dem Prozess der Kommunikation. Daher geht es nur um bedingte und implizierte Grammatikvermittlung im Verlauf des handlungsorientierten Unterrichts.

> „Fremdsprachenlernen im Unterricht setzt nicht nur die Kenntnis sprachlicher Bezugssysteme, sondern auch die Kenntnis der entsprechenden Handlungsmuster, und damit eine lebenspraktische Erfahrungsgrundlage voraus". (A. Vielau, 1997: 79) [82].

Weiterhin besteht der Verstehensprozess in dem Identifizieren der Bedeutung der mündlichen oder schriftlichen Äußerungen. Das Training der alltäglichen Themen in alltäglichen Kommunikationssituationen und die aktive Beherrschung der Sprache durch Interaktion sind ebenfalls von Bedeutung. Die Kreativität wurde im Verlauf des Unterrichts durch Rollentausch, Kettengeschichten und anderen Sprachspielen gefördert.

„Denn Handlungen lassen... Verhaltensweisen definieren, „die Maßnahmen und Sachen bewusst einsetzen, um ein Ergebnis zu erreichen" (Aebli 1983, 185)". (H. Gudjons, 1997:44) [83]

2.3.1 Handlungsorientierung als ein integriertes Konzept

Dem Handlungsorientierungsprinzip liegen drei Konzepte zugrunde: das interkulturelle, das pragmatisch-funktionale und sprachfunktionale Konzept. Das interkulturelle Konzept hat das Ziel, die Sprache, Gesellschaft und Kultur miteinander zu verbinden. Dazu müssen die kulturellen und gesellschaftlichen Perspektiven sowie die Verhältnisse von Ausgangs- und Zielkultur berücksichtigen werden. Die Aufgabe des pragmatisch-funktionalen Konzepts besteht darin, die Sprechabsichten zu erforschen und zu systematisieren, um alltägliche umgangssprachliche Kommunikation zu ermöglichen. Das Ziel des sprachfunktionalen Konzepts ist die Anwendung im Unterricht Gelernten in Kommunikationssituationen im Alltag. Der Leitgedanke von diesem Konzept ist, dass 1) auf dem verständlichen Input bezogene Verstehensprozesse die Grundlage des Lernens ist und dass 2) Fremdsprachenlernen eine geistige Tätigkeit kognitiver und kreativer Akt des menschlichen Handelns ist.

> „Denn dadurch, dass Menschen Situationen deuten und begreifen, Informationen aufnehmen und verarbeiten und aktiv/ tätig sind und so ein immer komplexer und differenzierter werdendes Handlungsrepertoire durch interne Strukturierungsprozesse (kognitiver Strukturaufbau Lernen) gewinnen, wird der *Dualismus von Denken und Handeln* überwunden". (H. Gudjons, 1997:45) [84].

Das bewusste und handlungsorientiertes Fremdsprachenlernen lässt sich durch Selbstreflexivität charakterisieren. Diese besteht im bewussten Gebrauch von Regeln, im bewussten Umgehen mit Fehlern und im Analysieren des eigenen sprachlichen Handelns. Die Integration wichtiger Themenbereiche aus der Alltagskommunikation mit dem Ziel, in authentischen Kontexten adäquat sprachlich zu handeln (vgl. F. Haß/ W. Kieweg/ M. Kuty/ A. Müller-Hartmann/ H. Weisshaar, 2006:21) [85] ist der Mittelpunkt des Prinzips der Handlungsorientierung. Die Sprache ist eine Form von menschlichen Verhalten.

> „Wird menschliches Tun als Handlung aufgefasst, dann wird auf der Basis eines *dialektischen Person-Umwelt-Modells* nicht mehr nur das „Verhalten" (als eher re-aktiv, passiv, sich anpassend) des Menschen erklärt, sondern die gesamte Auseinandersetzung des Menschen mit seiner Umwelt, sein aufgrund von Zielvorstellungen geordnetes und reguliertes Tun, seine kognitiven Leistungen, letztlich also menschliche Subjektivität kommen in den Blick". (H. Gudjons, 1997:44) [86].

Das sprachliche Verhalten basiert auf Sprechabsichten und wird durch Sprechakten realisiert.

„Ein Sprechakt… ist eine Handlung, die nur mittels einer sprachlichen Äußerung vollzogen wird". (P. Ernst, 2004:242)[87].

Die zyklische Progression bei der Entwicklung der Äußerungsfähigkeit läuft durch die Zuordnung von Sprechabsichten (Inhalte, Rolle, Situationen) mit der Betonung auf alltägliche bzw. häufig getroffene, personenbezogene Themen (Information zur Person, Wohnen, Arbeit und Beruf, Umwelt/Kontakte, Reisen/ Hobby, Einkaufen, Freizeit, Unterhalten, öffentliche und private Dienstleistungen) und ihre Umwandlung in Sprechakte ab. Dies bedeutet, dass das sprachliche Handeln immer auf bedeutsame Inhalte zielorientiert gerichtet ist. Unter bedeutsamen Inhalten versteht man lebensrelevante Inhalte, die objektiv für die Gegenwart und Zukunft der Lernenden wichtig sind. Auf diese Weise gewinnt man die Kenntnisse von der Sprachverwendung, d.h. man lernt die verschiedenen Sprechakte in sinnvollen situativen Zusammenhängen durchzuführen.

Da das Gespräch mündlich abläuft, steht im Zentrum das Trainieren des mündlichen Sprachgebrauchs. Die pragmatische Wende in der Fremdsprachendidaktik führt von „Sprache als System lernen" zu „mit Sprache als mit Instrument handeln". Die Entwicklung von kommunikativer Kompetenz ist eine der wesentlichen Zielsetzungen des modernen Fremdsprachenunterrichts.

Im Unterricht sollen Situationen für authentisches Handeln erzeugt werden. Basierend auf der Sprechakttheorie kann man sich einen Zyklus des handlungsorientierten Lernens folgendermaßen vorstellen: es gibt eine Situation, in der man die Interaktion braucht (z.B. Reise). In dieser Situation führt man Gespräche über Themen, die sich auf diese Situation beziehen (z.B. Ticketkauf). Beim Ticketkauf gibt es zwei Seiten bzw. zwei Rollen – der Verkäufer und der Käufer. Jede Seite hat eigene Sprechabsichten, die man dank top-down-Prozessen, die auf Allgemeinwissen und eigenen Erfahrungen basieren, prognostizieren kann. Die Aussagen sind Sprechakte, die Gespräche sind Sprachhandlungen, und der Sprachgebrauch läuft durch kommunikatives Handeln ab.

„Handlung ist ein zielgerichtete (intentionale) Tätigkeit, in der eine Person versucht, mittels Veränderung von Selbst- und/ oder Weltaspekten einen für sie befriedigen (bedeutsamen, wertvollen) Zustand zu erreichen oder aufrechtzuerhalten". (H. Gudjons, 1997:45) [88].

Beispiel für Handlungsorientierung: Im Israel Bücher kaufen

Das globale Lernziel des Unterrichts ist ein Gespräch in der Zielsprache über Bücher innerhalb der Lerngruppe, um das breite Spektrum des erlernten Vokabulars zu dem Thema „Bücherwelt" in der realen Kommunikation aktiv anzuwenden. Die Teillernziele in folgenden Bereichen eingesetzt werden:

- im Bereich der sprachlichen Mitteln

Begriff	ספר		Buch	
Wortfeld „Bücher"	ספר ספריה לספר סיפור		Buch, Bibliothek, erzählen, Erzählung	
- Adjektive	מעניין – משעמם עליז – עצוב גדול - קטן		interessant – langweilig lustig – traurig groß - klein	
- Satzstrukturen	לקנות ספר לקרוא ספר לכתוב ספר	אני רוצה	(ein) Buch kaufen (ein) Buch lesen (ein) Buch schreiben	Ich möchte

- im Bereich Landeskunde:

Wo kann man Bücher kaufen	בחנות לספר (ספר-חנות) בקיוסק לתחנת רכות במוזיאון	im Buchhandlung im Kiosk am Bahnhof im Museum
Satzstruktur	כמה עולה הספר?	Wie viel kostet das Buch?

- im Bereich des prozeduralen Wissens sollte man sich die Redemittel aneignen und die sprachlichen Strukturen lernen und bis zur Automatisierung trainieren, um sie im Gespräch kreativ anwenden zu können. Im Bereich der Phonetik sollte man auf die Aussprache und Satzmelodie achten.

Schema 1: Begriff Wortfeld. Nee Wörter im inhaltlichen Zusammenhang lernen

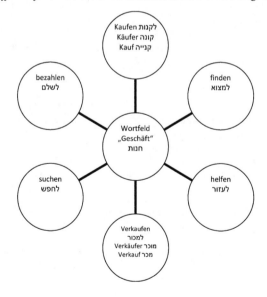

49

Mithilfe von einfachen sprachlichen Redemittel lernt man, die eigenen Sprechabsichten zu realisieren bzw. Handlungsziele zu erreichen. Hier besteht das konkrete Handlungsziel bzw. Unterrichtsziel in der Simulation des realen Prozesses: der Kauf eines Buchs in einem Geschäft innerhalb des Ziellandes. Die Studierenden nutzen den oben eingeführten Wortschatz, um sich in der realen Lebenssituation zu verständigen.

2.4. Die Aufgabenorientierung

Durch Aufgaben können „die Lernenden, die.. Sprache verwenden…. In Aufgaben werden mehrere Teilfertigkeiten integriert verwendet. Sie werden häufig interaktiv und in Gruppenarbeit gelöst. Wichtige Merkmale von Aufgaben sind: eine klare Zielsetzung, ein genau beschriebener Verlauf der Aufgabenbearbeitung, ein konkretes Ergebnis/ Produkt". (K. Ende/ R. Grotjahn/ K. Kleppin/ I. Mohr, 2013:142) [89].

2.4.1 Unterrichtliche Lernaufgaben: offene Aufgabenstellungen

Aufgaben zielen auf bewusste und strategische Problemlösungen ab und aktivieren auf diesem Weg die Denkprozesse der Lernenden. Offene Aufgaben erlauben mehrere Varianten von Lösungen und zeigen den Lernenden damit ihre Kreativität und Flexibilität (vgl. Neuner, 1994 in: H. Raabe, 2007:283) [90].

„Aufgabenorientierung hat einen engen Bezug zur Handlungsorientierung. Nach diesem Prinzip sollten Lernende in erster Linie mit Aufgaben konfrontiert werden, die entweder mit ihrer Lebenswelt zu tun haben oder zukünftige sprachliche Handlungen anbahnen. Sie sollen Gelegenheit haben, „echte" Fragestellungen zu entdecken und in der Fremdsprache zu beantworten". (K. Ende/ R. Grotjahn/ K. Kleppin/ I. Mohr, 2013:142) [91].

Durch selbständig zu lösende Aufgaben im Unterricht können die Lernenden das gelernte Wissen in den verschiedenen Lebenssituationen anwenden. Dabei sollte jede Übung dabei sollte die Sprechfähigkeit, Eigenständigkeit und Lösungsorientierung der Lernende fördern.

„Aufgaben bringen die Lernenden dazu, eine Fremdsprache zu verstehen, zu produzieren und auf die Fremdsprache zu interagieren". (K. Ende/ R. Grotjahn/ K. Kleppin/ I. Mohr, 2013:142) [92].

Jeder Lernende sollte den Lernstoff in seinem persönlichen Lerntempo bewältigen. Lernaufgaben sind selbst der Gegenstand des Unterrichts..

„Aufgaben [strukturieren] das Unterrichtsgeschehen und den fremdsprachlichen Lernprozess". (F. Haß/ W. Kieweg/ M. Kuty/ A. Müller-Hartmann/ H. Weisshaar, 2006:23) [93].

Sie steuern den Lernprozess, ermöglichen die Erprobung und Anwendung der Lernstrategien und fördern die Kommunikation in der Zielsprache im Unterrichtsverlauf. Kommunikativ-didaktische Lernaufgaben sind auf die Entwicklung der pragmatischen Kompetenz ausgerichtet.

In den meisten Fällen ist die Aufgabenstellung offen, d.h. die Aufgabe hat keinen eindeutigen Lösungsschlüssel, sodass die Studenten die Möglichkeit haben, auf dem Weg zur Lösung unterschiedliche Varianten auszuprobieren. Offene Aufgaben erfordern freie Antwortformen und selbständige Formulierungen, und testen damit die produktive Verwendung der Sprache.

Zu den Vorteilen von offenen Aufgaben gehören ihre Authentizität und Konstruktionsökonomie, zu den Nachteilen zählen die geringe Durchführung- und Auswertungs-Objektivität sowie die Zeitaufwendigkeit der Korrektur.

Beispiele für offene Aufgaben im Unterricht sind Rollenspiele, Textproduktion, Beschreiben, Fortsetzen, Zusammenfassen etc.

Vom Lehrer dargebotene Lernaufgaben müssen den Lernstand einer Gruppe berücksichtigen und am Lernfortschritt orientiert sein.

Kommunikative Lernaufgaben sollten in Partner- und Gruppenarbeit gelöst werden. Es geht um den Aufbau von Wissen durch Partnerarbeit bzw. Partnerkorrektur nach dem Prinzip des gegenseitigen, reziproken Lernens.

> „Aufgaben, die in der Gruppe gelöst werden müssen und zu deren Bewältigung Aushandlungen notwendig sind, können zu einer kontinuierlichen Integration von Form und Bedeutung führen (vgl. Bygate, 2001)." (K. Kleppin, 2002:94) [94].

Deswegen haben diese kollektiv gelösten Aufgaben einen beträchtlichen Lerneffekt, was sich beispielsweise in der Wortschatzerweiterung zeigt. In Dialogen realisiert man eigene Sprechabsichten und wendet die geübten Satzstrukturen kreativ an.

Die Lernaufgaben müssen nach dem Prinzip der Passung und Realisierbarkeit gestellt werden (vgl. D. Caspari/ R. Grotjahn/ K. Kleppin, 2010:49-53) [95]. Zu den wichtigsten Merkmalen von resultativen Lernaufgaben gehören Authentizität, Inhaltliche Relevanz, Adressaten-, Kompetenz- und Lernprozessorientierung. Der Begriff „Authentizität" spielt bei der handlungsorientierten Aufgaben eine wesentliche Rolle: von der vom Lehrenden authentischen Aufgabenstellung bis hin zur authentischen Sprachverwendung der Lernenden. Die Aufgaben bzw. Texten müssen „inhaltlich relevant" und „adressatenorientiert" sein, d.h. sie dürfen nicht inhaltlich leer sein und müssen gemäß dem Alter der Lernenden konzipiert werden (z.B., kein Märchen als Lehrtexte für Erwachsene!)

Da die Lernaufgaben gleichzeitig Kommunikationsaufgaben sind, deswegen sollten sie so gestellt sein, dass sie vom Lernenden möglichst aktiv und kreativ in Gruppen gelöst werden können.

„Aufgaben... werden als Aktivitäten gesehen, die offener konzipiert sind, in denen die „Bedeutung" im Vordergrund steht; sie bereiten auf authentische Situationen vor, motivieren die Lernende dazu, die Sprache zu benutzen, und schließen eine Selbstevaluation mit ein...". (K. Kleppin, 2002:94) [96].

Engagiertes Arbeiten sollte durch Anerkennung bekräftigt werden. Dann spricht man von positiver Verstärkung.

Das Problem des handlungsorientierten Unterrichts besteht darin, dass für den Lernenden die Aufgabe, in einer Fremdsprache Gespräche zu führen, für den Lernenden nur eine mangelnde Augenscheinvalidität besitzt, d.h. die Lernenden verstehen die fremdsprachliche Interaktion als nicht natürliche Aufgabe, was die Sprechfähigkeitsentwicklung erschwert.

2.4.2 Testaufgaben: geschlossene Aufgabenstellung

Geschlossene Aufgaben testen die Fähigkeit der Lernenden, sprachliche Strukturen wieder zu erkennen. Sie haben viele Vorteile in Bezug auf Aufgabenerstellung und Durchführung: Validität, Objektivität, Auswertungsökonomie, - Praktikabilität. Als Nachteil von geschlossenen Aufgaben ist die niedrige Authentizität anzusehen, die eine unnatürliche, künstliche Sprachverwendung mit sich bringt.

Geschlossenen Aufgaben werden Multiple-Choice-Aufgaben, Ja/Nein- Aufgaben, R/F- Aufgaben oder Zuordnungsaufgaben sein.

Beispiel aus dem Buch: Chayat, Shlomit/ Israeli, Sara/ Kobliner, Hilla (1990): *Hebrew from scratch*. Academon Publishing House. Jerusalem. S. 12-13 [97]

Er ist in der Klasse „Alef" und sie ist in der Klasse „Bet"	הוא בכיתה אלף והיא בכיתה בית
Iosef Kohen [kommt] aus [der] Argentinien. Er lernt jetzt im Ulpan „Mazada" im Jerusalem. Iosef lernt Ivrit.	יוסף כהן מארגנטינה. הוא לומד עכשיו באולפן "מצדה" בירושלים. יוסף לומד עברית.
Er [ist] in der Klasse „Alef". Er schreibt, liest und spricht [auf] Hebräisch.	הוא בכיתה אלף. הוא כותב, קורא ומדבר עברית.
Hana Levi [kommt] aus [der] England. Ebenso sie lernt jetzt im Ulpan „Mazada" im Jerusalem. Hana lernt Ivrit.	חנה לוי מאנגליה. גם היא לומדת עכשיו באולפן "מצדה" בירושלים. חנה לומדת עברית.
Sie [ist] in der Klasse „Bet". Sie spricht, liest und schreibt Ivrit.	היא בכיתה בית. היא מדברת, קוראת וכותבת עברית.

Wählen Sie eine richtige Antwort:	סמן את המשפט הנכון לפי הקטע:
1. a) Iosef Kohen [ist] [ein] Lehrer im Ulpan „Mazada"	1. א) יוסף כהן מורה באולפן "מצדה".
b) Iosef Kohen [ist] [ein] Student im Ulpan „Mazada"	ב) יוסף כהן סטודנט באולפן "מצדה".
c) Iosef Kohen lernt nicht im Ulpan „Mazada"	ג) יוסף כהן לא לומד באולפן "מצדה".
2. a) Jetzt [ist] Iosef Kohen in dem Argentinien.	2. א) עכשיו יוסף כהן בארגנטינה.
b) Jetzt [ist] Iosef Kohen im Jerusalem.	ב) עכשיו יוסף כהן בירושלים.
c) Jetzt [ist] Iosef Kohen im England.	ג) עכשיו יוסף כהן באנגליה.
3. a) Iosef lernt in der Klasse „Bet"	3. א) יוסף לומד בכיתה בית.
b) Iosef lernt in der Klasse „Gimel"	ב) יוסף לומד בכיתה גימל.
c) Iosef lernt in der Klasse „Alef"	ג) יוסף לומד בכיתה אלף
4. a) Iosef und Hana [lernen zusammen] in der Klasse „Alef"	4.א) יוסף וחנה בכיתה אלף.
b) Hana und Iosef [lernen zusammen] in der Klasse „Bet"	ב) חנה ויוסף בכיתה בית.
c) Iosef lernt in der Klasse „Alef" und Hana lernt in der Klasse „Bet"	ג) יוסף בכיתה אלף וחנה בכיתה בית.
5. a) Hana lernt jetzt im England	5. א) חנה לומדת עכשיו באנגליה.
b) Hana lernt Englisch in der Klasse „Bet"	ב) חנה לומדת אנגלית בכיתה בית.
c) Hana [ist] im Jerusalem jetzt	ג) חנה בירושלים עכשיו.
6. a) Hana lernt Ivrit im Ulpan im Jerusalem	6. א) חנה לומדת עברית באולפן בירושלים.
b) Hana lernt Englisch in der Klasse „Bet"	ב) חנה לומדת אנגלית בכיתה בית.
c) Hana spricht kein Ivrit in der Klasse „Bet"	ג) חנה לא מדברית עברית בכיתה בית.

2.5. Übungen in modernhebräischer Sprachpraxis

Die Rollen von Übungen können folgendermaßen beschrieben werden:

„Die Übung knüpft an den Stand der Lernersprache an und führt nur in einem Punkt weiter". (A. Vielau, 1997:89) [98].

„Übungen dienen dazu, sprachliche Strukturen und Teilfertigkeiten zu üben und ihren Gebrauch zu automatisieren". (K. Ende/ R. Grotjahn/ K. Kleppin/ I. Mohr, 2013:146) [99].

Der Lehrer nutzt Übungen zur Steuerung von Lernaktivitäten:

„durch Übungen können kontrollierte Prozesse automatisiert werden". (Schneider/ Fisk, 1982:262 in: M. Lutjeharms, 1988:45) [100].

53

Wenn das primäre Ziel des Modernhebräischunterrichts das sprachliche Können ist, bedeutet das, dass man erlernte grammatische Sprachmuster in die Alltagssituationen bringt.

> „Vorrangiges Ziel ist der mündliche Sprachgebrauch". (Stern, 1984 in: G. Neuner/ H. Hunfeld, 2007: 59) [101].

Übungen und Aufgaben

Übungen und Aufgaben bedingen und ergänzen sich: die Übungslösung ist Voraussetzung für die erfolgreiche Aufgabenlösung (vgl. Skehan, 1998 in: H. Raabe, 2007:283) [102].

Es gibt unterschiedliche Arten von Übungen auf der Grundlage der kontrastiven Linguistik, z.b. die Grammatikübungen und die Satzmusterübungen.

2.5.1 Grammatikübungen

> „Sprachenlernen impliziert also, dass sprachliche Exponenten nicht nur oberflächlich aufgefasst, global dekodiert und eingeprägt sowie statisch reproduziert werden, sondern dass ihr grammatischer Aufbau verstanden wird und dass dieser grammatische Aufbau nach Bedarf und Sprechabsicht variiert werden kann (vgl. Zimmermann, 1990; Wolff, 1992; Littlewood, 1994)". (A. Vielau, 1997:185) [103].

Begriff und Funktion

Die Rolle der grammatischen Übungen besteht darin, dass

> „deklaratives grammatisches Wissen sich durch Üben in prozedurales sprachliches Handlungswissen überführen [lässt]". (H. Raabe, 2007:283) [104].

Es geht um die Automatisierung von sprachlichen Fertigkeiten durch ständiges Training im Prozess der Kommunikation. Wenn man spricht, heißt das, dass man sprachliche Äußerungen produziert und von anderen verstanden werden will. Obwohl das menschliche Gehirn in der Lage ist, auch unvollständige oder fehlerhafte Informationen nachvollziehen zu können, hängt es in gewisser Weise von der Korrektheit der Äußerungen ab, ob der Prozess der Interaktion reibungslos abläuft oder nicht.

> „Die grammatische Kompetenz [ist] eine der wesentlichen Voraussetzungen der Kommunikationsfähigkeit". (A. Vielau, 1997:185) [105].

D.h., man beherrscht die Grammatik, um seine mündlichen und schriftlichen Äußerungen in der Zielsprache richtig zu produzieren.

> „Grammatikübungen bilden die Verbindung zwischen anfänglichem Verstehen und freier Produktion fremdsprachlicher Strukturen". (H. Raabe, 2007:283) [106].

Sie unterscheiden sich nach Funktionen bzw. Zielen, die man mithilfe dieser Übungen erreichen sollte. Es gibt form-, inhalts- und situativbezogene Übungen. Die Formübungen dienen dazu, um die sprachlichen Formen analytisch zu verstehen und automatisch richtig in den mündlichen und schriftlichen Sprachen anzuwenden. Die Inhaltsübungen sind semantische Übungen, die auf die Wiedererkennung desselben Worts in einem anderen Kontext abzielen. Die situativ bezogenen Übungen trainieren das gewünschte sprachliche Verhalten in den häufig eingetretenen Lebensszenen und verbinden sich mit dem Erlernen von Scripts, der in sich Handlungskompetenz in den stereotypischen Situationen einschließt.

Grammatikvermittlung und Sprachbetrachtung: deduktiver und induktiver Weg

Grammatikübungen können mit dem deduktiven und dem induktiven Weg in der Unterrichtspraxis eingesetzt werden.

Unter dem deduktiven Weg versteht man das Lernen durch Regeldeduktion (explizite Regelformulierung im Lehrbuch oder vom Lehrer).

> „Die Deduktion ist ein Verfahren, auf der Basis einer bereits generalisierten Aussage....
> einen Einzelfall/ ein Einzelphänomen zu erfassen. [.....] Die Deduktion führt also von
> der Theorie zur Empirie...". (U. Bredel, 2007:156) [107].

Das anfängliche Verstehen von der Regel wird mithilfe einer Reihe von Grammatikübungen bekräftigt.

Der induktive Weg bedeutet, dass die Lernenden Regeln selbst entdecken. Sie betrachten verschiedene Beispiele und suchen nach einem allgemeingültigen Prinzip. Die Lernenden bilden Analogie und beteiligen sich aktiv und kreativ im Lernvorgang. Regelinduktion bedeutet Bildung und Überprüfung eigener Schlussfolgerungen durch die Aktivierung der Top-down-Prozesse.

> „Beim Induzieren wird von dem Miteinanderauftreten von Eigenschaften..., die an einem Einzelexemplar... beobachtet werden, darauf geschlossen, dass dieses Miteinanderauftreten als Zuordnung generalisierbar ist". (U. Bredel, 2007:157) [108].

Als Beispiel von induktiven Grammatikübungen können Lückentexte angesehen werden, die man vervollständigen muss. Das implizite Erlernen von Grammatik basiert auf der Idee, dass die Wörter im Verwendungszusammenhang leichter erkennbar sind.

Ziele von Grammatikübungen

Grammatische Übungen spielen eine bedeutsame Rolle sowohl beim rezeptiven Sprachenlernen als auch bei der produktiven Sprachverwendung. Beim Lesen erleichtern sichere grammatische Kenntnisse die Kohäsionsbildung (Nachvollzug des grammatischen Zusammenhangs innerhalb eines Textes) und befreien so kognitive Ressourcen für inhaltliche Kohärenzen und Elaborationen.

Um die eigenen Sprechabsichten richtig zu formulieren, sollte man die richtigen grammatischen Formen in dem Kommunikationsvorgang gebrauchen.

Da es möglich ist, in Alltagssituationen auch ohne richtige grammatische Formen zurechtzukommen, besteht die Gefahr, dass der Lernende keine Stimuli mehr sieht, die ihm zum Weiterlernen der Grammatik motivieren. Daraus folgt, dass die gleichen Fehler immer wieder in der mündlichen und schriftlichen Sprachproduktion gemacht werden, was dazu führt, dass Fehler durch ständiges Wiederholen gefestigt, „fossilisiert" werden. Unter „Fossilisierung" versteht man

„die Versteinerung von Fehlern in der Lernersprache". (K. Kleppin, 2007a:133) [109].

Die Fehler, die Lernende in einer Zielsprache machen, liegen oft im grammatischen und lexikalischen Bereich. Es geht um die Probleme von Rechtschreibung und Orthographie, denn wenn Lernende ein Wort hören, wissen sie noch nicht, wie dieses Wort geschrieben wird.

Aufgrund einer „ungewöhnlichen Satzgliederstellung" (vgl. M. Lutjeharms, 1988:89) [110] machen Lernende Fehler im Bereich der Syntax. Dies äußert sich in der falschen Wortstellung im Satz, wenn sie versuchen, selbständig was zu formulieren. Um die kompetente Verwendung der Zielsprache zu ermöglichen bzw. Sprachstrukturen richtig zu produzieren, sollte man bewusst sprachliche Regularitäten zu beachten.

Übungsphasen

Vom Spracherwerb zum Sprachgebrauch sollte man fünf Phasen durchgehen: Aufnahme, Verarbeitung, Transfer, Festigung und Produktion (vgl. H. Raabe, 2007:286) [111].

In der ersten Phase der Sprachaufnahme wird der präsentierte Lernstoff aufgenommen und verarbeitet. Das Erfassen grammatischer Bedeutungen ist primäres Ziel dieser Phase.

In der zweiten Phase verarbeitet man die wahrgenommenen grammatischen Regularitäten mithilfe strukturierter Übungen. Die Bildung korrekter grammatischer Formen ist das Ziel dieser Phase. Man aktiviert sein Vorwissen, um den sprachlichen Input zu verarbeiten.

Die dritte Phase ist die Transferphase, in der das neue erworbene Wissen mit den alten, im Kopf gefestigten Informationen verbunden wird.

In der vierten Phase geschieht die Festigung der erlernten Regelmäßigkeiten durch Wiederholen und Vertiefen mithilfe gezielter Übungen. Beispielsweise reproduziert und ergänzt man fremde Sprachäußerungen und produziert eigene. Die fünfte Phase besteht im selbst- und fremd- monitoring der eigenen kreativen Sprachproduktion. Bei Fehlern sollten die Lösungsschritte entweder selbständig oder vom Lehrer kontrolliert werden.

Authentische vs. didaktisierte Grammatik-Übungen

Man unterscheidet handlungsorientierte und nicht handlungsorientierte (sprachstrukturelle) grammatische Übungen. Die handlungsorientierten Übungen haben authentischen Charakter, z.b. lernt man die richtigen Formulierungen von häufig vorkommenden Redewendungen und Ausdrucksweisen. Nicht handlungsorientierten Übungen dienen zum Wissenserwerb- bzw. zur Festigung im Bereich der Grammatik.

Es ist möglich, die Übungen isoliert (als Einzelsätze) oder im Kontext eines Textes darzubieten.

Ihre Komplexität kann strukturell unterschiedlich sein: einige Übungen basieren auf der strukturellen Wiederholung, andere weisen strukturelle Vielfalt auf.

Der Grad der Explizitheit und Bewusstheit bei der Lösung von Übungen reicht von ungenanntem Sinn über den genannten Sinn hin zu einem speziell erklärten Sinn der Übung.

Aufbau und Form der Grammatikübungen

In Bezug auf die gewählten Unterrichtsprinzipien können grammatische Übungen unterschiedlich konzipiert werden: in Form der Beantworten auf den gestellten Fragen zum Text, Lückenfüllen, Zuordnen etc.

Anforderungen an Grammatikübungen

Um die Grammatik einer Zielsprache effektiv zu lernen, sollte man die sprachlichen Regelmäßigkeiten beherrschen und analytische Fähigkeiten zum Differenzieren und Verallgemeinern einzusetzen.

Die in der Unterrichtspraxis angewendeten Übungen sollten für den Lernenden klar und verständlich und für den Lehrer leicht korrigierbar sein. Um Langweile im Lernprozess zu vermeiden, ist es hilfreich, die Übungen mit den unterschiedlichen Zielsetzungen zu variieren, damit sie sich gegenseitig ergänzen können. Auf diese Weise kann das langfristige Behalten von Regeln sichergestellt werden.

Die grammatischen Unterschiede zwischen Erstsprache (bzw. früher erlernten Sprachen) und Zielsprache werden mithilfe gezielter Übungen erklärt. Als

Grammatikübungen könnten nach dem Prinzip des kontrastiven Vergleichs folgende Beispiele eingesetzt werden:

1)

עֵץ גָּדוֹל - ein **großer** Baum

יוֹם טוֹב – ein **guter** Tag

Im ersten Beispiel wird gezeigt, dass Adjektiv im Hebräischen im Gegensatz zur deutschen Sprache immer nach dem Nomen steht.

2)

הָעֵץ הַגָּדוֹל – **der** große Baum (wörtlich: der Baum, der große)

הַיּוֹם הַטּוֹב – **der** gute Tag

Aus dem zweiten Beispiel lernt man, dass jeder bestimmte Artikel des Deutschen (der, die oder das) im Hebräischen mithilfe Buchstabe ה ausgedrückt wird. Außerdem sollte man beachten, dass das Hebräische im Vergleich zum Deutschen kein Neutrum hat.

3)

גָּדוֹל הָעֵץ – der Baum ist groß (wörtlich: groß {ist} der König)

טוֹב הַיּוֹם – der Tag ist gut (wörtlich: gut {ist} der Mann)

Diese Beispiele zeigen, dass das Adjektiv im Hebräischen an erster Stelle stehen muss, um einen narrativen Satz zu bilden.

Diese Übungen sind nicht nur für den Erwerb des Wissens im rezeptiven Bereich hilfreich.

> „Der angemessene Gebrauch von Grammatik (prozedurales Wissen) ist im Hinblick
> auf kommunikative Kompetenz wichtiger als das deklarative Regelwissen". (K. Ende/
> R. Grotjahn/ K. Kleppin/ I. Mohr, 2013:131) [112].

2.5.2 Satzmusterübungen

Satzmusterübungen liegt die Erkenntnis des Strukturalismus zugrunde. Der Satz wird als die grundlegende Einheit der Sprache angesehen. Eine veränderte Struktur der Zielsprache regt an zum Nachdenken über diese Struktur. Man analysiert die sprachlichen Strukturen der Ausgangs- und Zielsprache. Das Wissen von der Struktur gibt den Lernenden (z.B. beim Lesen oder Hören) die Möglichkeit, den allgemeinen Sinn des Satzes zu verstehen, auch wenn der Satz die eine bestimmte Anzahl unbekannter Wörter beinhaltet. In diesem Sinne ist

L2-Strukturwissen für den allgemeinen Verstehensprozess entscheidender als L2-Wörterwissen. Aus diesem Grund muss man Wörter nicht einzeln, sondern immer im inhaltlichen Zusammenhang (im Kontext) lernen.

Für die produktive Sprachverwendung lernt man, gesamte Sätze nach einem vorgegebenen Muster zu bilden. Die Reproduktion der Satzmuster bedeutet, dass man diese Muster auswendig lernt und nachspricht.

Die einfache Struktur ins Hebräische

Beispiel 1:

	Ins Büro gibt es...		...במשרד יש
ein großer Sessel		כיסא גדול ___	
ein schönes Bild		___ תמונה יפה	
eine moderne Uhr		שעון מודרני ___	
ein Telefon		טלפון ___	

Im Hebräischen gibt es keinen unbestimmter Artikel.

Beispiel 2:

Ich habe ein Buch.	ספר ___ יש לי.
Das Buch ist interessant.	הַספר מעניין

Ist innerhalb eines Textes der gleiche Gegenstand gemeint, schreibt man einen bestimmten Artikel - Buchstabe „ה" am Anfang des Wortes. Ins Hebräische schreibt man der Artikel mit Wort zusammen.

Beispiel 3:

Ich möchte...						...אני רוצה
	(eine Kugel) Eis	kaufen	גלידה	תונקל	
	(ein Glas) Coca-Cola		קוקה-קולה		
	ins Museum	gehen	למוזיאון	תכלל	
	nach Israel	fahren	לישראל	עוסנל	
	die Kleidung	kaufen	בגדים	תונקל	

An diesem Beispiel kann man sehen, dass sich die Stellung des Verbs in hebräischen Hauptsätzen von der Verbstellung im Deutschen unterscheidet: im Hebräischen stehen die beiden Verben zusammen, im Deutschen steht ein Verb an der zweiten, das andere an der letzten Stelle.

Beispiel 4:

Ich möchte	Hebräisch lernen	ללמוד עברית	אני רוצה...
Wozu?			מדוע?
Weil	ich nach Israel fahren möchte	רוצה לנסוע לישראל	כי... \ ...ש מפני

In dem hebräischen Nebensatz ändert sich die Stellung des Verbs nicht im Vergleich zum Hauptsatz. Im Deutschen rücken alle Verben des Nebensatzes an das Satzende, im Hebräischen stehen sie zusammen:

Beispiel 5:

| Nebensatz | weil/da | ich nach Israel fahren möchte | ,אני רוצה לנסוע לישראל | כי... \ ...ש מפני |
| Hauptsatz | deswegen | lerne ich Hebräisch | אני לומד עברית | לכן |

Wenn man weiß, wie sich die Wortstellung im Hebräischen im Vergleich zum Deutschen unterscheidet, dann sucht man bei rezeptiven Übungen nicht mehr nach einer in der Zielsprache nicht existierenden Struktur. Bei sowohl mündlichen als auch schriftlichen produktiven Aufgaben kann man die Strukturen der Zielsprache richtig anwenden.

Die Strukturübungen basieren auf Erkenntnissen der kontrastiven Linguistik.

Eine der Aufgaben der kontrastiver Linguistik besteht in die Fehlerprognose und Fehleranalyse in Bezug auf den Einfluss der jeweiligen ersten Sprache L1 auf eine oder mehrere weitere Sprache(n): L2, L3…

„…… man [könnte] Fehler voraussagen, wenn man die Unterschiede zwischen den einzelnen Sprachen erkannt und beschrieben hätte. Man müsste dafür die Ausgangssprache (die Muttersprache bzw. Erstsprache) und die Zielsprache (die Sprache, die gelernt werden soll) analysieren und vergleichen, d.h. sie miteinander kontrastieren". (K. Kleppin, 2007a:31) [113].

Deswegen sollte man für das erfolgreiche Syntaxlernen die Strukturen von zwei Sprachen: Ausgangssprache (L1) und Zielsprache (L2) vergleichen.

Beispiel 1:

Ich bin aus Deutschland   אני מגרמניה

Beispiel 2:

Ich heiße Ganna   אני גנה

Beispiel 3:

Ich bin Studentin   אני סטודנטית

Beispiel 4:

Ich möchte ein rotes Kleid kaufen   אני רוצה לקנות שמלה אדומה

Laut der Kontrastivhypothese (z.B., Lado, 1973 in: G. Neuner/ H. Hunfeld, 2007: 59) [114] lernt man eine neue Sprache durch die kontrastive Analyse von Ausgangs- und Zielsprache.

> „Robert Lado ging bei seinen Untersuchungen von den Schwierigkeiten beim Fremdsprachenerwerb aus und schloss von da auf die Struktur der jeweiligen Fremdsprache. Dabei bediente er sich der Methoden des Sprachvergleichs (kontrastive Linguistik)". (Neuner/ H. Hunfeld, 2007: 59) [115].

Fehler, die man beim Erlernen einer Zielsprache macht, sind *interlinguale Fehler* (vgl. K. Kleppin, 2007a:33) [116], weil sie aus dem Unterschied zwischen Ausgangs- und Zielsprache entstehen und bei Lernenden mit einer gemeinsamen Muttersprache identisch sind. Auf diesen Vorstellungen, die aus der kontrastiven Linguistik stammen, basiert die Kontrastivhypothese, in der große Rolle beim Fremdsprachenlernen der bewusste Sprachvergleich spielt.

> „Erst- und Zweitsprachenerwerb unterscheiden sich in dem Maße, wie Ausgangs- und Zielsprachen sich in ihren Strukturen unterscheiden. Ähnlichkeiten der Sprachen sind lernerleichternd (positiver Transfer). Unterschiede der Sprachen führen zu Fehlern (Interferenzen)". (J. Roche, 2005:127) [117].

Die kontrastive Analyse ermöglicht die systematische Betrachtung bzw. die explizite Darstellung von Sprachkontrasten. Die Lernenden sollten die Ausgangs- und Zielsprache z.B. auf der Ebene der Syntax kontrastiv vergleichen, um in der Zielsprache nicht existierende Strukturen nicht von der eigenen Muttersprache auf diese zu übertragen. Dadurch können Interferenzfehler vermieden werden.

Das Erlernen der strukturellen Muster der Zielsprache setzt voraus, dass neben der Automatisierung das eigene Sprachverhalten analysiert wird. Vor allem Vertreter der Kontrastivhypothese beschäftigen sich mit den Fragen, warum falsches Sprachverhalten entsteht, wie die Fehler zustande kommen und wie man diese Probleme beseitigen kann.

Deshalb spielt die Betrachtung von Unterschieden zwischen Muttersprache und Zielsprache eine so wesentliche Rolle. Die Hauptschwierigkeiten beim Erlernen einer Zielsprache liegen im Bereich der Differenz zwischen L1 und L2. Wenn die Struktur, Regeln bzw. Elemente der beiden Sprachen ähnlich sind, geht es um einen positiven Transfer, der das Erlernen der Zielsprache erleichtert. Wenn diese Komponenten der beiden Sprachen dagegen unterschiedlich sind, liegt ein negativer Transfer vor, der das Erlernen der Zielsprache erschwert. Anhand der kontrastiven Linguistik kann eine Fehlerprognose abgegeben werden:

> „Man glaubte auch, dass man durch kontrastive linguistische Studien der Strukturanalogien und Strukturunterschiede zwischen der L1 und der L2 zu Prognosen darüber kommen könne, welche Teile einer Sprache für das Auftreten von Fehlern anfällig und wo deshalb ein verstärktes Üben nötig sein würde". (U. Multhaup, 1995:21) [118].

Die sprachliche Komplexität steigert sich bei der Darbietung von Sprachmustern nach einem hermeneutischen Prinzip vom Einfachen zu Komplexen (d.h. die kontinuierliche Steigerung des Schwierigkeitsgrades von Satzstruktur). Die neuen Vokabeln finden ihre Anwendung in den Übungen, um später im Gespräch flüssig verwendet werden zu können. Die Übungen sind besonders in den Bereichen notwendig, in denen L1-L2-Unterschiede vorliegen. Diese Übungen sollten so eingesetzt werden, dass die Lernmaterialien kontinuierlich und stufenweise aufeinander aufzubauen.

Zusammenfassend kann man sagen, dass der bewusste Einblick in den formalen Aufbau und das Regelsystem der Sprache nach dem Prinzip der kontrastiven Analyse von der Struktur der Ausgangs- und Zielsprache das Erlernen einer fremden Sprache erleichtern könnte. Es geht um die

> „morphologische[n], phonologische[n], syntaktische[n] Sprachvergleiche zwischen eigener und Fremdsprache... Denn: Wissen über Ähnlichkeiten und Zusammenhänge zwischen den Sprachen dient dem Sprachwissen". (H. Decke-Cornill/ L. Küster, 2010:79) [119].

Die kontrastive Analyse der hebräischen und der deutschen Sprache lässt sich als zentrale linguistische Strategie im Fremdsprachenunterricht (FSU) auffassen.

W. J. Edmondson hat herausgefunden, dass der *Lernschwierigkeitsindex* (vgl. W.J. Edmondson, 2001:139) [120] für den Lernenden mit unterschiedlichen Muttersprachen und die Art der Schwierigkeiten nicht identisch werden. Je mehr Unterschiede auf allen Ebenen zwischen Sprachen bestehen, desto mehr steigt der Lernschwierigkeitsindex und desto schwieriger wird das Beherrschen der Zielsprache für den Lernenden.

Und umgekehrt, je L1 und L2 näher sind und beiden zu einer Sprachfamilie gehören, desto leichter der Prozess des Lernens wird. Nach

> „Bausch und Kasper (1979), Edmondson und House (2000: 222-227) wird angenommen, dass der Grad der Verwandtschaft zwischen zwei Sprachen bzw. die Anzahl der Übereinstimmungen (syntaktischer, lexikalischer oder anderer Art) ein Indiz für den Grad der positiven Transferierbarkeit und somit einen Lernschwierigkeitsindex darstellt". (W.J. Edmondson, 2001:139) [121].

D.h.,

„wo Elemente und Regeln in beiden Sprachen gleich sind – so glauben die Vertreter der kontrastiven Erwerbstheorie -, treten kaum Fehler auf; denn hier können Übertragungen (Transfers) vorgenommen werden, ohne dass dabei Fehler auftreten". (K. Kleppin, 2007a:31-32) [122].

Das sorgfältige Erlernen von Strukturen der Zielsprache verfolgt das Ziel, dass die bestimmten Strukturen in anderen Kontexten erkannt werden, was die Wahrnehmung von Inhalten und das Verstehen von unbekannten Texten in gewisser Weise vereinfacht.

Die grammatischen Übungen beim Hebräischlernen sind meistens linear progressive deduktive schriftliche Übungen. Das deduktive Prinzip setzt den bewussten Umgang mit der Sprache voraus, in der Reihenfolge vom Allgemeinen zum Einzelnen, von der Regel zum Beispiel.

„Ein deduktives Vorgehen liegt immer dann vor, wenn von konkreten Beispielen abstrahierende allgemeine Regeln vorgegeben werden und danach Sätze zu konstruieren sind". (U. Multhaup, 1995:156) [123].

Das Prinzip der linearen Progression bedeutet den kontinuierlich steigenden Schwierigkeitsgrad von grammatischen Aufgaben.

„Für schriftliche Übungen sind unter anderem folgende Aufgaben denkbar: Zusammenstellungen wurzelverwandter Wörter, Begriffsuntersuchungen, Analyse oder Bildung grammatischer (morphologischer) Formen....". (Herausgegeben vom Ministerium für Schule und Weiterbildung, Wissenschaft und Forschung des Landes Nordrhein-Westfalen: *Hebräisch (Richtlinien und Lehrpläne für die Sekundarstufe II – Gymnasium/ Gesamtschule im Nordrhein-Westfalen)*, 1999:83) [124].

Die Übungen bestehen aus Auswendiglernen von Sprachmustern zur Anwendung in typischen Alltagssituationen. Dabei muss das Prinzip der „strukturale[n] Progression" (U. Multhaup, 1995:22) [125] im Gegensatz zu dem „grammatische[n] Progression" eingesetzt werden. (U. Multhaup, 1995:22)[126]. Die Ausbildung von Sprachgewohnheiten erfolgt durch ständiges Üben und Wiederholung von Sprachmustern. Deswegen geht es um die „Vermehrung der aktiven Übungszeit für jeden einzelnen Lerner" (U. Multhaup, 1995:23) [127].

Der induktive Weg besteht darin, dass die Beispielsammlung der Ausgangspunkt der Grammatikarbeit ist. D.h., dass aus der Sammlung von Beispielen eine Regel abgeleitet wird. Zur Verdeutlichung der übergreifenden Zusammenhänge gibt es am Ende jedes Lernblocks eine Tabelle.

Der Wortschatz der Lernenden wird auf den Grundwortschatz und den Aufbauwortschatz verteilt. Auf diesem Prinzip basiert das Vokabular der Lehrbücher. Im ersten Jahr lernt man „nicht mehr als ± 1000 Vokabeln". (U. Multhaup,

1995:52) [128]. Wichtig ist dabei, dass man diesen Wortschatz nicht nur rezeptiv (auf dem Niveau des Verstehens), sondern auch produktiv (auf dem Niveau der kreativen Anwendung) nutzen kann. In den folgenden zwei Jahren wird der Zuwachs des bereits erworbenen Wortschatzes angestrebt. Auf der Ebene des Anfangsvokabulars sollen neue Wörter erworben werden.

> „Man geht davon aus, dass ein Grundwortschatz von ca. 2.000 Vokabeln ausreicht, um sich in Grundsituationen des Lebens verständigen zu können". (U. Multhaup, 1995:52) [129].

Im dritten und vierten Lernjahr entwickelt man sein Vokabular weiter. Der Aufbauwortschatz beträgt

> „weitere 2.500 Vokabeln" (U. Multhaup, 1995:52) [130] beträgt.

Die Wörter, die man als Grund- und Aufbauwortschatz lernt, wurden gemäß statistisch-wissenschaftlicher Methode nach dem Häufigkeitsprinzip (d.h., „computerisierte Verfahren der Worthäufigkeitszahlungen" (U. Multhaup, 1995:53) [131]) ermittelt. Sie bilden die Grundlage für die weitere Beherrschung der Zielsprache.
Der Dialog dient als ein Modell des Alltagsgesprächs.

> „Die verbreiteste Praxis besteht darin, Dialoge medial zu präsentieren: Kassetten, CDs und Videobänder werden zu diesen Zwecken realisiert und sind absolut zu begrüßen".
> (M. Macedonia- –Oleinek, 1999:46) [132].

(Lehrbuch: Lauden, Edna/ Weinbach, Liora (1990): *Et-Ivrit (Teil 1)*. MATAH Zentrum Verlag. Tel-Aviv. S. 23) [133]

Student und Lehrer	סטודנט ומורה
Dan: Entschuldigen Sie bitte, wohnt hier David Tirosch?	דן: סליחה, כאן גר דויד תירוש?
David: Ja, ich bin David Tirosch.	דויד: כן, אני דויד תירוש.
Dan: Sind Sie Lehrer?	דן: אתה מורה?
David: Ja, ich bin Lehrer von Musik.	דויד: כן, אני מורה למוזיקה.
Dan: Von Gitarre?	דן: לגיטרה?
David: Ja.	דויד: כן.
Dan: Ich bin Student, ich möchte Musik lernen.	דן: אני סטודנט, אני רוצה ללמוד מוזיקה.
David: Bitte schön! Wie heißt du?	דויד: בבקשה... מה שמך?
Dan: Ich heiße Dan Ronen.	דן: שמי דן רונן.
David: Woher [kommst] du?	דויד: מאין אתה?
Dan: Ich [komme] aus dem Kibbuz Gadot.	דן: אני מקיבוץ גדות.
David: Sehr angenehm.	דויד: נעים מאוד.
Dan: Sehr angenehm.	דן: נעים מאוד.

2.6. Die interkulturelle Orientierung

„Das Erlernen von Fremdsprachen sollte zur Offenheit gegenüber Menschen anderer
Sprache und Kultur führen, Einsicht in Möglichkeiten und Wege der Kommunikation
mit Angehörigen anderer Länder und Kulturkreise vermitteln sowie Einstellungen und
Verhaltensmuster schaffen, die soziokulturelle Missverständnisse vermeiden sollen."
Stuttgarter Thesen, in dem Buch
(G. Baumgratz/ N. Becker/ H.-M. Bock/ H. Christ/ W. Edener/ J. Firges/ R. Picht/
K. Schröder/ R. Stephan/ F.-J. Zapp, 1982:9)[134].

Das Prinzip der Interkulturalität besteht in der Entwicklung der eigenen Fähigkeit zur Alltagskommunikation im Ausland. Außerdem lernt man, wie man mit
Vertretern von anderen Kulturen im Inland erfolgreiche Kommunikationsvor-
gänge erreichen kann.

„Interkulturell kompetent sprachlich handeln zu können, setzt die Bereitschaft und Fä-
higkeit voraus, in der Begegnung mit zunächst fremden Wirklichkeiten planvoll Beob-
achtungen anzustellen, Erkenntnisse zu sammeln und zu ordnen, Vergleiche zu eigenen
Wirklichkeit durchzuführen und auf dieser Grundlage begründet zu Haltungen und
Einstellungen zu gelangen". (K.-R. Bausch/ B. Bergmann/ B. Grögor/ H. Heinrichsen/
K. Kleppin/ B. Menrath/ E. Thürmann, 2009:11)[135].

Die Vorbereitung der Lernenden auf interkulturelle Kontakte sowie die Ver-
hinderung von Kulturschock, Missverständnissen und Vorurteilsbildung sind
die zentralen Aufgaben der interkulturellen Erziehung. Der Begriff „Interkulturalität" lässt die kulturspezifischen Gegebenheiten und Verhaltensweisen im
Vergleich zwischen muttersprachlichen und fremdsprachlichen Kontext zu
verbinden.

„Wie stark ... meist völlig selbstverständlich erscheinenden Handlungskomplexe und
unsere entsprechenden Erwartungshaltungen kulturell geprägt sind, wird oft erst deutlich, wenn wir mit Handlungen konfrontiert werden, die in anderen Gesellschaften
oder Kulturen in bestimmten Situationen „normal" sind, sich aber von dem, was wir
erwarten würden, deutlich unterscheiden". (A. Linke/ M. Nussbaumer/ P.R. Portmann,
2004:258) [136].

Deswegen sollte man neue Kompetenzen in sich entwickeln, vor allem Empathie
und Toleranz gegenüber kultureller Vielfältigkeit. Die Verständigung der Völker
anderer Länder kann als Voraussetzung für die interkulturelle Zusammenarbeit
betrachtet werden.

Der Ausgangspunkt der Überlegung ist die Analyse der Lernerperspektive.

„Die Lernenden werden bei der Entwicklung von Fähigkeiten unterstützt, Hypothesen zu bilden, diese zu überprüfen, Vergleiche und Zusammenhänge herzustellen,
Erkenntnisse bzw. Regelhaftigkeiten mit eigenen Worten zu fassen und für das eigene

kommunikative Handeln zu berücksichtigen". (K.-R. Bausch/ B. Bergmann/ B. Grögor/ H. Heinrichsen/ K. Kleppin/ B. Menrath/ E. Thürmann, 2009:11) [137].

Die kulturspezifischen Unterschiede sowie Lebenserfahrung, Lerngeschichte, Lerntraditionen und Weltvorstellungen müssen im Lehrvorgang berücksichtigt werden. Die Analyse von kulturvergleichenden Perspektiven bedeutet das Betrachten des Verhältnisses von Ausgangs- und Zielkultur bzw. gesellschaftliche, kulturelle und sprachliche Kontexte. Wer sich interkulturell gebildet, erwirbt landeskundliches und soziokulturelles Wissen über Land und Leute bzw. lernt wichtige Aspekte des Alltagsverhaltens der Menschen kennen.

> „Interkulturelle Kompetenz umfasst auf der Basis eines exemplarisch erworbenen soziokulturellen Orientierungswissens: Neugier und Offenheit für andere Kulturen; die Bereitschaft, sich mit Fremdem auseinanderzusetzen und auf Fremde zuzugehen; die Fähigkeit, fremdes sprachliches und nicht - sprachliches Verhalten wahrzunehmen; die Fähigkeit, Fremdes und Eigenes kritisch in Beziehung zu setzen…. sowie dabei Fremdes zu akzeptieren und zu tolerieren; die Bereitschaft, die eigene Position neu zu überdenken". (F. Haß/ W. Kieweg/ M. Kuty/ A. Müller-Hartmann/ H. Weisshaar, 2006:71-72) [138].

Das Prinzip des interkulturellen Konzepts besteht darin, die Ausgangssprache und Gesellschaftstraditionen nicht als Stör- sondern als Förderungsfaktoren zu betrachten, um mithilfe der kontrastiven Linguistik bzw. Pragmatik die Ausgangs- und Zielsprache miteinander im Lehrvorgang zu verbinden. Zusammenfassend kann man sagen, dass das interkulturelle Konzept einen Weg von der Sprachanalyse zur Kulturanalyse bedeutet.

> „Sprachliches Handeln ist immer in kulturell geprägte soziale Kontexte eingebunden. Deshalb ist es laut dem Prinzip der interkulturellen Orientierung wichtig, dass der Unterricht Lernsituationen schafft, in denen die Lernenden die kulturelle Geprägtheit kommunikativer Handlungen in der Fremdsprache erfahren können". (K. Ende/ R. Grotjahn/ K. Kleppin/ I. Mohr, 2013:143) [139].

Der interkulturellen und kommunikativen Didaktik liegen die Ideen der Pragmalinguistik zugrunde. Durch den gezielten Erwerb vom pragmatischen Wissen kann in der Zielsprache sprachlich gehandelt werden und die kommunikativen Absichten des Menschen können verstanden werden. Die Leitidee der Pragmalinguistik besteht darin, dass die Sprache ein Aspekt des menschlichen Handelns ist.

> „Sprache interessiert nicht mehr so sehr als abstraktes Zeichensystem, sondern als System symbolischer Kommunikation". (H. Pelz, 1975:221) [140].

Die Pragmalinguistik beschäftigt sich mit dem kommunikativen Handeln zwischen den Menschen und

„lässt sich definieren als das Studium sprachlicher Handlungen und der Kontexte, in denen sie vollzogen werden". (H. Pelz, 1975: 223) [141].

Im Zentrum der Pragmalinguistik steht die Entwicklung von kommunikativer Kompetenz. Unter kommunikativer Kompetenz versteht man die Handlungsfähigkeit in Kommunikationssituationen, z.b., die Informationen mitzuteilen und zu verstehen, die Beziehungen zwischen Partnern zu bestimmen, die kommunikative Rollen einzunehmen usw.

> „Die Kommunikation gelingt, weil beide Gesprächspartner vom gleichen Handlungsrezept und vom gleichen Vorverständnis ausgehen…". (A. Vielau, 1997: 79) [142].

Obwohl grammatische Kompetenz in der interkulturellen Kommunikation lediglich eine untergeordnete Rolle spielt (z.b., um in Englisch als lingua franca zu kommunizieren sind, keine perfekten Kenntnisse der englischen Grammatik erforderlich), müssen sprachliche Äußerungen mindestens auf der Ebene der Tiefenstruktur angemessen realisiert werden. Diesen Zielen dienen die Pragmalinguistik und die Sprechakttheorie.

Gemäß der Sprechakttheorie kann man menschliches Handeln und die Reaktionen in bestimmten Alltagssituationen vorhersagen und ein hinreichendes Vokabular zur Kommunikation erlernen. Das Sprechen wird in der Sprechakttheorie als Akt des menschlichen Handelns angesehen. Sprechen bedeutet in diesem Sinne, dass man eine Handlung absichtlich vollzieht, um die Sprechakte durchzuführen. Nach der Sprechakttheorie benutzt man Sprache bzw. Wörter nicht willkürlich, sondern bezweckt und geplant. Daraus folgt, dass man mithilfe der Sprache seine eigenen Sprechabsichten realisiert.

> „In einer Sprechsituation geht es nicht nur um die Absicht der Kommunikationspartner, einander etwas mitzuteilen; es müssen auch Kommunikationsinteressen berücksichtigt werden…. Insofern ist Sprechen nicht nur ein Mitteilen, sondern stets auch ein Handeln, z.B. ein Befehlen, Fragen, Bestreiten, Behaupten usw.". (H. Pelz, 1975:223) [143].

Man spricht in einer bestimmten Situation über ein konkretes Thema und hat einen oder mehreren Gesprächspartner, die auf die Rede reagieren. Daher besteht das Ziel der jeweiligen Kommunikation darin, die Bedeutung der fremden Äußerungen zu verstehen und bei eigener Rede verstanden zu werden. Die Nutzung der Sprache als Kommunikationsmittel bedeutet Sprachgebrauch im Sinne der *Parole*.

Aufgrund der Tatsache, dass der Sprecher Äußerungen bewusst und absichtlich konstruieren, bilden die kognitiven Verstehensprozesse die Basis der menschlichen Kommunikation.

„Interkulturelle Kommunikation ist … interpersonale Interaktion zwischen Angehöri-gen unterschiedlicher Kommunikationsgemeinschaften, die hinsichtlich der ihren Mit-gliedern jeweils gemeinsamen Wissensbestände und Formen sprachlichen Handelns differieren". (K. Knapp, 2007:415) [144].

Der Interkultureller Didaktik (ID) entsprechend soll der Unterricht den Lernen-den helfen, sich mit fremden Kulturen auseinanderzusetzen und gleichzeitig die Konturen der eigenen Welt zu erkennen. Zusammenfassend kann man sagen, dass es das allgemeine Ziel der ID ist, zu adäquatem sprachlichen und nicht - sprachlichen Verhalten in der zielsprachlichen Umgebung bzw. zu einem ange-messenen Umgang mit dem Menschen des Landes zu befähigen.

„Der Sprachkurs ist …. ein Ort, an dem eigene Erfahrungen, Werte und Normen dar-gestellt, erklärt und relativiert werden können …. Dadurch kann auch auf authentische (interkulturelle) Kommunikation vorbereitet werden". (K. Kleppin, 2002:88) [145]. Wenn Sprechakten nicht gelungen sind, dann können „Verständnisschwierigkeiten…. die fol-genden Ursachen haben: die Gesprächspartner sind Angehörige verschiedener Kulturen; sie gehen von kulturspezifisch unterschiedlichen Rezepten aus und erwarten abwei-chende Ereignisfolgen; die wechselseitig erwartete Ereignisfolge stimmt an sich überein, wird jedoch unterschiedlich interpretiert; was der eine als selbstverständlich ansieht, empfindet der andere als unbestimmt; eine inhaltlich angemessene Sprechabsicht kann nicht oder unzureichend versprachlicht werden; der getroffene Wortwahl realisiert eine andere als die vom Sprecher intendierte Sprechabsicht". (A. Vielau, 1997:79) [146].

2.7. Die Induktivität

Ein induktives Vorgehen,

„[bei dem] die Sprachlerner aus den ihnen begegnenden Sprachäußerungen selbstent-deckend auf die darin steckenden Regelhaftigkeiten schließen…., die didaktisch (also mit Absicht) so ausgewählt wurden, dass bestimmte Regelhaftigkeiten der sprachlichen Äußerungen sofort „ins Auge springen". (U. Multhaup, 1995:156) [147],

gehört zu den wesentlichsten Prinzipien des Modernhebräischunterrichts.

Der induktive, unmittelbare Erwerb des Hebräischen als einer modernen Sprache unterscheidet sich von der skrupulösen Grammatikvermittlung und der mühsamen Übersetzung mit Hilfe von Wörterbüchern des Bibelhebräisch.

In dem modernen Hebräischunterricht wird Grammatik induktiv erlernt, das bedeutet, dass Grammatikerklärungen aus den Beispielen abgeleitet werden.

Dabei zieht man aus dem semantischen Worterschließung und syntaktischen Satzerschließung Schlüsse, ohne dass es vorgegebene Regeln gibt, d.h. der Ler-nende extrapoliert von Einzelfällen auf das Allgemeine und sucht auf diesem Weg selbständig nach der Logik der Sprachphänomene.

„Induktives Denken bezeichnet die Prozesse, die ein Individuum dazu befähigen, aus spezifischen Erfahrungen allgemeine Regeln, Muster, Konzepte oder Gesetzmäßigkeiten abzuleiten und auf neue Ereignisse anzuwenden". (M. Waldmann/ F.E. Weinert, 1990:25-26) [148].

Es handelt sich um das Prinzip des *entdeckenden Lernens* auf der Grundlage von top-down-Prozessen des Hypothesenbildens, -testens, -modifizierens und -bestätigens. Dabei können auch falsche Schlussfolgerungen unter dem

„Einfluss von Elementen der Fremdsprache selbst – Übergeneralisierung, Regularisierung und Simplifizierung". (K. Kleppin, 2007a:32) [149].

gezogen werden

Auf diese Weise entwickelt der Lernende die Fähigkeit, den Code einer Zielsprache intuitiv zu erfassen und Grammatikstrukturen analog zu ermitteln.

„Der entscheidende Gewinn, das Ergebnis von Entdeckung, ist ... nicht nur die „Entdeckerfreude", sondern die Einsicht in die Struktur (Zusammengehörigkeit) von Informationen, die vorher nicht vorhanden war... Beim entdeckenden Lernen wird der Lernende [zu einem] Konstrukteur [geworden]". (H. Gudjons, 1997:24) [150].

Es zeigt somit die Möglichkeit auf, eine Zielsprache auf induktivem Weg zu lehren, was bedeutet, dass das Lehren durch eine direkte Vermittlung in der Zielsprache geschieht.

„Der Sprachunterricht entwickelt jetzt zum ersten Mal seine fachtypische Eigenart und Problematik: Arbeitssprache und Inhalt sind identisch; die Fremdsprache ist sowohl Unterrichtsmedium als auch Lernziel..... Grammatik wird durch Induktion [erarbeitet]". (H. Decke-Cornill/ L. Küster, 2010:80) [151].

Der menschliche Verstand besitzt die Fähigkeit, nicht nur kognitiv und deduktiv durch Synthese, sondern auch assoziativ und induktiv durch Analogie, *entdeckend* zu lernen.

Die Induktivität ist eine Grundlage des selbständigen, problemlösenden, „entdeckenden" Lernens. Das Prinzip des entdeckenden Lernens besteht darin, dass

„der Lernende sich die Wissensstruktur selbst aneignen soll, er wird angeregt, den entsprechenden Sachverhalt selbst zu strukturieren, Zusammenhänge zu entdecken usw.". (N. Neckermann, 2001:57) [152].

Dieses Prinzip beinhaltet das Verständnis von *Lernen als geistiger Abenteuer* und ermöglicht in der Praxis den Einsatz von Sprachspielen. Es setzt das aktive Verhalten der Lernenden bzw. Risikobereitschaft, Mut zur Lücke und Ambiguitätstoleranz voraus. Man lernt durch Fehler und aus Fehlern. Aus diesem Grund sollten die Studierenden keine Angst haben, z.B. während des Gesprächs noch nicht vertraute Satzstrukturen anprobieren bzw. Fehler zu machen. Die Unterrichtsmaterialien

„müssen so konzipiert sein, dass sie zur Lust an der Erfindung, am Entdecken, am Darstellen und an der konkreten Betätigung anregen". (K. Kleppin, 2007b:264) [153].

Um das fremdsprachliche Können zu trainieren, sollten die Lernenden trotz ihrer sprachlichen Schwierigkeiten lernen, eigene Sprechabsichten zu realisieren und dabei mit der Sprache experimentbereit und induktiv umzugehen.

Gemäß dem Prinzip der Induktivität kann man direkt ohne Transfersprache lehren und lernen, das heißt, man kann eine Fremdsprache ohne eine ausführliche Darlegung von Grammatikregeln unterrichten und wahrnehmen. Es gibt viele Strukturen,

„die sinnvollerweise ohne grammatische Analyse gelernt werden können... In vielen Fällen ist es hilfreich, Ausdrücke, Wendungen, „Routinen" einfach auswendig lernen zu lassen, ohne sie zu analysieren.". (P. Bimmel/ B. Kast/ G. Neuner, 2011:128) [154].

Die Überprüfung des Verständnisses erfolgt nicht durch Übersetzung, sondern mithilfe der Beantwortung von Fragen in der Zielsprache. Am Anfang ist es sowohl beim Hörverstehen als auch beim Leseverstehen eine einfache und eindeutige Beantwortung auf die Fragen (נכון \ לֹא נכון) (d.h.: richtig/falsch) im Rahmen der Gruppenarbeit. Später lernt man auf der Grundlage des verstandenen Inputs (z.B., Satzinformation) selbständig Antworten auf komplizierte Fragen zum Text zu finden.

Die Sprechfertigkeit kann beispielsweise durch die Wiedergabe von Geschichten entwickelt und in Form von Sprachspielen inszeniert werden: Der Lehrer erzählt eine Geschichte, die die Studenten innerhalb der Gruppe wiedergeben müssen. Dies geschieht nicht wortwörtlich (d.h.: die Oberflächenstruktur des Textes verloren geht), sondern hebt in der Wiedergabe der Erzählung eine Tiefenstruktur der Geschichte hervor. Dadurch, dass eine Geschichte mit eigenen Worten nacherzählt wird, werden die produktiven Fertigkeiten im Sinne der Outputorientierung trainiert.

Die häufig aufgetretenen Probleme bei dem induktiven Lernen (Lernen mithilfe selbständiger Schlussfolgerungen) sind Übergeneralisierung und Simplifizierung.

Unter dem Begriff „Übergeneralisierung" wird die meist unbewusste Ausweitung einer Regel auf alle Fälle verstanden, was in der Zielsprache zum Entstehen von Formen führt, die in ihr nicht existieren (vgl. K. Kleppin, 2007a:33) [155]. Wenn man beispielsweise die hebräischen Verbalstämme verwechselt hat (sehr oft: Niphal und Piel im Imperfekt), kann man nicht die richtige Form des Verbs bestimmen und man macht Übergeneralisierungsfehler, denn man sucht im Wörterbuch nach nicht existierenden Formen.

„Eine Regularisierung liegt dann vor, wenn ein unregelmäßiges Phänomen zu einem regelmäßigen gemacht wird". (K. Kleppin, 2007a:32) [156].

Wenn man verba tertiae infirmae nach Regeln verba tertiae alef konjugiert, macht man Fehler bei den weiteren Formen dieses Verbs.

Unter Simplifizierung ist die oft unbewusste Erleichterung durch Reduzierung und Minimalisierung der Schwierigkeiten der Zielsprache zu verstehen, die Lernende im Gespräch unternehmen, um sich verständigen zu können. Sie nutzen z.b. nur einfache und vertraute syntaktischen Strukturen, um einerseits ihre kommunikativen Ziele zu erreichen und andererseits Fehler bei der Anwendung schwieriger Sprachkonstruktionen zu vermeiden. (vgl. K. Kleppin, 2007a:33) [157]. So benutzen sie z.b. zwei syntaktisch einfachere Sätze statt eines längeren Satzgefüges wie im folgenden Fall:

| Ich möchte nach Israel fahren. Ich möchte Jerusalem besuchen. | אני רוצה לנסוע לישראל. אני רוצה לבקר בירושלים. |
| Ich möchte nach Israel fahren, um (damit) Jerusalem zu besuchen. | אני רוצה לנסוע לישראל, כדי לבקר בירושלים. |

Der Nachteil des Induktivitätsprinzips besteht darin, dass die Hypothesen, die man kreativ bildet, können auch falsch sein können, weil sie lediglich auf Vorhersagen der Lernenden über eine Realisierung von Sprachgesetzmäßigkeit basieren. Beim „Lernen durch Hypothesenbilden und Testen", d.h. „durch Versuch und Irrtum" braucht man wesentlich mehr Zeit, um die sprachlichen Regelmäßigkeiten selbständig zu erfassen im Vergleich zum deduktiven Lernen.

Allerdings weckt das induktive Vorgehen Interesse am Lernen und ermöglicht den Einsatz von verschiedenen Formen der Lerneraktivierung im Rahmen des Unterrichts. Beim entdeckenden Lernen macht jeder Lernende seinen eigenen Lernfortschritt durch die selbständige Entdeckung von sprachlichen Regeln oder durch den angemessenen Gebrauch von Redewendungen. Selbständig Entdecktes behält man besser als Vorgeschriebenes und durch Korrektur und Reparatur von Fehlern wird der Sprachgebrauch verbessert. Als Nachweis des Erfolgs des Fremdsprachenunterrichts kann die automatisch korrekte Sprachverwendung angesehen werden.

„Lernfortschritt kann… als „Erweiterung der Handlungsmöglichkeiten bei progressiver Entlastung der kognitiven Ressourcen" definiert werden". (A. Vielau, 1997:93)[158].

2.8. Das entdeckende Lernen im Licht des Konstruktivismus

Das Prinzip des „entdeckenden Lernens" basiert auf der Fähigkeit der Lernenden, eigene Schlussfolgerungen aus der Wahrnehmungen und Erfahrungen zu ziehen. „Lernen ist erkennen, ist Verstehen, ist Konstruktion. Gelernt werden kann etwas nur, wenn es verarbeitet wird". (D. Wolff, 2008:25) [159]. Das Lernen wird in diesem Kontext als aktive Umwandlung von neuen Informationen in erworbenes Wissen durch aktives Problemlösen im Sinne von selbständiger Regelfindung bzw. Regelformulierung angesehen. Der bottom- up -basierte Prozess der Aneignung von neuen Daten erfolgt durch die Aktivierung von top-down-Prozessen mithilfe der Hypothesenbildung und des Hypothesetestens. Nach dem Analogie-Prinzip entdeckt man selbständig Regeln.

Das entdeckende Lernen als ein induktives Vorgehen beruht auf der Fähigkeit der Lernenden, die Regularitäten der Sprache einerseits zu entdecken und diese „Entdeckungen" zu den Regeln zu generalisieren und andererseits den eigenen Lernprozess zu beobachten und zu steuern.

> „Im pädagogischen Idealfall... schlägt das entdeckende Lernen eine Brücke vom au-
> ßengesteuerten Lernen hin zum autonomen, innengesteuerten Lernen: Die Lerngruppe
> identifiziert ein Lernproblem; wählt sich Lernziel und Arbeitsformen selbst; handelt
> Schritte zur Lösung aktiv aus, verteilt ggf. die Aufgaben und organisiert den Arbeits-
> ablauf: erarbeitet, koordiniert und bewertet selbstständig die Teilergebnisse, einigt sich
> auf eine gemeinsame Lösung und geeignete Formen der Präsentation. Die Rolle des
> Kursleiters beschränkt sich auf die eines externen Beobachters und Lernberaters...".
> (A. Vielau, 1997:166) [160].

Nach dem induktiven Vorgehe findet man selbständig die Regeln der Sprache und konstruiert in m Kopf Bezüge innerhalb eines neu erlernten Sprachsystems. Daraus folgt, dass man die Verbindungen nicht willkürlich konstruiert, sondern sie mit dem schon früher erworbenen Wissen (Sprachwissen, Weltwissen etc.) verknüpft. Man unternimmt kognitive Handlungen, um eine Sprache zu beherrschen:

> „Der Begriff der Lernerautonomie schließt nicht nur Selbständigkeit des Lernenden als
> zentrale Komponente ein, sondern erklärt auch, welche kognitiven Handlungen er beim
> selbständigen Lernen vollzieht". (D. Wolff, 2008:23) [161].

Dank dieser kognitiven Handlungen bindet man das Neue mit dem Alten in einem Netz aneinander. Es gibt unterschiedlichen Arten von Netzen, die im Gedächtnis gespeichert werden: syntagmatische, paradigmatische, affektive etc. (vgl. L. Schiffler, 2012:82) [162]. Unter dem syntagmatischen Netzen versteht man die Verbindungen der Wörter im Satz gemäß den streng definierten syntaktischen Regeln. Die paradigmatischen Netze werden unterteilt in Begriffsnetze,

Merkmalsnetze und Wortfeldnetze. Die Begriffsnetze können z.B. nach einem hierarchischen Prinzip organisiert werden als semantische Beziehungen zwischen übergeordneten und untergeordneten Begriffen. Als ein typisches Beispiel für Merkmalsnetze können Klassifikationsnetze genannt werden. Die Wortfeldnetze basieren auf dem Prinzip des gleichen Stammens von Wörtern. (vgl. L. Schiffler, 2012:82) [163]. Zusammenfassend kann man sagen, dass entdeckendes lernautonomes Lernen einen konstruktiven Charakter hat und bewusst, strategisch und individuell ist. (vgl. D. Wolff, 2008:29)[164].

2.9. Die Prinzipien von verbalen und nonverbalen Semantisierungen

„Semantisierungsprozesse sollen durch visuelle Elemente erleichtert werden...". (F.G. Königs, 1983:412) [165].

Die Semantisierung (Bedeutungserklärung) kann nonverbal und verbal sein.

Das *nonverbale* Semantisierungsverfahren nach dem Visualisierungsprinzip läuft in folgenden Varianten ab: durch Mimik, Gestik, Körperhaltung; mithilfe von realen Gegenständen oder Bildern; durch Situationsbezug (Kontextualisierung), Analogie bzw. unterschiedliche Arten von Assoziationen und hierarchische Anordnung (Schemata) bzw. Zeichnungen, Grafiken, Diagrammen, Tabelle etc.

Das *verbale* Semantisierungsverfahren kann durch Synonyme, Antonyme, Definitionen, Paraphrasen, Ableitungen etc. ausgeführt werden.

„Semantisch orientierte Übungen zur Tiefenverarbeitung des Wortschatzes sind vor allem in drei Dimensionen denkbar:

- Übungen zur Wortbildung und zum Auffassen von Wortfamilien (Erweiterung des potentiellen Wortschatzes); Arbeit mit Wörterbüchern;
- Übungen zur Approximation des Vorstellungsinhalts im Netz der Sinnverwandtschaften;
- Übungen zur Auffassung der lingualen und thematischen Kombinationsmöglichkeiten.". (A. Vielau, 1997:179) [166]

Tabelle 1: Worterschließung (vgl. U. Häussermann/ H.-E. Piepho, 1996:85-125) [167]

Semantische Erschließung	aus dem Kontext	aus dem Wortfeld (Synonyme, Antonyme usw.)
Syntaktische Erschließung	aus der Stelle im Satz (Satzorganisation verstehen)	aus den Wortfunktionen (Nomen, Verb etc.)
Morphologische Erschließung	aus der Wortbildung (Bauprinzip verstehen)	aus der Präfixierung, Suffixierung

„Internationale" Erschließung	aus dem Wissen von weiteren Sprachen	aus Latein, Englisch usw.
Visuelle Erschließung	aus den visuellen Stimuli (Zeichnen: Grafiken, Diagrammen etc.)	aus der konkreten Veranschaulichung von Verhältnissen

Diese Tabelle zeigt, wie unterschiedliche Prinzipien der Semantisierung für die Verdeutlichung der Bedeutung eines Wortes im Unterrichtkontext angewendet werden. Kommt es im Unterricht zu Nichtverstehen, „sollten [Unterrichtende] Lernende dazu anregen, Nichtverständnis zu signalisieren und Fragen zu stellen, in denen sie ihre eigenen Hypothesen über Sprache formulieren (vgl. Raabe, 1988)". (K. Kleppin, 2002:90) [168].

2.9.1 Das Visualisierungsverfahren als Art der Semantisierung

2.9.1.1 Das assoziationspsychologische Konzept

Das Induktivitätsprinzip ist eng verbunden mit dem assoziationspsychologischen Konzept: es ist hypothesengeneriert, assoziativ und mnemotechnisch. Man lernt die eigenen Assoziationen zu nutzen, um logische Zusammenhänge zu erkennen.

> „[Der] Schwerpunkt liegt auf der Konsolidierung der Verbindung zwischen Konzept und Zeichen". (W. Edmondson/ J. House, 1993:109) [169].

Der Lehrer hat die Möglichkeit, die Assoziationstechnik im Unterricht anzuwenden. Es ist wissenschaftlich nachgewiesen (z.B., L. Schiffler, 2012:80) [170], dass man logisch verknüpfte Informationen besser behält als zusammenhangslose Daten.

Unter dem Begriff „Assoziation" versteht man eine Art der gedanklichen Verbindung zwischen zwei oder mehreren Dingen, die man unter bestimmten Bedingungen schafft (vgl. B. Geuenich/ I. Hammelmann/ H. Havas/ B.-M. Mündemann/ K. Novak/ A. Solms, 2006:236)[171].

Um möglichst viele Informationen auf der jeweiligen Fremdsprache im Gedächtnis zu behalten, sucht man nach geeigneten Assoziationen in Form von Klang und Bild. So kann man beispielsweise ähnlich klingende Wörter in zu Wortpaaren oder bildhafte Assoziationen mit bestimmten Ereignissen verbinden. Man unterscheidet zahlreiche Arten von Assoziationen: verbale und bildhafte, positive oder negative, erlernte oder freie. Die Aufgabe der Lehrer besteht darin, die passende Assoziationsform zu finden, damit das assoziative Gedächtnis der Lernenden geweckt und die Vielfältigkeit der Assoziationen im Lehrvorgang genutzt wird. Das Ziel dieses Assoziationsvorgangs ist es, den semantischen Gehalt eines Wortes mit dem Bild, dem Klang oder mit den eigenen Erfahrungen zu verknüpfen, schnell zu erinnern und im Gedächtnis zu speichern. Es gibt unterschiedliche Arten von Assoziationen, z.B. Begriffsassoziationen, Symbolassoziationen und Allegorieassoziationen, die der Lehrer im Verlauf sowohl in der Inputphase als auch in der Outputphase verwenden kann. Begriffsassoziationen werden zwischen zwei semantisch näheren und paradigmatisch verbundenen Begriffen hergestellt: zwischen Schnee und Winter, Baum und Wald, Kaktus und Wüste etc. Diese assoziativen Verbindungen sind für Menschen mit unterschiedlichem kulturellen Hintergrund verständlich und lassen sich leicht mit Bildern oder Zeichnungen veranschaulichen. Die symbolischen Assoziationen existieren im Bewusstsein des Menschen zwischen Schnee und Mädchen (Gemeinsames ist die Reinheit der beiden Begriffe), der Stamm des Baumes gilt als Symbol der Männlichkeit usw. Die allegorischen Assoziationen entstehen z.B. zwischen Kaktus und Aggressivität, Baum und Kraft etc. Auf diese Weise erinnert man sich schneller an die neuen fremdsprachigen Wörter und Begriffe. Man beherrscht verschiedene Bereiche des Wissens durch die Übertragung des Wissens von einem Gebiet auf andere Gebiete.

Schema 2: Vokabeln lernen und wörtliche Assoziationen festigen

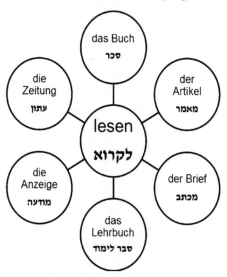

Der Begriff „Farbe" bzw. Farbenunterschiede lässt sich einfach visualisieren und nach dem Prinzip der Heteronymie erklären.

„Wir haben es hier mit mehr oder weniger geschlossenen Wortreihen zu tun, die einen abgeschlossenen Bedeutungs- oder Sachverhaltsbereich in einer bestimmten Dimension tendenziell zu 100% abdecken. Es kann sich um geordnete Reihen handeln (z.B., Wochen-Monatstage) oder ungeordnete (die Farbadjektive)…". (A. Linke/ M. Nussbaumer/ P.R. Portmann, 2004:161) [172].

Schema 3: Assoziation zwischen Farben und Wörtern

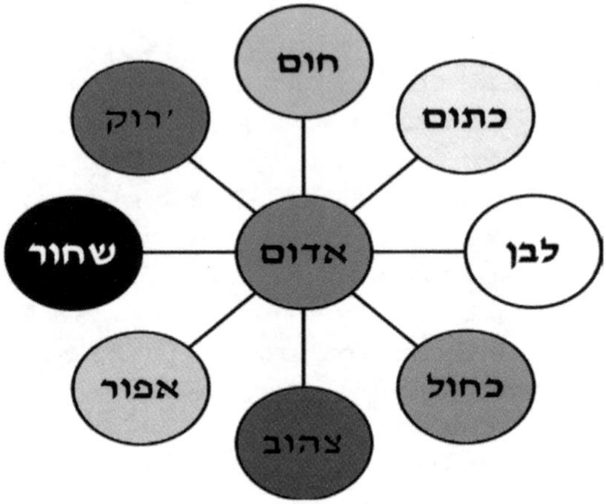

חום

'רוק   כתום

שחור   אדום   לבן

אפור   צהוב   כחול

2.9.1.2 Die visuelle Mitteln

Die visuellen Mittel helfen dem Lehrer bei der Strukturierung und Organisation von Informationen.

Die Aufgabe der Visualisierung ist die Bedeutungsvermittlung durch Anschauung als Transferhilfe bei der Organisation von Lernstoffen und Strukturierung von Informationen, z.B.: die Textskelette zu skizzieren, die wichtigste Gedanken zuzuordnen und sinnvolle Zusammenhänge festzustellen, um die logische Bezüge zu erkennen.

Die visuellen Signale erleichtern die Grammatikerklärung. Zahlreiche Schaubilder, Tabellen und Diagramme sind eine wirksame Form der Erläuterung von Unterrichtsinhalten. Um Hilfsmittel sinnvoll anzuwenden, muss sich der Lehrer die Rolle der visuellen Mittel klar vorstellen. So verdeutlichen Schaubilder Zusammenhänge zwischen mehreren Faktoren, Tabellen dienen der schnellen Übersicht in einer überschaubaren Ordnung zusammengestellter Kurzinformationen und Diagrammen ist bei einem geringen Sprachanteil die Informationsdichte ist hoch. Es gibt unterschiedlichen Arten von Diagrammen, die im

Sprachunterricht helfen können. Beispielsweise zeigen Kurvendiagramme Entwicklungen über Zeiträume und Säulendiagramme stellen die Ergebnisse eines Vorganges dar.

Es geht um das „*Relevanzprinzip*", das „*Verstärkungsprinzip*" und das „*Ergänzungsprinzip*".

Das „Relevanzprinzip" ist ein Reduktionsprinzip bzw. Selektivitätsprinzip und bedeutet in der Praxis, dass nur wichtige Inhalte klar und verständlich dargestellt werden müssen mit dem Ziel, die Aufmerksamkeit der Lernenden zu konzentrieren. Darin besteht

> „[die] organisierende Funktion [von Bilder]: Bilder stellen die Struktur und den Zusammenhang von Textinhalten her (besonders im Fälle logischer Bilder, die räumliche Zusammenhänge veranschaulichen)". (Levin/ Anglin/ Carney, 1987 in: V.A. Ghenghea, 2000:70) [173].

Das „Verstärkungsprinzip" besteht darin, dass die Folie das gesprochene Wort verdoppelt und den Vortrag mit Überschriften, Bildern, Definitionen stützt.

> „Die graphische Wiedergabeform bringt den Vorteil mit sich, dass Zusammenhänge aufgezeigt werden können und dass die bestehende Problemstruktur besser verstanden werden kann". (C. Stickel-Wolf/ J. Wolf, 2001:39) [174].

Das „Ergänzungsprinzip" besteht darin, dass

> „... einige Bildelemente über die verbale Informationen hinaus[gehen]" (Levin/ Anglin/ Carney, 1987 in: V.A. Ghenghea, 2000:70) [175].

Auf diese Weise wird den Vortrag vom Lehrer ergänzt und verdeutlicht.

2.9.1.3 Die Darbietung und Festigung des Lehrstoffes (siehe Anhang 4: Semantisierung mithilfe des Visualisierungsverfahrens. S. 126)

Das Prinzip der strikten Einsprachigkeit setzt die direkte Erklärung von Wortbedeutungen statt einer Übersetzung voraus. Die Wörterlisten mit L1-Übersetzungen stehen lediglich am Ende des Lehrbuches (nicht am Anfang der jeweiligen Lektion).

Konkrete Wörter können durch „zeigen und benennen" erklärt werden. Abstrakte Begriffe sollen im Kontext/ in den Sätzen eingeführt werden. Das separate Vokabellernen ist kontraproduktiv, weil authentische menschliche Rede nicht aus isolierten Wörtern, sondern aus ganzen Sätzen besteht.

Dieses Anfangsvokabular wird von den Lernenden im Anfangsunterricht auswendig gelernt und im Unterrichtsverlauf erweitert. Man kombiniert die erlernten Fragen mit den bereits gelernten Vokabeln und kann so einfache Fragesätze in der Zielsprache formulieren. Zu dem Thema „Familie" können aus den bekannten Wörtern folgende Fragen gebildet werden.

Mein Beispiel dazu:

Hast du Geld?	יש לך כסף?	Wo ist dein Bruder?	?איפה אח	Woher kommst du?	?מאין את
Hast du einen Hund?	?יש לך כלב	Wo ist dein Großvater?	?איפה סבא	Woher kommt er?	?מאין הוא

In einem nächsten Schritt können die Lernenden mit Erweiterung des Wortschatzes weitere Fragen formulieren. Durch Beantwortung der Frage lernt man, ohne (Fehler) Angst seine eigenen Gedanken in einer Fremdsprache auszudrücken, um so zum freien Sprachgebrauch fähig zu werden.

2.9.1.4 Die Anschaulichkeit und Situationsbezug als Basis des Semantisierungsverfahrens

„Semantisierungstechniken dienen der überwiegend einsprachigen Bedeutungsvermittlung neuen Wortschatzes im Unterricht". (F. Haß/ W. Kieweg/ M. Kuty/ A. Müller-Hartmann/ H. Weisshaar, 2006:118) [176].

Das Semantisierungsverfahren als Bedeutungsvermittlung kann nicht-verbal oder verbal sein. Unter „nicht-verbal" versteht man z.B. das Zeigen der konkreten Gegenstände bei der Erklärung von Begriffen. Außerdem erklärt der Lehrer die Bedeutungen der neuen Wörter mithilfe von Mimik und Gestik.

„Semantisierung ist Erklärung die Bedeutung einer unbekannten sprachlichen Einheit auf der Wort- oder Satzebene". (K. Ende/ R. Grotjahn/ K. Kleppin/ I. Mohr, 2013:146) [177].

Die nonverbale Bedeutungsvermittlung erfolgt durch optische Signale.

„Dialoge und Anekdoten im Konversationsstil werden auch anhand von Bildern und stets unter Ausschluss der Muttersprache präsentiert". (W. Edmondson/ J. House, 1993:109) [178].

Ein Situationsbild wird eingesetzt, das die Visualisierung des Situationskontextes ermöglicht. Dies ist eine visuelle Hilfe für das Wortschatzlernen und die Bedeutungsvermittlung.

Eine konkret-bildliche Darstellung des Inhalts hat eine größere Bedeutung für das Verstehen und Erinnern des Themas.

„Eine tiefe Verarbeitung des Textes wird durch den Einsatz graphischer Darstellungstechniken erzielt. Das Grundprinzip besteht darin, die als wichtig erachteten Konzepte und Aussagen eines Textes zu identifizieren die zwischen ihnen bestehenden Relationen mithilfe von speziell entwickelten Notationssystemen herauszuarbeiten und graphisch in Form von Netzwerken oder zweidimensionalen Diagrammen abzubilden". (vgl. Holley/Dansereau, 1984; Tergan, 1986 in: U. Christmann/ N. Groeben, 1999:197) [179].

Als Ergebnis der Visualisierung entstehen Neukombinationen von bereits vorhandenem Wissen. Der kognitiven Psychologie zufolge, kann das menschliche Gehirn (bewusst oder unbewusst) immer nur das weiterverarbeiten und in neue Formen schließen, was bereits in ihm ist. (vgl. J.R. Anderson, 2001:211) [180]. Darum nutzen kreativ arbeitende Lehrer effektive Visualisierungsmethoden, um die Produktivität des Unterrichts zu erhöhen. Die Anschaulichkeit, d.h. die Übersetzung von Inhalten/Gedanken in ein sichtbares Hilfsmittel unterstützt die Informationsaufnahme und die anschließende Versprachlichung. Auf diese Weise lernen Studierende schneller, sie erkennen inhaltliche Zusammenhänge und erwerben so in kürzerer Zeit völlig neue Kenntnisse. Sie lernen die alten, schon erworbenen Informationen zu ordnen und die neuen in Bezug auf den alten zu sammeln.

Durch Fragen und Diskussionen zu dem präsentierten Bild werden die Kenntnisse der Studenten gefestigt. So wird die Sprache mit optischen Anschauungsmaterialien verbunden, Redewendungen aus der Zielsprache werden verbildlichen, was den grundlegenden Prinzipien der Gestaltpsychologie entspricht.

> „Wahrnehmung wird nach Gestaltgesetzen geordnet. Die Gestaltpsychologen gehen davon aus, dass der Organismus aus einem inneren Gestaltungsdruck heraus versucht, die auf ihn einströmenden Reizgebiete aktiv zu strukturieren und zu organisieren. Bei diesem strukturierenden Gestaltungsprozess sind sowohl Eigenschaften des Reizmaterials (Prinzipien der Einfachheit, Regelmäßigkeit, Symmetrie etc.) wie auch universelle Gesetzmäßigkeiten (Gestaltgesetze) von Bedeutung". (G. Bodenmann/ M. Perrez/ M. Schär, 2011:257) [181].

Die Erkenntnisse in der Gehirnforschung greifen auf die Prinzipien von der Gestaltpsychologie zurück. In den anatomischen Untersuchungen von Di Virgilio (1997) wird

> „die Verbindung zwischen den linkshemisphärischen Sprachzentren und dem rechtshemisphärischen gelegenen unteren Temporalkortex nachweisen. Diese Region ist für die visuelle Vorstellung verantwortlich. Eine solche Verbindung ist für den Fremdsprachenunterricht äußerst interessant. Auch deshalb, weil das visuelle Gedächtnis bei den meisten Menschen stärker ausgeprägt ist und gegen vergessen eher resistent ist als das verbale. Aus diesem Grund ist es sinnvoll, im Fremdsprachenunterricht nach Wegen zu suchen, gelernte Sprachbestände nicht nur verbal-kontextuell zu vernetzten, sondern auch visuell". (L. Schiffler, 2012:80) [182].

Bilder, Illustrationen, Schemata und Graphiken helfen dabei, Assoziationen zu wecken und Hypothesen zu erstellen und zu prüfen. Visuelle Stimuli spielen in der einsprachigen Semantisierungsverfahren eine bedeutende Rolle. Durch die Aktivierung von top-down-Prozessen im Kopf der Lernenden entstehen Verbindungen, die es ermöglichen, Wörter in einem semantischen Netz zu organisieren.

Diese Verbindungen können sowohl einen logisch-analytischen als auch einen emotionalen Charakter haben und beruhen auf der persönlichen Erfahrungswelt der Lernenden. Das sinnvolle Denken und Analysieren bildet zusammen mit der Intuition bilden eine Grundlage für das bewusste und kreative Lernen.

z.B., Schema 4: Assoziationskette: Sommer

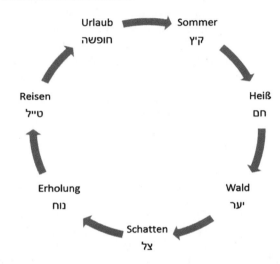

„Die im Bild dargestelle/n Szene/Objekte werden über die Wahrnehmung von bekannten Muster, Figuren, Schatten usw. erkannt und semantisch entschlüsselt". (S. Schlag, 2011:16) [183]. (siehe Anhang 6: Schema: Visualisierung: Bilder und Bilderfunktionen. S. 135)

Bei der Sinndeutung der neuen Wörter, die im Verlauf des Unterrichts eingeführt werden, muss der Lehrer die neuen, unvertrauten Inhalte semantisieren.

„Semantisieren heißt, auf der Wort- und Satzebene die Bedeutung von unbekannten sprachlichen Einheiten zu ermitteln…". (P. Bimmel/ B. Kast/ G. Neuner, 2011:90) [184].

Allerdings lassen sich nicht alle Wörter durch das nonverbale Verfahren semantisieren, weil man zu abstrakten Konzepten man unterschiedliche (sprachlich-, kulturell-, religionsgeprägte) assoziative Verbindungen haben kann, d.h. im Bewusstsein wird ein bestimmtes Konzept anders symbolisiert. Deswegen besteht der Nachteil aller nonverbalen Semantisierungen (mithilfe von Mimik, Gestik, Zeichen, Bilder etc.) darin, dass

„die assoziative, durch visuelle Elemente unterstützbare Semantisierung … häufig bei abstrakten Begriffen und Inhalten nicht[funktioniert]". (F. G. Königs, 1983:413) [185].

In diesen Fällen nutzt der Lehrer in der Unterrichtspraxis verschiedene Varianten verbaler Semantisierungen.

2.9.1.5 Die Internationalismen

Internationalismen sind ein verbales Verfahren der Semantisierung. Darunter versteht man internationale Begriffe, die dank der Muttersprache bzw. schon erlernten Fremdsprachen (z.b., Latein, Englisch) keine Übersetzung brauchen und die sich leicht semantisieren lassen (vgl. F. Haß/ W. Kieweg/ M. Kuty/ A. Müller-Hartmann/ H. Weisshaar, 2006:120) [186].

Meine Beispiele dazu:

Interesse – אינטרס

Idee - אידיאה

Atmosphäre - אטמוספרה

Diese Internationalismen kann der Lehrer besonders im Hebräisch-Anfangsunterricht nutzen, um den Lernenden das Verständnis zu erleichtern. Der Lehrer kann auch neben einem unbekannten Wort einen Wort-Internationalismus schreiben.

Meine Beispiele dazu:

(das) Interesse	אינטרס = עניין
(die) Idee	אידיאה = רעיון
(die) Atmosphäre	אטמוספרה = אווירה

Außerdem können die Lernenden auch im produktiven Bereich vom Einsatz der Internationalismen in ihrer eigenen Rede profitieren.

2.9.1.6 Die Begriffsdefinitionen

Als weiteres Verfahren bei der Worterklärung können Definitionen von Begriffen eingesetzt werden. Aber

„…hier müssen alle anderen Wörter, die in der Definition verwendet werden, [den Lernenden] natürlich bekannt sein". (F. Haß/ W. Kieweg/ M. Kuty/ A. Müller-Hartmann/ H. Weisshaar, 2006:118) [187]

Mein Beispiel dazu:

אור		
יפה	שמש	
חמימות		
גדול		
צהוב		

Das Licht		
Die Schönheit	Die Sonne	
warm		
groß		
gelb		

Durch Ableitung kann sich der Lernende selbst die Bedeutung eines Wortes erschließen.

„In jeder Wortfamilie gibt es… ableitungsrelevante Beziehungen". (F. Haß/ W. Kieweg/ M. Kuty/ A. Müller-Hartmann/ H. Weisshaar, 2006:120) [188].

Im Hebräischen geht ein Begriff שרוש auf eine Wurzel zurück. Die hebräische Wurzel eines Wortes besteht aus drei Buchstaben. Alle Wörter mit ein und derselben Wurzel haben auch eine semantisch ähnliche Bedeutung und gehören zu einem gemeinsamen Bereich.

Mein Beispiel dazu:

Wurzel (Stamm): l. m. d.	שרש ל.מ.ד.
lernen	ללמוד
das Studium	תלמוד
der Lerner	תלמיד
der Lehrer	מלמד
die Lehre	לימוד

„In der Wortschatzdidaktik fordert man schon lange, Wörter nur im Zusammenhang zu präsentieren. Die Darstellung der verschiedenen Zusammenhänge von Wörtern im Gehirn lässt einmal den allgemeinen Schluss zu, dass immer verschiedene Arten von Zusammenhängen von Wörtern didaktisch praktiziert werden sollten". (B.-D. Müller, 1994:18)[189]. (Hervorhebungen sind von dem Autor vorgenommen worden).

2.9.1.7 Der Einsatz von semantischen Paaren

Für die einsprachige Semantisierung bei der Worterklärung können semantische Paare, die zu einem Wortfeld gehören, eingesetzt werden. Für das Erlernen des Themas משפחה (Familie) werden folgende Wortpaaren vom Lehrer in Tabelleform eingeführt:

F.	M.
אמא	אבא
אחות	אח
סבתה	סבה

F.	M.
Die Mutter	Der Vater
Die Schwester	Der Bruder
Die Großmutter	Der Großvater

Die semantischen Paare können nach dem *Kontrastgesetz* entweder in Form von Kontradiktion (vgl. (A. Linke/ M. Nussbaumer/ P.R. Portmann, 2004:161) [190] oder in Form von Antonymen (vgl. W. Schmidt, 1972:62) [191] erklärt werden. Das Kontradiktionsprinzip besagt, dass sich das,

„was auf den ersten Blick wie ein absoluter Bedeutungsgegensatz aussieht, lässt sich[…] dennoch als Bedeutungsähnlichkeit verstehen [lässt]: zwei komplementäre Wortbedeutungen teilen zusammen einen bestimmten Sachverhaltsbereich genau in zwei Teile". (A. Linke/ M. Nussbaumer/ P.R. Portmann, 2004:161) [192].

טוב – רע

התחלה – סוף

מזל - צרה

אור – אפילה

יום - לילה

Z.B.:
gut – schlecht
der Anfang - das Ende
das Glück – das Unglück
das Licht – die Dunkelheit
der Tag – die Nacht

„[Die] Beziehung der Antonymie besteht zwischen den Polen oder Endpunkten einer Skala…". (A. Linke/ M. Nussbaumer/ P.R. Portmann, 2004:162) [193].

Mein Beispiel dazu:

לבן – שחור

קצר – ארוך

שמח - עצוב

weiß – schwarz
kurz – lange
lustig - traurig

Die semantischen Paare können auch in Form von bekräftigenden Bedeutungen von Synonymen aus dem gleichen Sachgebiet (vgl. W. Schmidt, 1972:62) [194] für das Erfassen von kleinen Bedeutungsunterschieden eingesetzt werden.

„Zwei Wörter sind synonym dann, wenn ich das eine in jedem Fall für das andere einsetzen kann (Substitution), ohne das sich die Bedeutung des Gesamtausdrucks verändert". (A. Linke/ M. Nussbaumer/ P.R. Portmann, 2004:169-170) [195].

Mein Beispiel dazu:

תהומי ← ענקי ← גדול
זעיר ← קטן ← מועט

groß → riesig → unermesslich
winzig → klein → gering

2.10. Die Situativität: Situationsbezug und Kontextualisierung

Das situative Prinzip spielt bei der Herstellung und Anwendung von Dialogen im Rahmen eines Situationsmodells sowie bei der Worterschließung und dem Behalten der Wörter eine tragende Rolle. Im Verlauf einer Gesprächssituation äußert man sich sowohl in der Muttersprache als auch in der Zielsprache. Hinter Sprechäußerungen stehen *Sprechabsichten*, die man mithilfe der jeweiligen Sprache realisiert. Die Funktionale Sprachtheorie von J.R. Firth und M.A.K. Halliday darüber besagt:

„[Es] macht es keinen Sinn, die Sprachformen losgelöst von den Situationen zu studieren, in denen sie vorkommen". (U. Multhaup, 1995:23) [196].

In diesem Sinn ist die

„Kontextualisierung des Sprachmaterials". (U. Multhaup, 1995:25) [197]

entscheidend. Die Darbietung von Vokabeln und Strukturen sollte in Alltagssituationen verpackt werden (vgl. U. Multhaup, 1995:24) [198] und die Lernenden müssen im Verlauf des Unterrichts nicht inhaltlich leere, sondern

„rational begründete Situationen" betrachten (U. Multhaup, 1995:29) [199]

und daraus lernen, authentische Dialogen kreativ in der eigenen Rede zu verwenden.

Beispiel: (Lehrbuch: Lauden, Edna/ Weinbach, Liora (1990): *Et-Ivrit (Teil 1)*. MATAH Zentrum Verlag. Tel-Aviv. S. 19) [200]

Auf der Straße	ברחוב
Uri: Dina! Dina!	אורי: דינה! דינה!
Dina: Uri?	דינה: אורי?
Uri: Ja, hi Dina, wie geht's?	אורי: כן, שלום דינה, מה נשמע?
Dina: In Ordnung.	דינה: בסדר.
Uri: Wohnst du hier, in Tel-Aviv?	אורי: את גרה כאן, בתל-אביב?
Dina: Ja, ich wohne in Tel-Aviv.	דינה: כן, אני גרה בתל-אביב.
Uri: Wo wohnst du?	אורי:איפה את גרה?
Dina: Auf der Straße Diesengof 3.	דינה: ברחוב דיזנגוף 3.
Uri: Ich wohne ebenso jetzt im Tel-Aviv.	אורי: גם אני גר עכשיו בתל-אביב.
Dina: Wunderbar! Arbeitest du im Tel-Aviv?	דינה: יופי! אתה עובד בתל-אביב?
Uri: Nein, ich arbeite nicht, ich lerne. Und du arbeitest?	אורי: לא, אני לא עובד, אני לומד. ואת עובדת?
Dina: Ja, ich arbeite an der Universität.	דינה: כן, אני עובדת באוניברסיטה.
Uri: Arbeitet auch David an der Universität?	אורי: גם דויד עובד באוניברסיטה?
Dina: Nein. David arbeitet an der Akademie für Musik.	דינה: לא, דויד עובד באקדמיה למוזיקה.
Uri: Viele Grüße für David!	אורי: דרישת שלום לדויד!
Dina: Tschüß Uri!	דינה: להתראות, אורי!
Uri: Tschüß!	אורי: להתראות!

Bei diesem Beispiel handelt es sich um eine echte und natürliche Lebenssituation. Zwei Menschen, die sich lange nicht gesehen haben, treffen sich auf der Straße.

> „Der Situationsbezug…[richtet sich] auf den Erwerb von Erfahrungen" (H. Gudjons, 1997:74) [201].

Es ergeben sich Fragen: Wie sollten sich Menschen in einer solchen Situation in der Zielsprache kommunizieren? Welche Redewendungen sollten sie benutzen? Wörter, auf die man im Kontext eines Dialoges trifft, kann man sich leichter einprägen. Außerdem kann man durch ein bekanntes Wort ein dem nahe stehendes unbekanntes Wort erschließen. Dieses wird als *Parsing–Effekt* (vgl. L. Frazier, 1978 in: D. Wolff, 2008:24) [202] bezeichnet.

2.11. Die Lernerorientierung

> „Die gleiche Lehrmethodik wirkt sich lernerabhängig verschieden aus, denn jede Lehrmethode unterstellt und erwartet beim Lernenden ein bestimmtes Wissen, bestimmte Fähigkeiten und bestimmte Einstellungen". (A. Vielau, 1997:16) [203].

2.11.1 Der Faktor Alter beim Fremdsprachenlernen

Bei Erwachsenen liegt die Beherrschung einer Fremdsprache der entsprechenden konzeptuellen Entwicklung zugrunde. Erwachsene lernen dank der mit dem Alter entwickelten Fähigkeit zur bewussten Informationsverarbeitung. Nach Piaget

> „entsprechen [die kognitiven Strukturen] immer den mentalen Fähigkeiten der jeweiligen Entwicklungsphase" (C. Schlüter, 2007:111) [204].

Deswegen existiert eine wechselseitige Beziehung zwischen Sprache und Denken: einerseits beeinflusst der Spracherwerb die Denkprozesse und andererseits wirken Denkprozesse auf den Spracherwerb.

Die beim Erwachsenen entwickelte Fähigkeit zum

> „wissenschaftlichen Denken", die „nach Piagets Theorie von.. Kindern nicht durchgeführt werden [kann]" (N.L. Gage/ D.C. Berliner, 1986:154) [205],

zeigt sich z.b. bei der kontextuellen Einordnung einer Reihe von Variablen der bewussten Anwendung von Regeln oder Prinzipien und der Suche nach der Gesetzmäßigkeiten.

Auf diesem Weg kann man den sprachlichen Input analysieren, systematisieren, vergleichen und verallgemeinern. Die Fähigkeit zur Analyse zeigt sich in der Zerlegung eines Sachverhaltes in seine Bestandteile. Die Systematisierung einer Analyse unterzogener Informationen erfolgt anhand bestimmten Kriterien oder Regeln. Der Vergleich besteht in der Bildung von Parallelen zwischen schon im Kopf gespeicherten Daten und neuem Input. Die Verallgemeinerung der neue erworbenen Informationen erfolgt im Prozess der Verarbeitung bzw. Speicherung der gewonnenen Daten.

Der gesteuerte Fremdspracherwerb erfolgt beim Studierenden auf der Basis der entwickelten Mechanismen zur Problemlösung und erlernten Strategien. Aufgrund der kognitiven Möglichkeiten der Studenten, vor allem der Fähigkeit zum abstrakten Denken verläuft der Spracherwerb schrittweisegeplant und zielgerichtet.

2.11.2 Die Lernerautonomie als Prinzip

Studierende lernen Hebräisch sowohl im Rahmen des zeitlich begrenzten Unterrichts nach dem *„äußeren Lehrplan"* (vgl. A. Vielau, 1997:75) [206] der Universität als auch autonom nach dem individuellen *„inneren Lehrplan"* (vgl. A. Vielau, 1997:54) [207] gemäß den Prinzipien der Lernerautonomie, die in sich die Fähigkeit zum kreativen und problemlösenden Lernen schließen. Nach diesen Prinzipien ist

„Lernen ein Prozess…, der vom Lerner eigenständig und selbstverantwortlich geleistet werden muss, um erfolgreich zu sein". (D. Wolff, 2008:21) [208].

Studenten müssen sich bemühen, das eigene sprachliche Bewusstsein zu entwickeln, d.h. eine Fremdsprache bewusst und reflexiv zu lernen, um die Sprachaneignung und Sprachverwendung als gesteuerte Prozesse durchzuführen.

„Der Begriff der Lernerautonomie schließt nicht nur Selbständigkeit des Lernenden als zentrale Komponente ein, sondern erklärt auch, welche kognitiven Handlungen er beim selbständigen Lernen vollzieht". (D. Wolff, 2008:23) [209].

Bei den gleichen Lernbedingungen kommen Studenten zu unterschiedlichen Lernergebnissen. Den Lernerfolg kann man als Resultat der Auseinandersetzung zweier Lehrplänen betrachten: des inneren und des äußeren Lehrplans.

Der innere Lehrplan basiert auf dem Verständnis der Lernenden, wie und was sie am Ende des Kurses erreichen wollen. Die Studierenden bilden Hypothesen auf der Grundlage des eigenen, im Kopf entstehenden Bildes (mentalen Modells) über den Verlauf des Lehrprozesses.

„Das kognitionspsychologische Lernmodell legt die Vermutung nahe, dass das erstsprachlich kodierte Wissen des Lernenden faktisch einen sehr nachhaltigen Einfluss auf die Erlernung der Fremdsprache ausübt." (A. Vielau, 1997:77) [210].

Deswegen verbindet sich der innere Plan eng mit dem Begriff „Lernerautonomie" und bezieht sich auf die subjektiven Vorstellungen der Lernenden von Organisation des Lehrvorgangs, nützlichen Lerninhalten etc. Die Lernerautonomie schließt in sich den Begriff „Lernbereitschaft", die die Fähigkeit,

„Neues aufzunehmen und sich damit auseinanderzusetzen". (A. Vielau, 1997:86) [211]

bezeichnet. Die Motivation zum Lernen ist größer, je mehr der tatsächliche Lehrprozess den vorher formulierten Erwartungen entspricht. So bestimmt beispielsweise jeder Lernende für sich, welche Kompetenz er in der Zielsprache entwickeln, welche vernachlässigen möchte. Entscheidend dabei ist, wofür die Zielsprache erlernt werden soll: Beruf, Reise oder geistige Entwicklung.

Der äußere Lehrplan ist von der Institution, an der der Lehrer unterrichtet, bestimmt und dient ihm als Richtlinie (Curricula). Der äußere Lehrplan dient der Steuerung des Lehrprozesses auf einer methodisch-didaktischen Basis.

„Wichtig vor dem Hintergrund des kognitionspsychologischen Lernmodells ist, dass ein solcher Lehrplan für den Lernenden zunächst immer nur den kognitiven Status eines äußeren Lehrplans haben kann". (A. Vielau, 1997:76) [212].

Die vom Lehrer gesteuerte Inputphase unterscheidet sich von der Inputphase mit Lehrbücher zum selbständigen Lernen: im ersten Fall kann der Lernende nachfragen, um Erklärungen bitten, Nichtverständnis signalisieren etc. Im zweiten Fall sollte der Lernende selbst einen Weg zum Verständnis suchen, z.B., schwerverständliche Stellen nachlesen, selbst durch analogische Beispiel nach Entscheidungen suchen usw.

Zusammenfassend kann man sagen, dass der Lernerfolg (oder Misserfolg) abhängt vom Zusammenspiel der unterschiedlichen inneren und äußeren Faktoren, der Motivation und den individuellen Fähigkeiten der Lernenden, der gewählten Methode und der in den Lernvorgang investierten Zeit. Allerdings

> „dürfen die Möglichkeiten ... intuitives Lernplans nicht überschätzt werden: Der Erwerb der Schriftsprache oder die Ausbildung einer differenzierten Sprachhandlungskompetenz sind auf diesem Wege kaum denkbar. Wird der intuitive Lehrplan nicht früher oder später durch bewusste und kontrollierte Prozesse .... ergänzt, so stagniert der Spracherwerb personabhängig irgendwo in der Nähe des durchschnittlichen Sprachhandlungsniveaus eines Vorschulkindes oder unbeschulten Erwachsenen". (A. Vielau, 1997:57) [213].

Um einen Fortschritt zu erzielen, sollten sich die Lernenden am Anfang des Prozesses des Hebräischlernens auf die wesentlichen Bereichen der Lexik, Morphologie und Syntax der hebräischen Sprache zu konzentrieren. Da Hebräisch nur wenige Bezüge zu früher in der Schule erlernten Sprachen hat, können sich die Studierenden nicht auf ihr sprachliches Vorwissen stützen. Wenn die Studenten keine Kenntnisse von anderen semitischen Sprachen haben, sollten sie sich die Regularitäten des neuen Sprachsystems auf dem grammatischen, lexikalischen, semantischen und pragmatischen Niveau aneignen. Aus diesem Grund spielt gerade am Anfang des Hebräischlernens die datengeleitete bottom-up Verarbeitung eine so bedeutende Rolle.

Allerdings lernt man eine Sprache nicht nur als in sich geschlossenes Sprachsystem, sondern verfolgt auch das übergeordnete Ziel, die erworbenen Sprachkenntnisse in kommunikativen Situationen zu gebrauchen. Im Unterricht können beispielsweise Rollenspiele angewendet werden, in denen die Studierenden ihre Sprachkenntnisse, Denkfähigkeit, Kreativität und Phantasie aktivieren. Auf diese Weise ist der Spracherwerb nicht auf die isolierte Aneignung von Wörtern beschränkt, sondern schließt auch das Lernen von Rollenverhalten und gesellschaftlichen Konventionen ein.

> „Menschen sprechen nicht nur, wenn sie ihr situationsbezogenes Handlungsziel nicht... erreichen können. Menschen sprechen auch, um soziale Regeln (Konventionen) einzuhalten und somit den Erwartungen ihrer Mitwelt zu entsprechen....". (T. Herrmann/ J. Grabowski, 1994:266) [214].

Da Menschen bewusst leben bzw. sprechen, sollte der Prozess der Sprachaneignung auch sinnvoll geplant und organisiert wird. Das Prinzip der

Bewusstheit schließt in sich die eigene Verantwortung für das Ergebnis des Lernprozesses ein. D.h., Lernende müssen eine konkrete Zielsetzung haben und Wege wissen, wie ihr Vorhaben realisiert werden kann. Wenn ein Lerner im Zentrum des Lernerorientierungsprinzips steht, kommt die Frage nach den möglichen Gründen für den Misserfolg beim Sprachenlernen auf. Als Ursachen kann man eine für den konkreten Lerntyp falsch ausgewählte Methode oder eine falsche Organisation des Lernprozess anführen. Die Methode ist falsch gewählt, wenn z.b., ein Lerner des visuellen Lerntyps, der am besten mithilfe visueller Stimuli bzw. Anschaulichkeit des Lernstoffes lernt, mit einer rein auditiven Methode unterrichtet wird. Auch wenn ein analytischer Typ, der alles erst verstehen und nur dann anwenden will, nach den Prinzipien der behavioristischen Nachahmung unterrichtet wird. Deswegen ist es für das erfolgreiche Lernen wichtig, zu erfahren, über welchen der vier Eingangskanäle (Lesen, Sehen, Hören, Anfassen) eine Information am besten im Gedächtnis ankommt und wie die Inhalte des Lehrstoffes am schnellsten angeeignet werden können.

Von einer falschen Organisation des Lernprozesses spricht man, wenn z.B. der gesamte Lernprozess falsch geplant wurde, oder wenn die eingesetzten Strategien oder ausgewählten Lehrbücher nicht geeignet sind.

Diese Ursachen bedeuten eine Unterforderung oder Überforderung der Lernenden, die zu Desinteresse am Unterricht oder zur Demotivierung führen. Die Lernenden verlieren die Fähigkeit zu bewusstem und verantwortungsvollem Lernen.

D. Wolff (2008:21) [215] hat den Begriff „Lernerautonomie" in „selbstbestimmtes Lernen" und „selbstgesteuertes Lernen" aufgeteilt. Die folgende von mir verfasste Tabelle stellt die Unterschiede dar:

Tabelle 2: Lernerautonomie (vgl. D. Wolff, 2008:21-23) [216].

Selbstbestimmtes Lernen	Selbstgesteuertes Lernen
Lernen mit der selbständigen Festlegung der Lernziele, der Inhalte und der Progression des Lehrstoffes	Lernen außerhalb Schule, Uni und anderen Institutionen
Selbständige Auswahl von Methoden und Lehrbüchern	Fähigkeit, rein mithilfe Lehrmaterialien bzw. Instruktionen selbständig zu lernen
Selbstbestimmung von Lernzielen und Lernwegen	Fähigkeit, die Verantwortung für eigene Ergebnisse des Lernens (Erfolg oder Misserfolg) zu übernehmen

„Selbstgesteuertes Lernen charakterisiert sich…. durch die besondere Gestaltung der Unterrichtsmaterialien, Lernerautonomie bezieht sich hingegen auf den Lernenden und seine Fähigkeit, selbständig und eigenverantwortlich zu lernen". (D. Wolff, 2008:21) [217].

Wenn z.b., der Lerner kein klares und erreichbares Ziel vor Augen hat, dann wird er sich keine große Mühe geben, die Fremdsprache zu erlernen. Oder wenn ein Lerner nicht genug Willenskraft hat, um die Lernschwierigkeiten bzw. Misserfolge zu überwinden und er dazu neigt, sich immer wieder an negative Erfahrungen zu erinnern, dann gibt er den Versuch, die Sprache zu lernen, auf.

Das Leitziel des Lernprozesses besteht in der möglichst vollständigen Entwicklung und Realisation des Potenzials jedes einzelnen Lerners. Auch wenn die Lernenden in Gruppen arbeiten, Daraus folgt, dass obwohl die Lernenden im Gruppen arbeiten, sollte die Aneignung von deklarativem und prozeduralem Wissen in Bezug auf die persönlichen Merkmale der Lernenden nach dem Prinzip der Binnendifferenzierung erfolgen.

„Der Begriff der Lernerorientierung … besagt, dass der Unterricht … Interessen und Fähigkeiten [der Lernenden] mit einbeziehen muss und dass er seine Lernziele auch auf die späteren beruflichen Erfordernisse der Lernenden ausrichten soll". (D. Wolff, 2008:19) [218].

2.12. Die Lernerorientierung in Bezug auf die Entwicklung von Lesekompetenz

Es ist das übergeordnete Ziel des Hebräischunterrichts, den Studierenden für das weitere Literaturstudium im Fach Judaistik zu befähigen.

„Literarische Texte gestatten einen exemplarischen Einblick in fremde Kulturen". (E. Burwitz-Melzer/ J. Ouetz, 2002:112) [219].

Die Studenten sollen darauf vorbereitet werden, die modernhebräische narrative Texte (Erzählungen, Romane etc.) zu lesen, zu verstehen, zu analysieren und zu interpretieren.

„Es geht also vorrangig um die Erkenntnis sprachlicher Realisierungen (Struktur der Rede, Textzusammenhänge), nicht primär um die Erkenntnis von Sprachstrukturen…". (D. Vetter/ J. Walther, 1973:11) [220].

Um anspruchsvolle Lektüre zu lesen, muss die Lesekompetenz entwickelt sein. Unter der Lesekompetenz versteht man in erster Linie die Fähigkeit, das Gelesene zu rezipieren.

„Im Rezeptionsprozess werden aus dem sprachlichen und nichtsprachlichen Gesamtkontext Hinweise herausgelesen…". (J. Trim/ B. North/ D. Coste, 2001:77) [221].

Im Fach „Jüdische Studien" schließt in sich der Begriff „Lernerorientierung" die Lesenorientierung und Leserorientierung ein. Die Studenten sollen lernen, hebräische Texte bewusst strategisch zu lesen.

> „Die Auseinandersetzung mit literarischen Texten kann Selbständigkeit fördern und autonomes Lernen vorzubereiten". (E. Burwitz-Melzer/ J. Ouetz, 2002:112) [222].

Studierende haben während ihrer Schulzeit bereits schulische Erfahrungen im Erlernen von Fremdsprachen (z.B., Englisch, Französisch und Latein) gemacht, und

> „der Fremdsprachenunterricht [sollte] den Lernenden ermöglichen, bereits gemachte Erfahrungen sowie Wissen und Kompetenzen, die zuvor erworben wurden, für das aktuelle Lernen und sprachliche Handeln zu nutzen...". (L. Schmelter, 2012:191) [223].

Aufgrund der Methodik des schulischen rezeptivorientierten Fremdsprachenunterrichts außerhalb des Ziellandes ist bei ihnen gerade die Lesekompetenz meistens die stärkste Kompetenz. Dies gilt sowohl für „töte" Sprachen wie Latein als auch für „lebendige" Sprachen wie Englisch oder Französisch. Der erfolgreiche Einsatz von bereits vorhandenen L1- Lesefertigkeiten ist allerdings erst ab einer bestimmten Kompetenzstufe in der L2 möglich. Die *sprachliche Schwellenhypothese* von Clarke, 1980 besagt, dass die Fremdsprachenkompetenz eine entscheidende Variable fremdsprachigen Lesens ist (vgl. Clarke, 1980 in: S. Ehlers, 1998:111) [224]. Daraus folgt: je höher die Fremdsprachenkompetenz, desto höher Qualität und Geschwindigkeit des Lesens. Die *sprachliche Interdependenzhypothese* von Cummins, 1979; Hudson, 1982 geht davon aus, dass der Leseprozess in allen Sprachen gleich ist. Aus diesem Grund beruht das Lesen in der Fremdsprache vor allem auf der Lesefähigkeit in der Muttersprache. (vgl. Cummins, 1979; Hudson, 1982 in: S. Ehlers, 1998:115) [225]. Die Vermutung liegt nahe, dass Lesestrategien prinzipiell von der Muttersprache (MS) auf die Fremdsprache (FS) transferierbar sind, was potentiell den Leseprozess auf der FS erleichtert. Aber

> „der erfolgreiche Einsatz von bereits vorhandenen L1- Lesefertigkeiten ist erst ab einer bestimmten Kompetenzstufe in der L2 möglich". (R. Grotjahn, 2003:96) [226].

D.h., um die L1- Lesekompetenz übertragen zu können, müssen die Studierenden genügend Sprachkenntnisse erwerben, weil

> „neben allgemeiner Lesekompetenz .... auch noch lexikalische und grammatikalische Kompetenz zur fremdsprachlichen Leseleistung beizutragen". (R. Grotjahn, 2003:99) [227].

Wegen des entwickelten Sprachbewusstseins ist die bewusste Verarbeitung des im Lernprozess erworbenen Sprachwissens möglich. Studenten reflektieren über die linguistischen und kulturbezogenen Gemeinsamkeiten und Unterschiede zwischen L1 und L2. Daher besteht

> „ein… begründetes Ziel [des Fremdsprachenunterrichts]… darin, die Lerner zu befähigen, ihre Erfahrungen beim Lernen einer Fremdsprache und die dabei erworbenen Kompetenzen (sprachliche, methodische, lernorganisatorische usw.) auf die Aneignung weiterer Sprachen transferieren zu können". (L. Schmelter, 2012:191) [228].

Auf diese Weise beurteilen sie sprachliche Äußerungen und lernen, eigene und fremde Fehler zu erkennen.

Obwohl die Lesekompetenz sowohl in der Muttersprache als auch in der weiteren in der Schule erlernten Sprachen beim Studierenden schon vorhanden ist, ist diese Kompetenz bei ihnen unterschiedlich ausgeprägt. Um die Ursachen der unterschiedlich entwickelnden L2-Lesekompetenz zu verstehen, sollte man erst bestimmen, was unter einem effizienten Leseverhalten verstanden wird. Das effektive Leseverhalten, das als Ziel in Bezug auf das Training von Lesefertigkeit eingesetzt wird, lässt sich charakterisieren als hochautomatisiert, schnell, mühelos, aktiv, flexibel und strategisch (vgl. S. Ehlers, 1998:147) [229]. Gut automatisierte Fertigkeiten zeichnen sich durch den automatischen Verlauf visueller und phonologischer Prozessen aus (vgl. Stanovich, 1980; Perfetti, 1979 in: M. Lutjeharms, 1988:51)[230]. Dazu zählen die automatische Zuordnung zu Aussprachemuster in Bezug auf die phonologische Rekodierung der Wörter bzw. die hohe Geschwindigkeit und Genauigkeit der Vokalisation. Auch die visuelle Wahrnehmung und Zuordnung der optischen Zeichen geschieht schell und automatisch (d.h. ohne langes Nachdenken und ohne bewusste Analyse) (vgl. M. Lutjeharms, 1988:47) [231]. Eine direkte Worterkennung dank des breiten Vokabulars der gespeicherten Wörter im Kopf ermöglicht eine problemlose Kohärenzbildung bzw. unmittelbare Sinnentnahme des Textes (vgl. Thorndike, 1973 in: M. Lutjeharms, 1988:51) [232]. Der gesamte Prozess des Leseverstehens beruht auf dem Verstehen auf den hierarchieniedrigen und hierarchiehöheren Ebenen. Im Vergleich zu einem schwächeren Leser kann erfahrener Leser innerhalb einer Fixation mehr Buchstaben bzw. Wörter identifizieren. Wenn Teilverarbeitungsprozesse (d.h. Zwischenstadien) genug automatisiert sind (vgl. M. Lutjeharms, 1988:48) [233], wird die Kapazität des Arbeitsgedächtnisses für die hierarchiehöheren Prozesse auf die Ebene der Bildung von Makrostrukturen befreit. Auf der Ebene der Mikrostruktur geht es um die sichere Beherrschung und richtige Anwendung von Kenntnissen in den Bereichen von Grammatik und Syntax.

2.12.1 Die Worterkennung

Unter einer direkten datengesteuerten Worterkennung versteht man die schnelle Wiedererkennung der gelernten Wörter im Text beim Lesen (vgl. S. Ehlers,

1998:18) [234]. Auf der Wortebene bedeutet dies, dass die allgemeine Geschwindigkeit der Wortverarbeitung vom Wortschatzumfang abhängt: je größer das Vokabular der Lesenden ist, desto schneller verläuft die Erkennung und Verarbeitung des Wortes bzw. Sinnentnahme aus einem Text.

> „Guten Lesern gelingt es, mehr Information im Kopf zu behalten und Referenzen zu Wörtern herzustellen". (U. Schiefele/ C. Artelt/ W. Schneider/ P. Stanat, 2004:83) [235].

Ein breiter Wortschatz ist gleichgesetzt mit einem umfangreichen mentalen Lexikon. Aufgrund des schnellen, unmittelbareren und kontextfreien lexikalischen Zugriffs auf im Langzeitgedächtnis (LZG) gespeicherten Wörtern kann eine schnelle, fehlerfreie und gut automatisierte Worterkennung stattfinden.

> „Wörter werden wieder erkannt, wenn sie bekannt sind, d.h. im mentalen Lexikon gespeichert und davon abgerufen werden. Anderes gesagt, Wörter werden erkannt und verstanden, wenn die eingehende wörtliche Information (Input) eine Übereinstimmung im LZG findet". (Perfetti, Goldman und Hogaboam in: U. Schiefele/ C. Artelt/ W. Schneider/ P. Stanat, 2004:80) [236].

Die Rolle des Kontextes bei der effizienten und schnellen Erschließung unbekannter Wörter lässt sich folgendermaßen charakterisieren:

> „Man nimmt an, dass es gut lesenden Personen leichter fällt, die Bedeutung eines unbekannten Wortes aus dem Kontext abzuleiten. Sternberg und Powell (1983) fanden, dass die Fähigkeit, die Bedeutung neuer Wörter zu erschließen, etwa ebenso noch mit Leseverständnis korreliert wie die Größe des Wortschatzes". (U. Schiefele/ C. Artelt/ W. Schneider/ P. Stanat, 2004:82) [237].

2.12.2 Die Satzerschließung

Auf der Satzebene geht es um die Sensitivität für die Wortstellung und

> „syntaktische Vorhersagbarkeit des nächsten Wortes im Satz" (S. Ehlers, 1998:138) [238].

Wenn die Lernenden wissen, welchen Aufbauregelmäßigkeiten die Zielsprache unterliegt, können sie den allgemeinen Sinn eines Satzes schneller erfassen. Das Verstehen von syntaktischen Strukturen und lexikalischen Bedeutungen der Schlüsselwörter ermöglicht das effiziente Lesen in umfassenden Phrasen bzw. das Behalten der Bedeutung einer Passage. Das richtige und schnelle Erkennen der Struktur eines Satzes hilft bei der Herstellung von lokaler Kohärenz. Unter *lokaler Kohärenz* versteht man die Setzung aufeinander folgender Sätzen in eine logische Beziehung (vgl. Lorch/ Morgen, 1987 in: M. Lutjeharms, 1988:47) [239]. Das Verstehen von schweren, syntaktisch ambigen Sätzen hängt vom Verstehen auf der Ebene der *Kohäsion* ab.

„..Informationseinheiten eines Textes ...[sind] durch Kohäsionsmittel verbunden". (A. Linke/ M. Nussbaumer/ P.R. Portmann, 2004:255) [240].

So verläuft die Satzerschließung in zwei Etappen: erstes, die Erschließung der grammatischen Verbindungen innerhalb des Satzes (Kohäsionsbildung) und zweites, das Nachvollziehen der logischen Zusammenhänge zwei-drei nebenstehenden Sätze (lokale Kohärenzbildung).

2.12.3 Die Texterschließung

Auf dem Niveau der Makrostruktur betrachtet man die hierarchiehöheren Prozesse auf der semantischen Ebene. Auf der Textebene ist die zielgerechte Kontextnutzung entscheidend bei der Textverarbeitung (vgl. Widdowson, 1979 in: M. Lutjeharms, 1988:55) [241].

Da jeder Leseprozess ist auf das Verständnis der Tiefenstruktur ausgerichtet ist, ist er mit der kognitiven Verarbeitung der sprachlichen Äußerungen verbunden. Dieser Prozess verläuft analytisch und strategisch. Der Leser kristallisiert die wichtigsten Inhalte heraus und bildet damit im Kopf eine kohärente und sinnvolle Textbasis.

„Sinnvolles Material ist leichter zu behalten" (Hörmann, 1970 in: M. Lutjeharms, 1988:48) [242].

Die Herstellung globaler Kohärenz bedeutet eine Verbindung zwischen Kohärenz und Inferenz, Syntax und Semantik:

„die Kohärenz unter Einsatz des Langzeitgedächtnisses mit Hilfe einer verbindenden Proposition oder einer Inferenz zustande gebildet wird" (Fletcher, 1981 in: M. Lutjeharms, 1988:48) [243].

Die globale Kohärenzbildung setzt die Fähigkeit voraus, die Zusammenhänge zwischen den Aussagen zu erkennen und die kausale Organisation der Texte nachzuvollziehen. Darunter versteht man vor allem die automatisierte und sichere Bewältigung inferenzieller Prozesse beim Transfer von L1 auf L2. Als positiven Transfer bezeichnet man die erfolgreiche Übertragung der sprachlichen Regeln der Muttersprache oder früher erlernten Sprache auf die neue Sprache. Im Gegensatz dazu spricht man von einem negativen Transfer, wenn Regeln der Muttersprache oder einer anderen gelernten Sprachen auf L2 übertragen werden, die dieser Sprache nicht entsprechen. Beim Transfer von allgemeiner Sprachlernfähigkeit ist gerade der Transfer von genereller Lesekompetenz von der Muttersprache bzw. der bereits erlernten Sprache bedeutsam.

2.12.4 Das strategische Lesen

Ein „*guter Leser*" ist ein „guter Strategiennutzer". Er ist in der Lage, seine Wissensdefizite in Bezug auf den L2-Leseprozess durch die Entwicklung der Fähigkeit zum aufgabenbezogenen, strategischen und zielbezogenen Lesen zu kompensieren (vgl. Presley/ Borkowski/ Schneider, 1987 in U. Christmann/ N Groeben, 1999:202) [244]. Die Lesekompetenz der Lesenden wird durch die Vermittlung der Lesestrategien gefördert. Die primären Ziele dabei sind die Erweiterung des Wortschatzes des Lesers und die Automatisierung der L2-Worterkennung, um sie kontextunabhängig beim Dekodierungsprozess zu machen. „[G]ute Leser behalten mehr Ideen aus einem Text" (M. Lutjeharms, 1988:50) [245], sie erfassen die Gesamtaussage einer Passage und können durch wiederholtes Lesen komplizierte Textstellen begreifen und wichtige Informationen von unwichtigen unterscheiden. (vgl. Garner, 1984 in U. Christmann/ N. Groeben, 1999:201) [246].

Das strategische Lesen ist immer ein bewusstes Lesen:

> „Die verschiedene Formen der kohärenten Interpretation sind dem Bewusstsein und der willentlichen Kontrolle entzogen". (Wimmer, 1982:29 in: M. Lutjeharms, 1988:47) [247].

Lesen als Prozess beruht auf den externen und internen Faktoren. Unter externen Faktoren versteht man Aufgabenstellungen und Anforderungen zum Textverstehen. Zu den internen Faktoren gehören persönliche Ziele und Motive des Lesers. Daraus lassen sich unterschiedliche Arten des Lesens ableiten: globales (um Leitfaden des Inhaltes zu erfassen), selektives (um Daten und Begriffe in einem Text schnell zu finden) und detailliertes Lesen (um wort-wörtliches Verständnis zu ermöglichen).In Bezug auf das Ziel des Lesens unterscheidet man verschiedene Arten des Lesens: selektives (scanning), orientierendes (skimming), globales (kursorisches) und detailliertes (totales) Lesen (vgl. Pugh, 1978:52; Desselmann, 1981:262 in: M. Lutjeharms, 1988:63) [248]. S. Ehlers (1998) spricht in diesem Kontext von der

> „Flexibilität im Sinne der Anpassung an das Leseziel". (S. Ehlers, 1998:147) [249].

Unter der effizienten Suche nach relevanten Informationen versteht M. Lutjeharms (1988)

> „die Relevanz des Gelesenen im Hinblick auf die Leseziele". (M. Lutjeharms, 1988:47) [250].

Der Einsatz von kognitiven Strategien ist sehr wichtig für das zielgerichtete Lesen.

„Effizientere Lesestrategie beanspruchen weniger Kapazität, sodass mehr Ressourcen zur Speicherung zur Verfügung stehen". (U. Schiefele/ C. Artelt/ W. Schneider/ P. Stanat, 2004:83) [251].

Als Beispiele für kognitive Strategien können die Wiederholungsstrategie (d.h. mehrmaliges Lesen schwieriger Textstellen) und die Elaborationsstrategien (d.h. einerseits Bezogenheit der neuen Inhalte auf das bekannte Wissen und andererseits Erweiterung schon vorhandenen Wissen dank des vom Lerner verstandenen Input) angeführt werden.

Unter „Metakognition" versteht man die Fähigkeit, bewusst das relevante Vorwissen zu aktivieren und die eigenen kognitiven Aktivitäten zielgerichtet einzusetzen. Die metakognitive Kompetenz besteht in der Planung, Steuerung und Überwachung des eigenen Leseprozesses (vgl. U. Christmann/ N. Groeben, 1999:199-200) [252].

Ein erfolgreicher Leser zeichnet sich sowohl durch hierarchieniedrigen (Dekodieren) als auch hierarchiehohen (Textverstehen) Fähigkeiten aus, z.B., besitzt er die Fähigkeit, unbekannte Wörter entweder aus dem Kontext oder mithilfe eines Wörterbuches zu erschließen. Desweiteren verfügt er über die Fähigkeit zur Herstellung von lokaler (auf der Satzebene) und globaler (auf der Textebene) Kohärenz und ist dazu in der Lage, an Leseziel anpassenden Lesestrategien zu verwenden. Daraus folgt, dass der gute Leser fähig ist, die Art des Lesens zu berücksichtigen, vor und während des Lesens Hypothesen zu bilden und zu prüfen, die Gesamtaussage einer Passage zu erfassen und unverständliche Textstellen nachzuvollziehen.

2.12.5 Das Lesen nach dem Prinzip des Konstruktivismus

Im Rahmen heutiger Lesedidaktik bedeutet Lesen mehr als die Identifikation von Buchstaben und die Dekodierung von Wörtern. Lesen wird als ein individueller, konstruktiver und kreativer Vorgang wahrgenommen. Dieser Vorgang ist gleichzeitig sowohl von Text- und Lesermerkmalen als auch vom Zusammenspiel von bottom-up und top-down-Prozessen abhängig.

> „Im Verstehensakt überlagern sich... zwei simultane Verarbeitungsrichtungen: die lokale, physikalisch-serielle (datenorientiert „vom Teil zum Ganzen") und die globale, holistisch-hermeneutische (rezeptorientiert „vom Ganzen zum Teil"). Während der Informationsaufnahme bestätigt oder korrigiert der kompetente Sprecher seine Ausgangshypothese durch Schleifenbildungen zwischen lokaler und globaler Information; die Ausgangshypothese verdichtet sich dabei nach und nach zum subjektiven Sinnverstehen. Jeder Hörer/Leser entnimmt einem Text insofern etwas Verschiedenes; abhängig vom subjektiven Zugriff konstruiert er seine persönliche Leseart des Textes". (A. Vielau, 1997:237) [253].

Jeder Leser hat ein eigenes Vorwissen sowie individuelle Erfahrungen, Denkfähigkeiten und Interessen. Er ist ein bestimmter Lerntyp und gehört einem bestimmten Kulturkreis an. Aufgrund dieser Faktoren durchläuft jeder Leser seinen persönlichen strategischen Leseweg. Die von diesen Merkmalen abhängigen Top-down-Prozesse spielen eine wichtige Rolle bei der Textverarbeitung. Daraus folgt, dass jeder Mensch unterschiedlich liest.

Im Vergleich zum Lesen in der Muttersprache sollte man beim Lesen in der Fremdsprache wegen der ungenügenden Automatisierung der Verarbeitungsprozesse lernen, sich strategisch und zielgerichtet mit dem Input auseinanderzusetzen.

Man verarbeitet die verschiedenen Arten von den Textinformationen in Bezug zu eigenen Zielen und fremden Anforderungen unterschiedlich. Das strategische Lesen bedeutet ebenso, dass man nicht gleich unterschiedliche Texttypen betrachtet. In Bezug auf Texttypen unterscheiden W. Heinemann und D. Viehweger (1991) vier Typen von Textverstehen: aufgabenorientiertes, interessegeprägtes, verhaltensorientiertes und partnerbezogenes Textverstehen (vgl. W.Heinemann /D.Viehweger, 1991:264) [254]. Daraus ergibt sich, dass z.B. eine Zeitung anderes als ein Roman gelesen wird, weil man mit dem Sachtext prinzipiell andere Ziele verfolgt. Außerdem wird eine Prüfungsaufgabe viel präziser gelesen als Comics oder andere Texte, die primär der Unterhaltung dienen.

Nach dem Konstruktivismusprinzip erschließt (konstruiert und rekonstruiert) man Bedeutungen, die der Autor in den Text eingeschrieben hat.

„Es gibt keine Lernprozesse außer der subjektiven Konstruktion von Bedeutung und der Integration der konstruierten Bedeutung in das bereits vorhandene Wissen". (D. Wolff, 2008:29) [255].

Dieser Prozess der Konstruktion ist von Bedeutung und lässt sich als Summe von syntagmatischen und paradigmatischen Beziehungen auffassen. Auf linearsyntagmatische Ebene geht es um grammatisch-syntaktische Kohäsionsbildung innerhalb eines Satzes. Auf inhaltlicher Ebene spricht man entweder im Fall der lokalen Kohärenzbildung von einem sinnvollen Zusammenhang der Satzteile oder im Fall der globalen Kohärenzbildung von der Verbindung von Textteilen zu einem kontinuierlichen Text.

Unter der Rekonstruktion von Bedeutung gemeint versteht man z.B. Leerstelleleauffüllen bzw. Inferenzbildung von intendierten (auf der Grundlage von der reinen Textinformationen) Inferenzen bei Kohärenzbrüchen beim Textlesen. Es geht um die

„top-down [Prozessen] die Interpretation der Daten: das Sprachverstehen im engeren, lokalen Sinne (also z.B. die Monosemierung polysemer Wörter ...), die

„Plausibilisierung" der Informationen (aktives Schließen von Informationslücken und Implikationen), letztlich auch [um] das übergreifende, globale Sinnverstehen (durch hypothetische Rezeptaufrufe und aktive Retuschenbildungen bei der Konstruktion des Ideengehalts)...". (A. Vielau, 1997: 236-237) [256].

Daraus folgt, dass der Leseprozess als ein Zusammenspiel von Dekodierungs-, Konstruktions- und Rekonstruktionsprozessen aufgefasst werden kann.

2.12.6 Probleme und Grenze des fremdsprachlichen Leseverstehens

Das erste Problem des L2-Lesen besteht darin, dass es

„offenbar ... schwierig ist, die in der Muttersprache (weitgehend unbewusst) ablaufenden Rezeptionsverfahren auf den fremdsprachliche Verstehensprozess zu übertragen" (G. Storch, 2009:121) [257]. Das heißt, dass „die Wissenssteuerung beim Fremdsprachenlernenden ist oft zu schwach ausgeprägt [ist], sodass sie ihr „Verstehenspotenzial" nicht ausschöpfen können und oft weniger verstehen als sie können" (G. Storch, 2009:121) [258]. Es führt dazu, dass „die L2-Leser ihr Vorwissen nicht ausreichend nutzen und sprachlich an den Text gefesselt [sind]". (K. Schramm, 2001:77) [259].

Das zweite Problem besteht in dem fehlenden Wissender Studierenden über Land und Leute.

„Eine der speziell das Lesen in L2 charakterisierenden Schwierigkeiten besteht darin, dass die Leser häufig nicht über das mit der Fremdsprache einhergehende kulturspezifische Wissen verfügen". (K. Schramm, 2001:67-68) [260].

2.12.7 Die Rolle der top -down und bottom- up Prozessen bei der Textverarbeitung

Beim Lesenlernen im Modernhebräischen betrachtet man authentische Texte in erster Linie nach dem Prinzip vom globalen Verstehen (im Unterschied zu Bibelhebräisch, wo man sich immer um ein detailliertes Verstehen aller Textstellen bemüht). Dieses Prinzip liegt der heutigen Lesedidaktik zugrunde. Bei der Entwicklung dieser „neuen" Lesedidaktik spielt die Interaktion von bottom-up und top-down-Prozessen eine wichtige Rolle.

„Die Rezeption von Texten wird in der modernen Textverstehensforschung als interaktiver Prozess verstanden. Hierbei kommen sowohl bottom-up als auch top-down-Prozesse vor. Erstere stehen für die primär textgesteuerte Verarbeitung. Neue Inhalte werden aufgenommen und im Langzeitgedächtnis endkodiert. Top-down-Prozesse hingegen symbolisieren den primär wissensgesteuerten Zugang. Durch bestehendes Wissen (auch natürlich durch Misskonzeptionen) wird die Interpretation und Aufnahme von Inhalten gelernt". (C. Artelt, 2004:66) [261].

Das allgemeine Prinzip der Zusammenwirkung von datengeleiteten (bottom-up) und schemageleiteten (top-down) Verarbeitungsprozessen ist als Prozess der Aktivierung von Schemata unter dem Einfluss des Input beschrieben:

> „Einlaufende Information aktiviert bestimmte Schemata (bottom-up). Die aktivierten Schemata führen ihrerseits zu bestimmten Hypothesen bezüglich der zu erwartenden Information (top-down)". (vgl. Mandl, Friedrich und Hron, 1988 in: C. Finkbeiner, 2005:156) [262].

Daraus geht hervor, dass die Textverarbeitung in der modernen Lesedidaktik die Textverarbeitung gleichzeitig als sprach- und vorwissensgesteuerter konstruktiven Prozess betrachtet wird (vgl. G. Rickheit, S. Weiss/ H.-J. Eikmeyer, 2010:63) [263].

Der Top-down-Prozess besteht in der einen

> „absteigende[n], schemageleitete[n] Textverarbeitung, bei der das Vorwissen des Lesers, repräsentiert in Modellen, Konzepten und Schemata, die Grundlage der Interpretation und Deutung des Textes ist". (N. Neckermann, 2001:51) [264].

D.h., dass bei der [vor]wissensgeleiteten Verarbeitung die Summe aus Welt- und Sprachwissen des Lesers als auch Verstehens- und Textverarbeitungsstrategien eine übergeordnete Rolle spielt. Bei dieser Art der Verarbeitung von Textinformationen geht man „von oben nach unten" vor, vom allgemeinen Verständnis zum detaillierten, vom vorwissensgeleiteten globalen Erschließen des Textes zur Bedeutung der einzelnen Wörter. Zusammenfassend kann man sagen, dass das top-down-Modell ein Problemlösungsverfahren darstellt. Man läuft einen Weg vom groben Verstehen des Inhalts eines Textes zu detaillierten Verstehen von Einzelaussagen durch.

> „Verstehen auf höheren Textebenen erleichtert das Verstehen auf niedrigen Textebenen. So können die Lernenden beim wissensgesteuerten Verstehen aufgrund des unmittelbaren Kontextes und ihrer anderen Text- bzw. Weltkenntnisse unbekannten Wortschatz und Verstehenslücken für das Textverständnis selbständig erschließen". (G. Storch, 2009:124) [265].

Das bedeutet, dass „bei der Verarbeitung von Textinformation mentale Repräsentationen des Weltwissens und Sprachwissens aktiviert [werden] und als Hypothesen an die bottom-up-Information herangetragen [werden]". (B.Biechele, 2010:342) [266]. Damit wird das Lesen als eine Art der Vorhersagetätigkeit des Hypothesenbildungsprozesses aufgefasst. Die Kohärenz des Textes entsteht im Kopf des Lesers auf dem Weg von einem mentalen (richtigen oder falschen) Modell hin zur propositionalen Textbasis. Man kann versuchen, den Verlauf der Hypothesenbildungsprozesse bei der Informationsverarbeitung zu skizzieren.

„Verstehen wird als Konstruktion einer umfassenden mentalen Repräsentation des in der Äußerung enthaltenen Sachverhalts betrachtet". (G. Rickheit, S. Weiss, H.-J. Eikmeyer, 2010:61) [267].

Wenn man von top-down-Prozessen spricht, meint man damit, dass die „absteigende[n], schemageleitete[n] Verarbeitungsabläufe" (vom Vorwissen zum Text, vom Text zum Satz, vom Satz zum Wort, vom Wort zum Buchstaben)

„[im] Vordergrund [stehen]" (G. Rickheit, S. Weiss, H.-J. Eikmeyer, 2010:61) [268]. In diesem Sinne kann man Lesen als „Interaktion des Weltwissen mit der Textinformation" [betrachten]. „Neue Sachverhalte, die explizit nicht im Text enthalten sind, [können] dennoch in der kognitiven Verarbeitung aktiviert werden" (G. Rickheit, S. Weiss, H.-J. Eikmeyer, 2010:63) [269].

Daraus ergibt sich die so genannte „kognitive Wende".

„Die kognitive Wende in der Textlinguistik wird 1981 von Beaugrande/ Dressler eingeleitet…". (E. Schoenke, 1994:82) [270].

Man soll lernen, einerseits alle Textelementen für das Verstehen des Textes zu nutzen und andererseits Texte auf der Grundlage des eigenen Vorwissens zu lesen, „Inseln des Verstehens" zu bilden und auf diesem Weg den Leitgedanken eines Textes zu erfassen.

Im Kopf jedes Menschen sind mentale Wissensstrukturen(z.B. Schemata [Skripts, Framen]) gespeichert, die für die Auswahl, Organisation und Interpretation von Informationen verantwortlich sind. Das Verstehenspotenzial hängt von gespeicherten Schemata ab (vgl. G.Storch, 2009:121) [271].

Laut Goodman (1967) (vgl. S. Ehlers, 1998:17) [272], Smith (1978) (vgl. M. Lutjeharms, 1988:85) [273], Johnson-Laird (1985) (vgl. U. Christmann, 1989:87) [274] und Westhoff (1987) (vgl. G.J. Westhoff, 1987:49) [275] ermöglicht die vorwissensgeleitete Verarbeitung die Bildung eines richtigen oder fehlerhaften mentalen Modells, das als weltwissensgesteuert, bildhaft, analog und dynamisch beschrieben wird. Die Basis eines Textes wird in das bereit im Kopf existierende Wissenssystem integriert. Laut Goodman, 1976 in: M. Lutjeharms, 1988:87 [276] kann „Leseprozess als eine Vorhersagetätigkeit" definiert wird. Die Erwartungen des Lesers beeinflussen den Leseprozess und er integriert das Gelesene in seine Antizipationen.

Top-down-Prozesse als induktive Prozesse des Hypothesenbildens wirken auf allen Niveaus der Textverarbeitung. Es geht um das (dank unserem im Kopf gespeicherten Wissen und Erfahrungen) allgemeinen

„Prinzip der Ökonomie der kognitiven Ressourcen". (M. Lutjeharms, 1988:82) [277],

das all unsere Denkprozesse beeinflusst. Z.B. auf der Wortebene kann man als Erscheinung dieser „Ökonomie"

„die Vorhersagbarkeit der Wörter durch den Kontext" [betrachten] (M. Lutjeharms, 1988:83) [278],

d.h., wenn man beim Satzlesen das nächste Wort oder sogar die nächsten Wörter antizipieren kann, dann geht spricht man von einer „kontextuelle[n] Erleichterung". (M. Lutjeharms, 1988:82) [279]. Auf diese Weise befähigen vorbereitende Denk- und Leseübungen den Leser zur Antizipation des Inhalts.

„Es wird eine Reihe von Erwartungen gebildet. Je informativer der Kontext, desto beschränkter ist die semantische Gruppierung, und das Wort wird daher leichter und schneller erkannt". (vgl. M.Lutjeharms, 1988:84) [280].

Große Rolle spielen dabei Diskurs und Kontext (vgl. Bransford und Johnson, 1972 in: K. Schramm, 2001:66) [281].

„Kontext kommt im Prinzip auf jeder Repräsentationsebene vor". (Townsend/ Bever, 1982:701 in: M. Lutjeharms, 1988:82) [282].

Da man jede Textinformation als situations- und kontextgebunden wahrnimmt, und so entsteht inhaltliche Textkohärenzbildung durch top-down-Prozessen.

„Semantische und syntaktische Kontextinformation erleichtern das Wortentdecken im Satz". (vgl. Marschen-Wilson und Tyler, 1980 in: J. Engelkamp/ H.D. Zimmer, 2006:542) [283].

2.12.7.1 Lesen als Dekodierung/ Bottom- up- Prozesse
bei der Textverarbeitung

Bottom-up-Prozesse der Informationsverarbeitung basieren auf der datengeleiteten, gut automatisierten und schnellen Dekodierung eines Textes. Der Begriff „*bottom-up*" stammt aus der Kognitionspsychologie und bedeutet „von unten nach oben", „vom Detail zum Globalen". Bei diesem Problemlösungsverfahren schreitet man von der Lösung von Einzelproblemen fort zur Behandlung eines Gesamtproblems. Nach diesem Prinzip der Informationsverarbeitung läuft man einen Weg von einzelnen Wortbedeutungen hin zur vollständigen Texterschließung.

Bei allen Bottom-up-Modellen geht es um die „Gewinnung von Information aus Daten" (vgl. P. Zimbardo/ R. Gerrig/ S. Hoppe-Graf, 1999:143) [284]. Bei dieser inputgesteuerten Verarbeitung wird als Forschungsgegenstand auf rein Textdaten basierte Dekodierung betrachtet.

Der Bottom-up-Prozess besteht in der einen

„aufsteigende[n], text- oder datengeleitete[n] Verarbeitung, bei der explizite Textinformationen von unten den Aufbau von Konzepten, Schemata und mentalen Modellen beim Leser steuern". (N. Neckermann, 2001:51) [285].

Die aufsteigenden Verarbeitungsabläufe stehen im Vordergrund des geübten Verstehensvorgangs des erfahrenen Lesers (vgl. G. Rickheit, S. Weiss, H.-J. Eikmeyer, 2010:60-61) [286].

Die bottom-up-Prozesse basieren auf dem Verstehen von Prinzipien der Kombination lexikalischer Einheiten. Dank dieser Prozesse Vorwiegend dank dem bottom-up-Prozessen (Lesen auf der Grundlage von Textinformationen) ist Kohärenzbildung beim Textlesen möglich.

Bei dieser datengeleiteten Verarbeitung spielt das Verfahren der Synthese eine entscheidende Rolle bei der Suche nach Aussageninhalten und der Bildung einer propositionalen Repräsentation. Aus diesem Grund kann man die inputgesteuerte Verarbeitung als ein synthetisches Verfahren betrachten, weil

„es zu synthetischen Sprachdenken angeleitet werden sollte, indem der relativ überschaubare Wortschatz, die Bedeutungsweise der Begriffe, die weit gehende parataktische Syntax dazu zwingen, Sinnaussagen stets aus dem jeweiligen Textzusammenhang zu erschließen". (Herausgegeben vom Ministerium für Schule und Weiterbildung, Wissenschaft und Forschung des Landes Nordrhein-Westfalen: *Hebräisch (Richtlinien und Lehrpläne für die Sekundarstufe II – Gymnasium/ Gesamtschule im Nordrhein-Westfalen)*, 1999:62) [287].

Es geht darum, den Sinn eines Textes auf der Ebene der explizit gegebenen, in einem Text wörtlich stehenden Informationen zu erfassen. So bildet man aus der inhaltlichen Komprimierung des Gelesenen die reine Textbasis. Dabei wird Lesen als Erkennen sprachlicher, phonologischer und lexikalischer Signale (vgl. B. Biechele, 2010:33) [288] und

„Verstehen als Prozess der schrittweisen Extraktion der Bedeutung einer Äußerung" [beschrieben] (G. Rickheit, S. Weiss, H.-J. Eikmeyer, 2010:61) [289].

Zusammenfassend kann man sagen, dass das Lesen z.B. in der Grammatik-Übersetzungs-Methode (GÜM) dank bottom-up-Prozessen als ein datengeleiteter und analytischer Prozess betrachtet wird.

2.12.7.2 Lesen als Hypothesenbildung/ Top-down- Prozesse bei der Textverarbeitung

Das Prinzip der Voraussage der semantisch wahrscheinlichen Wörter basiert auf den Top-down-Prozessen. Man geht davon aus, dass

„einige Möglichkeiten für das Auftreten einen bestimmtes Wortes wahrscheinlicher sind als andere, und dieser verschiedene Grad von Wahrscheinlichkeit den Decodierungsvorgang beim Lesen [beeinflusst]". [D.h., dass] „die semantische Vereinbarkeit, die aber auch syntaktisch bedingt ist, zu Erwartungen [führt], z.B., erwarten wir bei „Wein" „trinken" (nicht essen)" (vgl. Agricola, 1975 in: M. Lutjeharms, 1988:86) [290].

Das dank der Top-down-Prozesse existierende Prinzip des Nachvollziehens der fehlenden Textinformationen besteht darin, dass

„wir nicht jeden Buchstaben oder jedes Wort wahrzunehmen brauchen, um Texte verstehen zu können". (M. Lutjeharms, 1988:86) [291].

Auf diesem Gedanken basiert die Erstellung von allen Lücken-Tests, z.B., C-Test (vgl. Raatz/Klein-Braley, 1981 in: M. Lutjeharms, 1988:86; vgl. R. Grotjahn, 2003:106) [292].

Zahlreiche Forschungsergebnisse bestätigen, dass

„die Verarbeitung von Wörtern im Kontext leichter als die von Einzelwörtern oder Wortlisten ist, und dabei zeigen sich keine Unterschiede zwischen geübten und schwachen Lesern" (vgl. Perfetti/Lesgold, 1977:158; vgl. Stanovich, 1980:50 in: M. Lutjeharms, 1988:83) [293].

Der Kernpunkt besteht darin, dass

„ein vorhersagbarer Kontext die Informationsverarbeitung erleichtert" (M. Lutjeharms, 1988:86) [294].

Bei der Top-down-Verarbeitung von Textinformationen findet eine Interaktion von den vertikalen und horizontalen Prozessen statt (vgl. Karcher, 1985 in: K. Schramm, 2001:82) [295]. Unter dem vertikalen Prozessen versteht man den Weg vom Allgemeinen zum Einzelnen von oben nach unten: von der Textebene durch die Satzebene hin zur Wortebene. Die horizontalen Prozesse basieren auf der Zusammenwirkung im Gedächtnis von deklarativem und prozeduralem Wissen. Das deklarative Wissen ist das Wissen über Regeln, Fakten, Daten, Begriffen, das im semantischen Gedächtnis gespeichert ist. Es ist eine Grundlage zur Entwicklung von Kompetenzen. Das prozedurale Wissen ist Wissen über Prozesse und Handlungsabläufe, das durch Erfahrungen automatisiert ist. Dieses Wissen ist im prozeduralen Gedächtnis gespeichert sind und dient als Basis für Performanzen.

2.12.8 Die Inferenzbildung

2.12.8.1 Die Inferenzbildung auf der Grundlage der top-down Prozessen

„Im Gegensatz zu früheren Modellvorstellungen der zyklischen Textverarbeitung bilden die Inferenzen einen integralen Bestandteil der Sprachverarbeitung, so dass das Weltwissen des Rezipienten nicht als Ausnahme, sondern als Regelfall angesehen wird". (G. Rickheit, S. Weiss, H.-J. Eikmeyer, 2010:62) [296].

Im Zentrum aller Top-down-Modelle steht der Begriff „Inferenz". Inferenz kann man als Schlussfolgerung aus nicht explizit gegebenen Informationen definieren.

Die Hauptaufgabe der Inferenzbildung besteht in der Ergänzung und Bereicherung von Textinformationen und dem Schließen von Lücken in Textinformationen (z.B., bei der mangelnden Kohärenz eines Textes) oder des Leserwissens. Auf einmal ähnlichen Gedanken basiert das elaborative Situationsmodell von Kintsch (1998) (vgl. J. Mokhlesgerami, 2004:23) [297]. Beim Lesen Inferenzen ermöglichen kulturell angemessenen Elaborationen („dank kulturspezifisches Wissen") (vgl. K. Schramm, 2001:67-68) [298].

2.12.8.2 Die Inferenzbildung im Licht der schematheoretischen Konzepte

Schematheoretische Konzepte, die im semantischen Gedächtnis gespeichert sind, befähigen die Menschen zur Inferenzbildung.

> „Semantische Konzepte sind kognitive Einheiten, die eng mit dem relevanten Weltwissen verbunden ist. Bei der Verarbeitung der Konzepte werden nicht nur diese selbst, sondern auch relevante Teile des mit ihnen verknüpften Wissens in Inferenzprozessen aktiviert". (G. Rickheit/ H. Strohner, 1993:230) [299].

Semantische Konzepte verbinden sich in semantischen Netzwerken. Der Hypothesenbildungsprozess besteht in der Aktivierung dieser semantischen Netzwerke.

> „Die automatische Aktivierung einer Stelle des Netzwerkes für ein bestimmtes Wort erleichtert die Aktivierung im Gedächtnis semantisch naher Stellen". (vgl. Stanovich, 1980; vgl. Luria, 1976 in: M. Lutjeharms, 1988:83) [300].

Das Sprachenlernen kann in Form von Netzwerk dargestellt werden. Einerseits heißt es, dass im semantischen Netzwerk verbundene Inhalte im Kopf gespeichert und andererseits, dass im Laufe der Kommunikation soziale Netzwerke von Menschen gebildet werden.

> „In der Konstruktions-Integrationstheorie (Kintsch und van Dijk, 1978) wird das Wissen als semantisches Netz aufgefasst, dessen Knoten Konzepte und dessen Kanten Assoziationen darstellen". (G. Rickheit, S. Weiss, H.-J. Eikmeyer, 2010:61) [301].

Diese semantischen Netze unterliegen den räumlichen und zeitlichen Bedingungen und werden sowohl verbal als auch nonverbal gebildet und inhalts- und situationsgebunden.

> „Das heißt, dass dem semantischen Feld eine zusammenhängende Struktur entspricht" (Hörmann, 1976:112 in: M. Lutjeharms, 1988:83) [302].

Der Leseprozess lässt sich auffassen als eine Interaktion von drei Faktoren: das vorwissensgesteuerte Worterkennen, die konzeptuelle Fähigkeit des semantischen Gedächtnisses und die schemageleitete Wahrnehmungsautomatisierung auf der Grundlage von Hintergrundwissen (vgl. Bransford und Johnson, 1972 in: K. Schramm, 2001:66) [303]. Man kann sagen, dass die Vertrautheit mit dem Thema sowie kognitive und metakognitive Strategien eine entscheidende Rolle in top-down-Prozessen spielen.

2.12.8.3 Der Aufbau von mentalem Modell als das Ergebnis der Kohärenz- und Inferenzbildung

Als Ergebnis der top-down-Prozesse kann man den Aufbau des mentalen Modells betrachten. Unter einem mentalen Modell versteht Johnson-Laird

> „eine mentale Repräsentation der in einer Äußerung explizit oder implizit gesprochenen Objekte, Relationen oder Sachverhalte". (Johnson-Laird, 1983, 1989 in: G. Rickheit, S. Weiss, H.-J. Eikmeyer, 2010:63) [304].

Vor, während und nach dem Lesen entwickelt man ein mentales Modell von Texten. Wenn man ein mentales Modell vor dem Lesen eines Textes bildet, geht es um das Antizipieren des Textinhalts aus dem Titel oder den dem Text beigefügten Bildern, Grafiken oder Statistiken. Wenn ein mentales Modell während der Textrezeption entsteht, dann kann man den

> „Leseprozess als stufenweise Veränderung mentaler Modelle" (G. Rickheit, S. Weiss, H.-J. Eikmeyer, 2010:63) [305]

definieren. Wenn dieses mentale Modell nach dem Lesen erstellt wird, dann bemerkt man einen

> „hohe[n] Abstraktionsgrad der mit Zeitabstand reproduzierten Erzählungen" (G. Rickheit, S. Weiss, H.-J. Eikmeyer, 2010:63)[306].

Daraus folgt: je mehr Zeit nach dem Input vergeht, desto weniger wird die Konkretheit der gespeicherten Informationen.

Wenn man einen Text nach dem abgeschlossenen Leseprozess reflektiert, können zwei Arten vom mentalen Modell entwickelt werden, die vom Zeitfaktor abhängig sind. Das erste mentale Modell bildet man gerade nach dem Abschluss des Lesens und es entspricht mehr der Textinformationen als das zweite Modell, das mit einem großem Zeitabstand erstellt wird und das durch vielfältige Inferenzen und Elaborationen bereichert wird. Beim Lesen wird ein mentales Modell durch das Interagieren von 2 Faktoren aufgebaut: von der Kohärenz, die vom Verständnis des inhaltlichen Zusammenhangs eines Textes abhängt (vgl. K. Schramm, 2001:69) [307], und von der Inferenz, die aus der Integration von neuen semantischen Informationen in einen gegebenen Kontext resultiert (vgl. Rickheit und Strohner, 1990 in: K. Schramm, 2001:69) [308].

Es gibt verschiedene Arten von Inferenzen. Kintsch (1998) grenzt die intendierte Inferenzen von den elaborativen Inferenzen ab.

> „Kintsch (1998) unterscheidet zwischen Inferenzen, die Informationen zu Text hinzufügen, indem diese einfach aus dem Gedächtnis des Lesers abgerufen werden [d.h. intendierte Inferenzen], und solchen, bei denen tatsächlich neue Informationen [nicht textbezogene] abgeruft werden [elaborative Inferenzen]". (J.Mokhlesgerami, 2004:23) [309].

Intendierte Inferenzen zieht man auf Wort, Satz- und Diskursebenen in Bezug ausschließlich innerhalb eines Textes. Man macht intendierte Inferenzen, wenn man

> „Bedeutungen aus dem Kontext [inferiert]". (M. Lutjeharms, 1988:88) [310].

Elaborative Inferenzen gehen dagegen über den Text hinaus (Analogien, Metaphern, Vergleiche) und entstehen assoziativ auf der Grundlage des Weltwissens. Man kann Elaboration charakterisieren als eine

> „besondere Art von Inferenz, die weit über Textinformation hinausgeht". (vgl. Wolff, 1990 in: K. Schramm, 2001:70) [311]. Zusammenfassend kann man sagen, dass die „Inferenzbildung eine große Rolle in Diapason von der Überbrückung von Kohärenzlücken bis zum Aufbau mentaler Modelle [spielt]". (vgl. K. Schramm, 2001:69) [312].

2.12.8.4 Drei Etappen des Leseverstehens: Hypothesen-, Kohärenz- und Inferenzbildung

Beim Prozess des Verstehens vom Gelesenen kann man drei Etappen ausmachen.

> „Es wird weiterhin angenommen, dass am Aufbau der Textoberfläche, der Textbasis und des Situationsmodells verschiedene Verarbeitungsprozesse beteiligt sind". (Ballstaedt, 1997; Friedrich, 2009; Schnotz, 2006 in: S. Schlag, 2011:14) [313].

Die erste Etappe des Verarbeitungsprozesses ist das *Vorverständnis* und besteht in der Vorwissensaktivierung über noch nicht gelesene Textinhalte. Das Vorverständnis ermöglicht die Voraussagen bzw. Antizipation der Textinformationen im Sinne der Hypothesenbildung. Die zweite Etappe dieses Prozesses ist das *Sinnverstehen* und beinhaltet das Erfassen der Tiefenstruktur eines Textes, d.h. der Leitgedanken in ihren inneren Sinneszusammenhang für die Bildung einer kohärenten Textbasis. Der Unterschied zwischen Vorverständnis und Sinnverstehen besteht darin, dass das Vorverständnis als vorwissensgeleitetes Verständnis den top-down-Prozessen entspricht und das Sinnverstehen als datenbezogenes Verständnis mit der explizit gegebenen Informationen den bottom-up-Prozessen übereinstimmt. Die dritte Etappe, in der Textinhalte unter den Prämissen eigener Vorstellungen für die Bildung eines eigenen mentalen Modells auf der Basis von Inferenz- und Elaborationsprozessen verarbeitet werden, wird als *Interpretation* bezeichnet. Sinnverstehen und Interpretation unterscheiden sich dadurch, dass man das unmittelbare Erfassen des expliziten und impliziten Sinnes eines Textes abgrenzt von der eigenen Ausarbeitung der gesammelten Daten zum mentalen Modell. (siehe Anhang 7: Tabelle: Drei Arten des Verstehens S. 136 und Anhang 8: Schema: Vorverständnis ist mit den Texterwartungen (Hypothesen über Inhalt des Textes) gleichgesetzt S. 136). Diese Etappen stimmen den mentalen Operationen beim Textverstehen überein. Das Verstehen ist ein interaktiver und kognitiver Prozess, der auf das Erkennen von Sinnstrukturen und Sinnzusammenhängen ausgerichtet ist (vgl. C. Finkbeiner, 2005:164) [314]. Mit dem Begriff „Verstehen" können die unterschiedlichen kognitiven Vorgänge bezeichnet werden. Dem Vorverständnis entsprechen die Prozesse der Hypothesengenerierung und des Antizipierens von Textinhalten. Dem Sinnverstehen sind die Prozesse der Wahrnehmung und Verarbeitung der expliziten Informationen eines Textes zuzuordnen. Um das Gelesene in der Fremdsprache zu verstehen und gedanklich zu verarbeiten, muss man die unbekannten Wörter klären, den Aufbau eines Textes bzw. die logische Struktur der Argumentation beachten und die im Text angeführten Begründungen und Beispiele in Verbindung setzen.

> „Sinnverstehen richtet sich auf die semantischen Gehalte der Rede, aber auch auf die schriftlich fixierten.... enthaltenen Bedeutungen, soweit sie prinzipiell in Rede „eingeholt" werden können". (J. Habermas, 1971 in: K. Brinker, 2001:47) [315].

Das bedeutet, dass man auf der zweiten Etappe aus dem Gelesenen eine kohärente Textbasis bzw. die impliziten Bedeutungen herausarbeitet. Das Interpretieren wird von Prozessen des Ausarbeitens und Auslegens der Textinformationen bestimmt. Auf diese Weise können alle Deutungen und Interpretationen sowie alle im Kopf entstandenen mentalen Modelle Resultate des richtigen oder falschen Verstehens werden.

2.13. Die Auswahl und Einsatz von unterrichtsmethodischen Prinzipien im Hebräischunterricht

> „Prinzipien[können] als Orientierungen für Vorgehensweisen im Fremdsprachenunterricht gelten können. Beispielhaft seien genannt: lerner-, erfahrungs-, bedürfnis-, realitäts-, reflexions-, handlungs-, prozessorientiert, kooperativ, interaktiv, inhalts-, aufgabenbezogen, ganzheitlich, kognitiv-bewusst, autonom-individuell (vgl. dazu u. a. Henrici/ Herlemann 1986, 290ff; Brown 1994, 80-83; Wolff 1994, 423-427)". (G. Henrici, 2001b:851) [316].

2.13.1 Die Erarbeitung von unterrichtsmethodischem Konzept

Jeder Lehrer erarbeitet erfahrungsgemäß sein eigenes Konzept für eine effiziente Verbindung der Unterrichtsprinzipien hinsichtlich der Ziele und Aufgaben des geplanten Unterrichts.

„Diese Prinzipien haben durch ihren hohen Allgemeinheitsgrad den Vorzug, an spezifische Lernsituationen angepasst werden zu können". (G. Henrici, 2001b:851) [317].

Eine solche Kombination ermöglicht eine Stärkung des Unterrichts bei der Aneignung und weiteren Entwicklung der rezeptiven als auch produktiven sprachlichen Fertigkeiten und bietet einen sicheren Weg bei der Fremdsprachenvermittlung: Sie führt zur Reflexion über Sprachphänomene und zur Analyse von gelesenen Texten (*Bewusstheitsprinzip*), sie berücksichtigt das Erlernen neuer Wörter im Sinnzusammenhang in Bezug auf die semantische Kohärenz (*Situativitätsprinzip*), sie dient der Aktivierung der Lernenden in dem Unterricht und erkennt deren Selbständigkeit und Kreativität an (*Lernerautonomieprinzip*).

Das Ziel der kreativen Verwendung der Prinzipien ist es, ihre Schwerpunkte zu verbinden, um die Effektivität des Hebräischunterrichts zu fördern. Neben der Entwicklung von rezeptiven Fähigkeiten (Lesen, Schreiben, Übersetzen), die für das weiteren Literaturstudium in der Masterphase „Jüdische Studium" an der Universität relevant sind, spielt der Erwerb sowohl der produktiven Fertigkeiten (vor allem der Sprechfertigkeit) eine zentrale Rolle.

Die erfolgreiche Integration von vier Fertigkeiten in ein Unterrichtskonzept ist die wichtigste Voraussetzung für den effizienten Hebräischunterricht, denn Lernende

„wollten aber ….nicht nur Grammatikkenntnisse erwerben und Lesen und Übersetzen einüben, sondern sich mit anderen Leuten im alltäglichen Leben …. verständigen lernen". (G. Neuner/ H. Hunfeld, 2004:72) [318].

2.13.2 Die Integration von Prinzipien in den Hebräischunterricht

2.13.2.1 Das Bewusstheitsprinzip im Kognitivierungsverfahren: Die bewusste Einsicht in die Sprachstruktur

Auf diesem Weg muss man lernen, die Struktur des Hebräischen zu verstehen, diese bewusst zu verarbeiten, sie einzuüben und anzuwenden, nicht nur für das Schreiben, sondern auch für das sprachlich korrekte Sprechen.

„Der Gebrauch von Sprache im Unterschied zum Verstehen von Sprache die Lernenden dazu zwingt, nicht nur auf inhaltliche Aspekte zu achten, sondern Sprache auch formal zu verarbeiten. Es ist möglich, Sprache ohne formale (syntaktisch-morphologische) Analyse zu verstehen. Der Sprachgebrauch zwingt die Lernenden zur Beachtung der sprachlichen Ausdrucksmittel". (G. Henrici, 2001a:736) [319].

Das richtige Sprachverhalten erreicht man nicht aufgrund reiner Imitation, sondern auf kognitive Art und Weise: der Lernende führt auf der Grundlage der erworbenen Grammatikkenntnisse ein bewusstes Monitoring eigener

Sprachäußerungen durch. Da die Kenntnisse der sprachlichen Regularitäten bzw. ihrer richtigen und automatisierten Einsatz bei der Sprachverwendung eine entscheidende Rolle spielen, sind grammatische Übungen gerade für die Sprachproduktion bedeutend.

„Grammatische Phänomene [sollen] in Relation zu ihren situativ relevanten Funktionen bearbeitet werden". (U. Bredel, 2007:229) [320].

Die Lehrstoffprogression im Unterricht erfolgt nach einem hermeneutischen Prinzip kontinuierlich vom Einfachen zum Schwierigem: erst werden strukturell einfache, dann strukturell schwierige Formern erlernt. Die Lernenden müssen wissen, warum bestimmte Ausdrücke und Strukturen wichtig sind und wie die Sprache in ihrer Form und Struktur organisiert ist.

Für Studierende, die die Fremdsprache im Erwachsenenalter erlernen, ist richtiges Sprechen und Schreiben ohne bewusste Sprachverarbeitung bzw. gewisse Grammatikkenntnisse kaum möglich.

„Grammatikübungen bilden die Verbindung zwischen anfänglichem Verstehen und freier Produktion fremdsprachlicher Strukturen". (H. Raabe, 2007:283) [321].

Daraus folgt, dass gute Grammatikkenntnisse sowohl für die schriftliche Produktion als auch für die mündliche Kommunikation hilfreich sind. Da den Grammatikregeln eine wesentliche Bedeutung zukommt, wird die Grammatik im Unterricht in der Ausgangssprache der Gruppe bzw. der Muttersprache der Lernenden vom Lehrer explizit erläutert.

Die bewusst richtige Anwendung von Grammatik und Strukturen der Sprache in der alltäglichen Kommunikation ist ein Beispiel für die Verwendung des auf der Bewusstheit des Sprachenlernens basierenden Kognitivierungsprinzips.

„Sprachbewusstheit, die eine Bewusstheit der Sprachlernprozesse.... kann....bereits bei der parallel zum Fremdsprachenunterricht verlaufen den Individualisierung von Lernprozessen begleitend und kompetenzausbauend genutzt werden". (L. Schmelter, 2012:190-191) [322].

Der weitere Schritt besteht in der Automatisierung des Einsatzes des erworbenen Wissens, d.h. im Übergang von der Sprachkompetenz zur Sprachperformanz.

2.13.2.2 Das Situativitätsprinzip und die thematische Gliederung des Lehrbuches

Der freie Sprachgebrauch ist ein übergeordnetes Ziel jeweiligen Fremdsprachenunterrichts und kann durch den Einbezug von Alltagsthemen und –dialogen in den lebensnahen Situationen realisiert werden.

„Jeder kompetente Sprecher einer Sprache wählt, je nach Situation und Intention, aus dem Reservoir seiner Ausdrucksweisen das Register aus, das ihm der Situation angemessen scheint". (U. Multhaup, 1995:23)[323].

Man lernt Hebräisch bewusst und zielorientiert, um die im Unterricht erworbenen Sprachkenntnisse in den zielsprachlichen Interaktionen (innerhalb Israels) einsetzen zu können. Aus diesem Grund sollte der Lehrer Lehrbücher mit einer deutlichen thematischen Gliederung auswählen, z.b. Gilboa, Shula (2010): *Hebräisch (Sprachkurs Plus) (systematisch, schnell und gut)*. Cornelsen Verlag. Berlin [324]. Dieses Buch ist zweisprachig (Hebräisch-Deutsch) und hat eine deutliche thematische Gliederung. Das Buch beinhaltet ein authentisches, aktuelles Material und ist somit auf die Bewältigung des alltäglichen Problems innerhalb des Ziellandes ausgerichtet (z.b. Einkaufen, Verkehr usw.). Das zentrale Thema dieses Buches ist Land und Leute. Die neuen Wörter werden in Dialogen eingeführt, die als Audio -CDs dem Buch beigelegt sind. Die Zielsprache wird in diesem Buch als Verständigungsmittel betrachtet, und der Dialog dient als Modell des Alltagsgesprächs. Der Inhalt des Buches orientiert sich an typischen Alltagsthemen: Arbeit, Einkaufen, Freizeit bzw. Hobby und Tourismus mit dem Ziel, sprachliche Performanz im Sinne von Sprachkönnen zu erwerben und zu trainieren. Deswegen werden

> „in den Lektionstexten Themen und Situationen der alltäglichen Wirklichkeit – z.B. Zimmersuche; eine Verabredung zudem Kinobesuch; auf der Post; indem Reisebüro – darzustellen und manche Texte in Gesprächform, d.h. dialogisch zu gestalten". (G. Neuner/ H. Hunfeld, 2007:72) [325].

2.13.2.3 Das Kontextualisierungsprinzip

Man lernt hebräische Wörter nicht getrennt in Wörterlisten, sondern in Sätzen, in einem sinnvollen situativen Zusammenhang. Auf diese Weise erschließt sich ihre Bedeutung und der Lernende kann sie sich gut merken. Der Hebräischvermittlung liegt das „situative Prinzip" zugrunde. Gemäß „situational teaching"

> „macht es keinen Sinn, die Sprachformen losgelöst von den Situationen zu studieren, in denen sie vorkommen". (U. Multhaup, 1995:23) [326].

Unter „Wortwissen" ist mehr als das bloße Erfassen der Wortbedeutung zu verstehen. Man sollte sich vorstellen, in welchem inhaltlichen Zusammenhang bestimmte Wörter angetroffen werden und nach welchen syntagmatischen Prinzipien die Kohäsionsbildung erfolgt. Auf diese Weise lernt man nicht nur die Bedeutung, sondern auch den Gebrauch der Wörter, sodass man um sie beim Sprechen selbständig und richtig verwendet. Beispielsweise lernt man in abwechslungsreichen Übungen des Buches *Sprachkurs Plus Anfänger Hebräisch* die Wörter im Kontext. Es ist viel einfacher, Wörter, die zum selben Sachgebiet gehören und thematisch geordnet sind, gemeinsam zu lernen.

2.13.2.4 Die Aneignung und Erweiterung des Vokabulars

Den Wortschatz erwirbt man durch Lesen/ Hören, d.h. auf eine indirekte Weise. Die Lernenden verwenden eine Lern - CD, um Sprachmuster einzuüben und um die richtigen Sprachgewohnheiten zu entwickeln.

Man wählt die Wörter zum Lernen nicht willkürlich aus, sondern nach bestimmten Prinzipien.

> „In der Fremdsprachendidaktik werden für die Auswahl der Wörter für den Grund- und Aufbauwortschatz und damit für die Beurteilung der „Wichtigkeit" eines Wortes die folgenden Kriterien angewendet: a) seine Vorkommenshäufigkeit (frequency); b) sein Vorkommen in verschiedenen Textsorten/Registern (range); c) sein Wert für die Definition anderer Wörter bzw. seine Bedeutungsbreite (coverage); d) seine Verfügbarkeit in bestimmten Situationen (availability) und e) seine Erlernbarkeit (learnability)" (Mackey, 1965 in: U. Multhaup, 1995:56) [327].

Das bedeutet, dass man mit der Aneignung der 200 geläufigsten Wörter in der Lage ist, den Sinn eines auf den direkten und eindeutigen Äußerungen basierten Alltagsgesprächs zu erfassen.

> „Die Hälfte der deutschen Texte besteht aus den 200 häufigsten Wörtern (Hörmann 1970 S. 88 nach Meier 1964). „Die 30 am häufigsten vorkommenden Wörter…machen fast ein Drittel aller Texte aus"". (M. Lutjeharms, 1988:86) [328].

Damit eigenständige kommunikative Erfahrungen erfolgreich zu machen, wird ein aktives Wortschatzwissen (ca. 200 – 500 Wörter) vorausgesetzt. Diese Lexik ist notwendig für das Erfolg versprechendes Handeln.

In den meisten Lehrbüchern zur Sprachvermittlung wird eine Verknüpfung zwischen den Inhalten von Texten und den Lebenserfahrungen von Menschen hergestellt. Aber nicht jeder Text eignet sich gleich gut für den Fremdsprachenunterricht. Es gibt so genannte „inhaltlich leere Texte", die keine nützlichen Informationen für Lernenden liefern und die sogar demotivieren können. Die Bücher sollten kreative Impulse vermitteln, die Intuition weiterentwickeln und wertvolle Informationen über die Stimmigkeit von Situationen und sinnvollen Entscheidungen geben.

2.13.2.5 Der Sprechfertigkeitserwerb

Der Erwerb der Sprechfertigkeit bzw. der Genauigkeit, Flüssigkeit und Kohärenz des Sprechens spielt eine wesentliche Rolle im Hebräischunterricht. Man soll in der Lage sein, die alltägliche Wirklichkeit im Zielland in der Zielsprache zu bewältigen und mit Themen wie Hotelsuche, Telefongespräch usw. umgehen können. Dazu dienen die richtig ausgewählten Lehrbücher, die kommunikative, interaktive und kreative Übungen beinhalten.

> „Dazu kann die Fortsetzung der Entwicklung von Kurzdialogen in Rollenspielen beitragen, die durch unterschiedlich ausweitbare Szenarien etwa aus dem Alltag wie z.B. Autopanne, ... Kaufgespräche, Planung von Freizeitaktivitäten etc. die Handlungs- und Kommunikationsspielräume erweitern". (W. Pauels, 2007:304) [329].

2.13.2.6 Lesenorientierung und Leserorientierung: Lesen heißt Verstehen

Im Gegensatz zum mühsamen übersetzenden Lesen müssen Lernenden in der Lage sein, Texte ohne Wörterbuch zu verstehen und zu analysieren. In einem ersten Schritt sollte man sich bemühen, die Globalaussage eines Textes zu erfassen (statt wort-wörtliche Dekodierung). Die weiteten Schritte bestehen in der Konkretisierung der schon grob erfassten Textinformationen.

Die richtig oder falsch ausgewählte Lesestrategie unterstützt oder behindert den Verstehensvorgang. Denkvermögen, Intellekt und Intelligenz der Lernenden spielen dabei eine wesentliche Rolle.

> „Bei guten Lesern/innen funktioniert die Worterkennung vorwiegend über automatisierte, schnelle und kontextunabhängige Teilprozesse, während sich schlechtere Lesern/ innen mehr auf kontrollierte, langsame und kontextanfällige Teilprozesse verlassen müssen…". (T. Richter/ U. Christmann, 2002:39) [330].

Die Entwicklung der Lexik durch die Analyse längerer Sachtexte ist im Verlauf des Hebräischunterrichts bedeutsam. Man muss bewusst und selektiv Texte lesen lernen, man muss lernen, Wichtiges von Unwichtigem zu unterscheiden, man sollte nicht jedes Wort im Wörterbuch suchen, denn ein unbekanntes Wort muss für ein allgemeines Verstehen des Textes nicht notwendig sein. Man stützt sich beim Lesen gemäß der neuen Lesedidaktik auf Bekanntes und bildet so „die Inseln des Verstehens":

> „Mit der ersten Wahrnehmung setzt sogleich das Bemühen um Verstehen ein, d.h. das Bemühen, einen sinnvollen Zusammenhang herzustellen". (G. Storch, 2009:118) [331].

Die Aufgabe des Lehrers besteht in der Entwicklung eines Leseverstehensvermögens und einer Aufmerksamkeitsfokussierung auf das Wichtigste, um die Lernenden aktiv und methodisch auf das richtige Lesen vorzubereiten. Die bedeutendste Voraussetzung für das schnelle Lesen ist die Wortschatzerweiterung. Der breite Wortschatz ermöglicht den Lernenden dank direkter Worterkennung die unmittelbare Sinnentnahme. (vgl. Thorndike, 1973 in: M. Lutjeharms, 1988:51) [332]. Die zweite Voraussetzung ist eine gute Syntaxkenntnis. Bei der

Worterschließung ist die „Sensitivität gegenüber der Wortstellung" (S. Ehlers, 1998:138) [333] und die Fähigkeit zum Erkennen essenziell. Man sollte fähig sein, sein Vorwissen zu aktualisieren, um die Gedankenkette des assoziativen Gedächtnisses im Gang zu bringen. Das Vorwissen versteht man als einen individuellen Faktor, der sich aus der Summe des vorherigen Wissens und der Interpretationsfähigkeit zusammensetzt. Es geht um die Erwartungsebene des Leseverstehens, d.h. um die Beziehungen zwischen den in dem Text beschriebenen Situationen und unseren daraus resultierenden Erwartungen. Diese Erwartungen beruhen sowohl auf unseren persönlichen Lebens- und Lese- Erfahrungen als auch auf dem Textgenre.

> „Der Leser dekodiert einzelne Textinformationen (oder ganze Informationsblöcke) stets mit dem Blick auf das erwartete globale Textmuster". (W. Heinemann, D. Viehweger, 1991:260) [334]

Die kognitiven Prozesse initiieren das Vorstellungsvermögen. Der menschliche Verstand kann einen bestimmten Mangel an Informationen kompensieren. Die neue, vorwiegend auf top-down-Prozessen basierende Lesedidaktik beinhaltet Ratschläge, wie man das Wissensdefizit durch Vorwissensaktivierung und bewusste Verarbeitung der Textinformationen eines Textes kompensieren kann.

> „Jeder kleine oder große Text aktiviert potenziell all die Informationen, die in unserem Gedächtnis gespeichert sind und aktiviert wird nur im Zusammenhang mit diesem Text". (Hörmann, 1980 in: G. Storch, 2009:118) [335].

Daraus resultiert das Ziel des Lesens im Hebräischunterricht: man soll lernen, den Text mit einem gewissen Anteil von unbekannten Wörtern zu verstehen. Mit einer rationalen Lesestrategie kann man ein Mindestmaß an Verstehen eines unbekannten fremdsprachlichen Textes erreichen.

Bei einem ersten selektiven Lesen eines Sachtextes (z.B. Zeitungstexte) sucht man zunächst nach leicht verständlichen Informationen wie z.B. Zahlen, Bildern und Schemata, weil die Visualisierung des Situationskontextes eine große Verständnishilfe darstellt. Auch Überschriften sowie andere fett gedruckte Wörter dienen dazu, das Verständnis des Textes zu erleichtern. Außerdem muss man lernen, die verschiedenen Merkmale der sprachlichen Gestaltung des Textes zu beachten sowie die Funktion des Textes zu berücksichtigen. Aufgabe ist es, den Inhalt und die Struktur des Textes zu erkennen bzw. die Textgliederung zu betrachten, um die logischen Konsequenzen sowie thematische Zusammenhänge zu verstehen. Auf diese Weise lernt man, zu jedem Abschnitt eine Überschrift zu schreiben und die Kernaussage des Textes in Thesen zu formulieren, um Hauptgedanken, zentrale Ideen oder Behauptungen zu erfassen. Dies hilft dabei, das Gelesene in der Fremdsprache zu verstehen und gedanklich zu verarbeiten.

2.14. Die Unterrichtsstruktur, Unterrichtsphasen und Unterrichtsplanung

2.14.1 Die Unterrichtsstruktur

2.14.1.1 Das Input

Der Unterrichtsverlauf kann in drei Teile gegliedert werden: Input, Intake und Output.

> „Der Begriff Input bezeichnet das schriftliche und mündliche Sprachmaterial, das den Lernenden zur Verfügung steht". (K. Ende/ R. Grotjahn/ K. Kleppin/ I. Mohr, 2013:143) [336].

Die Inputphase ist eine rezeptive Phase, in der die Sprache als Regelsystem gelernt wird. Um die erlernten Regeln zu festigen, macht man selbständig Übungen. Die Rezeptionsstrategien der „lernerorientierten Didaktik" bestehen in der „Annäherung des Input an den Lernerhorizont". (A. Vielau, 1997:82) [337]. Der Frontalunterricht ist lehrerzentriert und „eignet sich insbesondere für rezeptive Phasen". (K. Kleppin, 2002:92) [338]. Das Ziel der Inputphase besteht einerseits in der Vermittlung durch den Lehrer und andererseits in der Aneignung neuer Informationen von den Lernenden. Die Darstellung eines neuen Lernstoffs sollte vom Lehrer so durchgeführt werden, dass das Interesse der Lernenden geweckt wird und sie den neuen Lernstoff auf der Basis schon vorhandenen Wissen wahrnehmen, weil „nur verständlicher Input... lernwirksam [ist]". (A. Vielau, 1997:83) [339]. Da das Lernen als ein Prozess des Konstruierens auf der Grundlage von neuen in der Inputphase erhaltenen Daten angesehen wird, erfolgt der Lernvorgang nach dem

> „Prinzip „I+1" (Krashen, 1985): Der Input sollte den Stand der ...Lerngruppe ... nur geringfügig überschreiten. Je vollständiger die Datenbasis,.... desto leichter kann die Informationen erschlossen werden". (A. Vielau, 1997:83) [340].

2.14.1.1.1 Das Inputorientierungsprinzip und Lehrbücherauswahl

Tabelle 3: Bücher für Modernhebräisch (siehe Anhang 10: Lehrbuchanalyse. S. 138)

Inputorientierung	Autor	Buch
Wörterbuch	Lavy, Jaacov	*Handwörterbuch Deutsch-Hebräisch Hebräisch-Deutsch.* Langenscheidt. Berlin. (1980).

Lehrbücher	Simon, Heinrich	*Lehrbuch der modernen hebräischen Sprache* *(8., unveränderte Auflage).* VEB Verlag. Leipzig. (1986). ISBN: 3-19-005073-2
	ל.י.ריקליס	מורי (1,2חלק) (1989). דפוס תומר. ירושלים
	ליאודה וינבך\ עדנה לאודן\ חנה הרוסי	2000 צעדים ראשונים (1990). תל-אביב ISBN: 965-390-002-1
	הידעם הריאמ	היינש נספדה (2005). "א" !תירבעב תילצהל ביבא-לת

Diese Bücher zielen auf das Training von rezeptiven Fertigkeiten für Erwachsenen ohne Vorkenntnisse im Hebräisch ab und sind deswegen besonders für die ersten Phasen des Hebräischlernens geeignet. D.h., mithilfe dieser Bücher lernt man außerhalb des Ziellandes auf Hebräisch Lesen und Schreiben. Diese Etappe gilt als Vorbereitung für die nächsten, outputorientierten Phasen. Die Studierenden entwickeln ihre produktiven Fertigkeiten meistens auf der Grundlage des schon in der rezeptiven Phase erworbenen Wissens. Dies bedeutet einen Weg zur sprachlichen Performanz mittels der sprachlichen Kompetenz, weil alle Kenntnisse, die in der rezeptiven Phase erworben wurden, in der produktiven Phase im Auslandsemester in realen Situationen in Israel praktisch angewendet werden. Von der Qualität des rein sprachlichen Wissens hängt der Erfolg der zielsprachlichen Kommunikation ab.

2.14.1.2. Die Intake

Nach der Inputphase beginnt die Phase der Intake, in der man den erhaltenen Input dank eigener kognitiver Ressourcen verarbeitet. Mithilfe der im Kopf der Lernenden ablaufenden Konstruktionsprozesse werden die neuen Inhalte in die bereits vorhandenen Wissensstrukturen integriert und dort gespeichert.

> „Erst das Verstehen ... setzt unseren Spracherwerbmechanismus in Gang und macht aus input verarbeitbaren intake". (W. Butzkamm, 2007:54) [341].

Die Intake kann man als individuellen Prozess der Aneignung des neuen Wissens verstehen. Dieser Prozess hängt von dem allgemeinen und sprachlichen Niveau des Lernenden, seinen kognitiven Fähigkeiten und persönlichen Merkmale ab. Daraus folgt, dass die Intake als Prozess der Umwandlung der von Außen in einem bestimmten Kontext eingehenden Informationen zu erworbenem Wissen bei verschiedenen Lernern unterschiedlich abläuft. Wenn die Information aus der Umgebung auf den internen mentalen Mechanismen der Lernenden treffen, dann wird sein individuelles Schema im Kopf aktiviert und die eingehenden Inhalte werden von einem Selektionsfilter überprüft.

„Der Schema-Begriff macht… ein weiteren Aspekt des Verstehens deutlich, seinen konstruktiven Charakter". (J. Engelkamp, 1984:37) [342].

Falls die neuen Inhalte „schemakonsistent" sind (z.B. Dooling & Mullett, 1973 in: H. Mandl/ H.F. Friedrich/ A. Hron, 1988:133) [343], d.h. falls sie den früher gespeicherten entsprechen, dann erfolgt die Wissenserweiterung reibungslos und kontinuierlich. Wenn diese neuen Inhalte aber dem vorhandenen Vorwissen der Lernenden widersprechen, dann kommt es zu einem „kognitive[n] Konflikt" im Kopf (vgl. D.E. Berlyne, 1960 in: H. Mandl/ H.F. Friedrich/ A. Hron, 1988:132) [344] und man lehnt neue widersprechende Information ab oder transformiert die schon vorhandenen Schemata unter dem Einfluss der neuen Daten.

Der Lernende rezipiert das Input lediglich im Rahmen seiner vorhandenen Rezeptionsmöglichkeiten durch die Selektionsfilter, unter denen man in erster Linie Alter, intellektuelles Niveau, Sprachniveau und Lernbereitschaft versteht.

„Auf Seiten des Lernenden wird ein Zustand der Lernbereitschaft vorausgesetzt: Offenheit für Lernprozesse, Interesse, Motivation, eine positive Grundeinstellung, kein zu hoher Affektivfilter. Der Lernende ist im Prinzip bereit, Neues aufzunehmen und sich damit auseinanderzusetzen". (A. Vielau, 1997:86) [345].

2.14.1.2.1 Die Intake beim Lesen

Der Prozess der Intake als Informationsverarbeitung beim Lesen beginnt mit der Kohäsionsbildung. Man versucht, den Sinn des Satzes durch Bottom-up-Prozesse zu erfassen, d.h. die Wörter des Satzes anhand ihrer grammatischen Funktionen (Nomen, Verb etc.) in ihre sinnvolle Verbindung zu bringen. Die Kohäsionsbildung erfolgt im Unterschied zur Kohärenzbildung auf der Ebene der Oberflächenstruktur des Textes.

Wenn man sich beim Lesen bemüht, die Aussageninhalte eines Textes auf der Ebene der Tiefenstruktur miteinander zu verbinden, dann handelt es sich um Kohärenzbildung.

„Nach dem Modell von Kintsch und van Dijk müssen beim Verstehen… neue Propositionen mit früheren verknüpft werden. Dies erfolgt durch das Überlappen von Ausdrücken. Darin besteht das Prinzip der Kohärenz". (J. R. Anderson, 2001:419) [346].

Die Bildung von inhaltlicher Kohärenz erfolgt auf zwei Ebenen: der lokalen und der globalen Ebene. Unter „lokaler Kohärenzbildung" versteht man den inhaltlichen, logischen Zusammenhang von zwei oder drei aufeinanderfolgenden Sätzen.

„Im Arbeitsspeicher werden die Propositionsfolgen zunächst auf Koreferenz überprüft, um Kohärenz nachweisen zu können". (D. Wolff, 2002:153) [347].

Die globale Kohärenz bildet man, wenn die Teile des Textes logisch miteinander verbinden. Die lokale Kohärenz ist eine horizontale Kohärenz und wird auf der syntagmatischen Ebene gebildet. Die globale Kohärenz ist eine vertikale Kohärenz, weil man die Teile des Textes miteinander in eine globale Struktur bringt. Bei der Bildung globaler Kohärenz filtert man aus der Menge von Textinformationen das Wichtigste heraus. Auf diese Weise wird die Textbasis vom Gelesenen geschaffen, die der Tiefenstruktur des Textes entspricht. Diese Textbasis wird im Unterschied zu dem mentalen Modell von allen Lesenden relativ identisch gebildet, durch Inferenzen und Elaborationen erweitert und zu einem *„Situationsmodell"* (vgl. Kintsch/ van Dijk, 1983 in: D. Wolff, 2002:153) [348] / *„mentales Modell"* (vgl. Johnson-Laird, 1983 in: U. Christmann, 1989:87) [349] entwickelt.

> „Die Herstellung von Kohärenz folgt nicht mehr Schritt für Schritt den strengen Regeln der Argumentwiederholung und –einbettung, sondern unter Einbezug des gebildeten Situationsmodells. Es werden also nicht mehr nur benachbarte Propositionen miteinander verknüpft, sondern multiple Verknüpfungen werden möglich". (J. Mokhlesgerami, 2004: 18-19) [350].

Die aus einem Text gewonnene Information wird im Verlauf von Denkprozessen einerseits komprimiert (d.h. in das Langzeitgedächtnis werden lediglich die wichtigsten Inhalte übernommen) und andererseits durch eigene Kenntnisse und Erfahrungen erweitert.

> „Inferieren ist eine Art des Schlussfolgerns durch Hinzuziehen von Weltwissen" (S. Ehlers, 1998:151) [351].

Die Fähigkeit, nicht explizit im Text stehende Informationen nachzuvollziehen und die neuen Inhalte in die alten zu integrieren, ist die Fähigkeit des menschlichen Gehirns zur Inferenzbildung. Die Inferenzen, die man aus einem Text zieht, sind unterschiedlich und hängen von Alter, Bildungsstand und Weltvorstellungen ab. Dies führt dazu, dass ein und derselben Text von verschiedenen Lesern unterschiedlich wahrgenommen bzw. verstanden wird.

Zusammenfassend kann man sagen, dass die Intake als Informationsverarbeitungsprozess beim Lesen besteht aus den Prozessen der Kohäsions-, Kohärenz- und Inferenzbildung, die im Kopf der Lesenden als Wechselwirkung der Bottom-up und Top-down-Prozessen erfolgen.

2.14.1.3 Der Output

Die dritte Unterrichtsphase ist die produktive Phase. Sie wird als Output bezeichnet und setzt die Fähigkeit voraus, in der Zielsprache auszudrücken. Dazu dienen Formen der Unterrichtskommunikation wie Gruppenarbeit, Partnerarbeit

und Lernen in Tandem (vgl. K. Kleppin, 2002: 92-93) [352]. Gerade in der Outputphase stellt der Lehrende reale Ergebnisse des Lehrprozesses fest.

> „Der verbale Output des Lerners ist die wichtigste Informationsquelle, die im Fremd-
> sprachenunterricht für die Kontrolle und Beurteilung des Lernprozesses zur Verfügung
> steht". (A. Vielau, 1997:94) [353].

Von der Wirksamkeit der ersten Phase der Wissensvermittlung (Input) und der
Intensität der zweiten Phase der Aneignung von neuen Unterrichtsinhalten (Intake) hängt der Erfolg der Lernenden in der dritten Phase der Umwandlung des
erworbenen theoretischen Wissens in praktisches Können ab. Die Fertigkeiten,
die Lernende in Gesprächen aufweisen, die Qualität der Fehler, die sie in diesen
Gesprächen machen, sind Indikatoren des Lehrprozesses. Die vom Lehrer ver-
mittelten Inhalte sollten so aktuell und relevant sein, dass sie von den Lernenden für die eigenen kommunikativen Ziele genutzt werden können. So sollen
beispielsweise verbreitete Redewendungen in der eigenen Rede benutzt werden.
Ziel des jeweiligen Kommunikationsvorgangs ist es, den Anderen zu verstehen
und selbst von Anderen verstanden zu werden. Dieses Können wird in der Outputphase trainiert.

2.14.1.3.1 Das Outputorientierungsprinzip und Lehrbücherauswahl

Die praktische outputorientierte Phase beginnt mit dem ersten Sprachkurs in
Israel, wo Studierende die erworbenen Kenntnisse in realen Lebenssituationen (im Gegensatz zu künstlich organisierten Unterrichtssituation) einsetzen
können. Der tatsächliche Anfang dieser Phase beginnt bereits mit der Ermög-
lichung von Unterrichtskommunikation über inhaltlich outputorientierte
Bücher. Diese Bücher haben eine thematische Gliederung und betreffen die
typischen Alltagsthemen, die für erwachsenen Lernenden relevant sind: Arbeit, Einkaufen, Freizeit, Gesundheit. Lehr- und Lernformen sind Lesen und
Hören von Dialogen und kurzen Texten unter Verwendung von Audiomaterial.
Jedes neue Thema beginnt mit einem alltagsnahen Dialog. Die Betonung der
übergeordneten Zielsetzung des Sprachlernens (im Alltag zurechtzukommen)
hat zur Folge, dass man im Unterrichtsverlauf die sprachliche Handlungsfähigkeit im Sinne der Performanz trainieren sollte. Die Sprache, die den Dialogen zugrunde liegt, ist eine informelle Umgangssprache. Um das Sprechen zu
trainieren, wird ein heute gesprochenes Alltagshebräisch in Form von Mini-
Dialogen mit immer wieder anwendbaren Sprechformeln in der Unterrichtspraxis eingesetzt.

Beim outputorientierten Lehren und Lernen können folgende Iwrit-Lehrbü-
cher benutzt werden:

Outputorientierung	Autor	Buch
Einsprachige Lehrbücher	ליאודה וינבך\ עדנה לאודן	שעת העברית (חלק1)) 1990)
	עדנה לאודן\ חנה הרוסי\ רחל שושן\ עידית וולפה	שעת העברית (חלק2)) 1990)
	שרומית חייט\ שרה ישראלי\ הילה קובלינר	עברית מן ההתחלה) 1,2)(חלק1) (1990)
	אליזר תירקל	עברית בקלות (1990)
	שושנה ברוש\ חנה הרוסי\ אביבה חיים\ עדנה לאודן\ עידית עמית	עברית מאלף עד תיו "א") 2006)

Zu den genannten Büchern gehören 2-3 CDs oder Kassetten, sodass man die Dialogen entweder nach dem Hören oder während des Hörens (mit)lesen kann.

Die Lernenden müssen viel Zeit investieren, um sich die richtigen Sprachgewohnheiten anzueignen.

„Im Unterricht beschränkt der Lehrer seine eigene Lehrzeit, wobei 15 % der Darbietung des Lernstoffs gewidmet und 85 % zum Einüben durch die Lerner vorgesehen sind". (W. Bufe, 2006:411-412) [354].

2.14.2 Die Unterrichtsphasen

Die Unterrichtsphasen entsprechen der gesamten Unterrichtstruktur. Das Hebräischlernen unterliegt der allgemein üblichen Reihenfolge und erfolgt in drei Unterrichtsphasen: Einführungsphase, Übungsphase und Anwendungsphase. (vgl. G. Neuner/ H. Hunfeld, 2004:72-78) [355].

In der ersten Phase – Einführungsphase (Input) – fängt der Lehrer mit der Vorwissensaktivierung an. Den Studierenden wird ein Situationsbild aus der israelischen Alltagssituation geboten und der Lehrer schreibt an die Tafel die Wörter, die mit diesem Situationsbild verbundene Assoziationen wecken. Der Lehrer liest den Lernenden einen Dialog zu diesem Bild vor, den sie in der Outputphase nachsprechen, ergänzen und erweitern sollen.

In der zweiten Phase – Übungsphase (Intake) – werden Grammatikübungen durchgeführt. Im ersten Teil der zweiten Phase lernt man die neuen Sprachformen und betrachtet die Regelmäßigkeiten der hebräischen Sprache. Im zweiten Teil der zweiten Phase erhält man vom Lehrer eine Übersicht über die erlernten sprachlichen Gesetzmäßigkeiten in Tabellenform, die der Verallgemeinerung des erlernten Materials dient. Am Ende der zweiten Phase werden die Grammatikkenntnisse gefestigt, um einen fehlerfreien Sprachgebrauch zu ermöglichen. Auf diesem Weg wird die „didaktische" Grammatik zu einer „kommunikativ orientierten" Grammatik überführt.

Die Ziele der dritten Phase – Anwendungsphase (Output) - sind, das erworbene Wissen in der Interaktion anzuwenden, die richtigen Sprachgewohnheiten zu erarbeiten und das erworbene Lernmaterial kreativ einsetzen zu lernen, um Gespräche führen zu können. Somit trainiert man seine Sprechfähigkeit, erweitert das Vokabular und lernt, die Sätze nach einem vorgegebenen Prinzip zu bilden. Die Anwendungsphase ist stark geprägt in der Interaktionsorientierung.

> „Interaktionsorientierung bedeutet u.a., dass die Lernenden durch unterschiedliche Aufgabenstellungen dazu angeregt werden, in einem sozialen Kontext miteinander zu kooperieren. Dies heißt, dass die Lernenden z.b. im Rahmen eines Rollenspiels etwas aushandeln, jemandem überzeugen oder sich gegenseitig informieren." (K. Ende/ R. Grotjahn/ K. Kleppin/ I. Mohr, 2013:144) [356].

2.14.3. Die Unterrichtsplanung

Tabelle 4: Unterrichtsplanung für den Modernhebräischunterricht auf der Grundlage von Kombination von unterrichtsmethodischen Prinzipien

1	Lerngruppe	Studenten, Fachrichtung „Hebräisch"
2	Art der Gruppe	heterogene Gruppe (unterschiedliches Alter, unterschiedliche Herkunftssprache)
3	Art der Hochschule	Universität
4	Niveau der Gruppe	Anfänger
5	Lehrjahr	Erstes Lehrjahr
6	Zielsprache	Modernhebräisch
7	Unterrichtssprache	Hebräisch als Zielsprache Deutsch (als lingua franca für die heterogene Lerngruppe) für Erklärungen der Grammatik
8	Lehrbuch	*Sprachkurs Plus Anfänger Hebräisch*. Cornelsen Verlag. Berlin. 2010. ISBN: 978-3-589-01862-8
9	Kompetenzen	Verbindung von BICS (Hören und Sprechen) und CALP-Kompetenzen (Lesen und Schreiben)
10	Unterrichts-Prinzipien	„aufgeklärte Einsprachigkeit"
		Lehrbuch als Grundlage des Unterrichts

		Bewusste Analyse der grammatischen Phänomene der Zielsprache in der Muttersprache bzw. lingua franca für die heterogene Lerngruppe)
		Anwendung der hermeneutisch begründeten Sprachprogression vom Einfachen zu Schwierigem
		Übersetzung als Nachweis der Sprachbeherrschung (Übersetzungsklausuren)
		Situationsbezug
		Entwicklung der Sprechfertigkeit
		Kontextuelles Wörterlernen
		Strategisches Lesen

11	Art der Unterricht	z.B., Wiederholungsunterricht

12	Lernziele:	Das „Beste" aus den Unterrichtsprinzipien in der Unterrichtspraxis einsetzen
		Linearen und horizontalen Wissensaufbau sichern

13	Unterrichtsverlauf	Zielsetzung/ Absichten formulieren: Wir wollen heute …

14	Unterrichtsphasen	Aufgabe	Material	Zeit
	I. Einführung (Input)	Ich verteile Situationsbilder mit einem Bild aus einer Alltagssituation und bitte die Lernenden, ihre Vermutungen zu äußern	Bilder, Tafel	10 min.
	Phase I. (Intake)	Lesen und Nachsprechen von Dialogen aus dem Buch. Rollenspiel: lesen von verschiedenen Rollen	Lehrbuch	30 min.
	Phase II.I. (Intake)	Ich mache mit der Gruppe mündliche Grammatikübungen Diese Übungen müssen zu Hause von den Lernenden schriftlich nachgearbeitet werden	Lehrbuch	20 min.

Phase II.II. (Intake)	Ich verteile und bespreche die Tabelle, in der die grammatischen Regelmäßigkeiten in übersichtlicher Form zusammengefasst sind		15 min.
Phase III. (Output)	Konversation Wiederholung und Festigung des gelernten Themas im freien Gespräch	-	15 min.

2.15. Die Integration von Prinzipien: Probleme und Defizite

Das in der Unterrichtspraxis eingesetzte Konzept ist immer eine Verbindung von deduktiven (bewusst, analytisch) und induktiven (entdeckend, kreativ, situativ, lebensnahe) Prinzipien. Der bewusste Regelgebrauch und das bewusste Umgehen mit Fehlern lassen ein kognitives lerntheoretisches Konzept in die methodisch-didaktische induktive und outputorientierte, auf Authentizität und Situationsbezug basierte Vorgehensweise der Lernmaterialien integrieren.

Mithilfe dieser Integration versucht der Lehrer, das Lernen über explizite Regelerklärungen sowie Erklärungen über Analogiebildung im einen Lernvorgang zu verknüpfen, um den Lernprozess zu aktivieren und beste Ergebnisse bei den Lernenden zu erzielen.

Das grundlegende Problem besteht in der Uneinheitlichkeit der Gruppenzusammensetzung, weil die Studierenden unterschiedliche Ausgangssprachen haben. Bei den Präsentationen des Lernstoffes in der Inputphase wird die Einsprachigkeit gewählt, aber bei den weiteren Erklärungen kann der Lehrer auf die lingua franca der Gruppe (Deutsch für die Studierenden an deutschen Universitäten) ausweichen:

„Die Heterogenität der Lernergruppen (unterschiedliche Muttersprachen) zwang dazu, die Lernstoffpräsentation und Unterrichtsverfahren einsprachig anzulegen". (G. Neuner/ H. Hunfeld, 2004:72) [357].

Fazit

In dieser Arbeit beschreibe ich die Unterrichtsprinzipien, die prinzipiell fach-übergreifenden Charakter haben. Im Fach Judaistik werden am häufigsten Elemente der oben genannten Prinzipien in einem vom Lehrer erstellten Programm benutzt. Ich bemühe mich darum zu zeigen, dass diese Prinzipien in Hinblick auf die Zielsetzung und Thematik des Kurses ausgewählt werden müssen.

> „Aus Ergebnissen [der Unterrichtsforschung] werden Prinzipien abgeleitet, die als Orientierungen für Vorgehensweisen im Fremdsprachenunterricht gelten können..... Diese Prinzipien haben durch ihren hohen Allgemeinheitsgrad den Vorzug, an spezifische Lernsituationen angepasst werden zu können". (G. Henrici, 2001b:851) [358].

Die Lernerorientierung zielt auf die Entwicklung von Lesekompetenz auf das Lesen von anspruchsvollen Texten auf Hebräisch ab. Falls man auf Modernhebräisch kommunizieren lernen möchte, ist das Prinzip der Outputorientierung sinnvoll, um sich diese Sprache schnell und „anwendungsbereit" anzueignen. Es wird gezeigt, dass die unterschiedlichen Zielvorstellungen und Bedürfnisse die Wahl der passenden Unterrichtsprinzipien bzw. ihrer Mischung im Rahmen des Hebräischunterrichts bestimmen. Auf diese Weise werden der Übergang von einem begrenzten Vokabular geläufiger Wörter zu einem breiten zielsprachlichen Wortschatz und die wachsende Komplexität der mündlichen und schriftlichen Äußerungen zu einem Indikator des Erfolgs des Spracherwerbs.

Ein guter Fremdsprachenunterricht sollte inhaltliche Klarheit, gute Strukturierung und eine Lernorientierung aufweisen. D.h., die im Unterricht vermittelnden Inhalte müssen inhaltlich strukturiert, bedeutungsrelevant und adressatenbezogen sein. Das Prinzip der Aufgabenorientierung besagt, dass die gestellten Aufgaben dem jeweils erreichten Leistungsniveau der Lernenden angepasst werden müssen, um weder zu unterfordern noch zu überfordern. Daher sollte der Unterricht auf ein präzise formuliertes Lehrziel ausgerichtet werden und die geistige und sprachliche Entwicklung der Lernenden durch Üben und sinnvolle Medieneinsätze gefördert werden. (vgl. H. Meyer, 2004:23-66) [359].

Der Unterricht ist erfolgreich, wenn er zu einem systematischen vertikalen und horizontalen Wissensaufbau führt. Unter einem vertikalen Wissensaufbau versteht man Fachwissenserwerb in die Richtung von Basiswissen zu fortgeschrittenem Wissen. Mit einem horizontalen Wissensaufbau ist die Fähigkeit gemeint, das schon erworbene Wissen aus dem einen Bereich in den anderen zu übertragen. (vgl. H. Meyer, 2004:23-66) [360]. Die Leitfrage im jeweiligen Lehrvorgang besteht darin, wie das Wissen vom Lehrer zu den Lernenden übertragen wird. Die Antwort auf diese Frage bestimmt, welcher Aufgabentyp und welche Art von Arbeit angewendet werden.

Das Prinzip der Lernerorientierung wird eingesetzt, um den Fremdsprachenlernvorgang zu optimieren und damit eine persönlich passende Lehr- und Lernmethode zu finden. Dafür sollten die Besonderheiten von Lerntypen der Lernenden beachtet werden.

Der visuell-analytischer Typ lernt durch Sehen im engen und weiten Sinn. Im engeren Sinne weist dieser Typ die Vorliebe für eine optische Verarbeitung des zielsprachlichen Input. Im breiten Sinne wollte er ausschließlich bewusste Einsicht in die Struktur der Zielsprache. Für diesen Lerntyp muss die Information optisch (in Form von Tabellen, Grafiken usw.) dargestellt und sichtbar sein, sodass sie verarbeitet und erinnert werden kann. (vgl. J. Roche, 2005:36)[361]. Der visuell-analytische Lerner hat ein detailliertes Gedächtnis, macht viele Notizen und reflektiert über den gelesenen Informationen. Er ist Theoretiker und neigt zu globalen Überlegungen und abstrakten Konzeptbildungen. Diese Fähigkeiten werden beim Lernen mithilfe der Anschaulichkeitsprinzipien erfolgreich entwickeln

Der auditiv-haptischer Typ hat ein gutes auditives Gedächtnis und lernt durch eigenes Handeln (z.B., durch Sprachspielen). Dieser Typ spricht und hört gerne. Da das Ohr sein starkes Sinnesorgan ist, sollte sein Lernprozess mit Hören und Sprechen im Rahmen einer kommunikativen Aufgabe in Gruppenarbeit verbunden werden. (vgl. J. Roche, 2005:36)[362]. Dieser Typ will das Gehörte ausprobieren und in der Praxis anwenden. Seine Lernziele sind meistens pragmatisch und interaktionsorientiert. Dieser Lerntyp profitiert von handlungsorientiertem Lernen.

Wenn man zu einem gemischten Typ gehört, ist die Zusammensetzung von unterschiedlichen Prinzipien geeignet.

Die Wirksamkeit von jedem Prinzip bzw. der Prinzipienmischung hängt hauptsächlich von vier Faktoren ab: von der Qualifikation der Lehrenden, dem Lerntyp der einzelnen Lernenden, den Merkmalen der Lerngruppe (Alter, Vorkenntnisse, Lerntraditionen, kulturspezifischen Faktoren) und den institutionellen Bedingungen (Zeit, Raum, Ausstattung von Medien).

Der Lehrer, der die bestimmten Unterrichtsprinzipien auswählt, muss zwischen intuitivem und kausalem Lernen unterscheiden.

Das *Kausalprinzip* (Ursache – Wirkung) des menschlichen Denkens lässt sich als analytisch beschreiben. Der Lehrvorgang beruht auf Logik und Vernunft. Eine (Fremd)sprache muss bewusst, durch explizit und konkret formulierte Regeln erlernbar sein. Diese Prinzipien charakterisieren das deduktive Vorgehen. Zu beachten ist, dass das Erwachsenenlernen vorwiegend ein deduktiv-analytisches Lernen ist.

Das induktive Vorgehen bezieht sich auf die direkte Wahrnehmung des emotionalen Gedächtnisses und die Entwicklung eines Sprachgefühls. Dieses Verfahren ist insbesondere für Kinder und Jugendliche geeignet. Induktiv lernen heißt Lernen durch Hypothesenbildung, durch Prüfung und –Bestätigung. Dabei werden auf den ersten Etappen Beispiele gesammelt, auf den zweiten werden Beispiele zugeordnet und zu systematisiert, und auf den dritten Etappe erkennt die Lernende selbst die Regeln und wendet diese an.

Die Betrachtung von Alltagsthemen entspricht dem situativen Prinzip bei der Auswahl von Dialogen.

Die Lerninhalte sollten so dargestellt werden, dass den verschiedensten Lernenden das Aufnehmen, Verstehen und Abspeichern von Informationen erleichtert wird.

Eine große Rolle spielt dabei die richtige Wahl des Lehrbuches. Die Lektionen müssen selbsterklärend dargestellt sein, damit die Lernenden keine Schwierigkeiten haben, dem Unterricht zu folgen und zu Hause selbständig die Lerninhalte nacharbeiten können, was dem Prinzip der Lernerorientierung bzw. Lernerautonomie entspricht.

Es ist wichtig, intelligente Inhalte zu vermitteln. Aus diesem Grund müssen Lektionstexte und Dialoge einerseits interessant und andererseits nützlich für die Lösung der weiteren realen Kommunikationsaufgaben sein.

Das Prinzip der Aufgabenorientierung besagt, dass der Lehrer die Angemessenheit von gestellten Aufgaben berücksichtigen sollte, weil Über- oder Unterforderung die Lernenden demotivieren und ermüden.

Die Integration der Kompetenz in die Performanz beinhaltet einerseits den Erwerb des reinen Sprachwissens und andererseits die praktischen Umsetzung von erworbenem Wissen und seine Umwandlung zum Sprachkönnen.

In dieser Arbeit untersuche ich die Anwendung von Prinzipien der Kompetenz-, Output-, Handlungs-, Aufgaben- und Interkulturellen Orientierung im Hebräischunterricht. Mithilfe dieser Prinzipien kann die Sprache erfolgreich für unterschiedliche Zwecke gelehrt und von unterschiedlichen Lerntypen erlernen werden.

Literaturverzeichnis:

1. Ende, Karin/ Grotjahn, Rüdiger/ Kleppin, Karin/ Mohr, Imke (2013): *Curriculare Vorgaben und Unterrichtsplanung*. Langenscheidt Verlag. Berlin. S. 8

2. Vielau, Axel (1997): *Methodik des kommunikativen Fremdsprachenunterricht (Ein lernerorientiertes Unterrichtskonzept [nicht nur] für Erwachsenenbildung) (4. Auflage)*. Cornelsen Verlag. Berlin. S. 10-11

3. Vielau, Axel (1997): *Methodik des kommunikativen Fremdsprachenunterricht (Ein lernerorientiertes Unterrichtskonzept [nicht nur] für Erwachsenenbildung) (4. Auflage)*. Cornelsen Verlag. Berlin. S. 10

4. Vielau, Axel (1997): *Methodik des kommunikativen Fremdsprachenunterricht (Ein lernerorientiertes Unterrichtskonzept [nicht nur] für Erwachsenenbildung) (4. Auflage)*. Cornelsen Verlag. Berlin. S. 75-76

5. Vetter, Dieter/ Walther, Johanna (1973): *Hebräisch funktional (Beschreibung operationalen Verfahrens)*. Calwer Verlag. Stuttgart. S. 12

6. Ende, Karin/ Grotjahn, Rüdiger/ Kleppin, Karin/ Mohr, Imke (2013): *Curriculare Vorgaben und Unterrichtsplanung*. Langenscheidt Verlag. Berlin. S. 144

7. Ende, Karin/ Grotjahn, Rüdiger/ Kleppin, Karin/ Mohr, Imke (2013): *Curriculare Vorgaben und Unterrichtsplanung*. Langenscheidt Verlag. Berlin. S. 19

8. Grotjahn, Rüdiger (1997): *Strategiewissen und Strategiegebrauch. Das Informationsverarbeitungsparadigma als Metatheorie der L2-Strategieforschung*. **In:** Rampillon, Ute/ Zimmermann, Günther (Hrsg.): *Strategien und Techniken beim Erwerb fremder Sprachen*. Max Hueber Verlag. Ismaning. S. 33-76. S. 39

9. Grotjahn, Rüdiger (1997): *Strategiewissen und Strategiegebrauch. Das Informationsverarbeitungsparadigma als Metatheorie der L2-Strategieforschung*. **In:** Rampillon, Ute/ Zimmermann, Günther (Hrsg.): *Strategien und Techniken beim Erwerb fremder Sprachen*. Max Hueber Verlag. Ismaning. S. 33-76. S. 41

10. Grotjahn, Rüdiger (1997): *Strategiewissen und Strategiegebrauch. Das Informationsverarbeitungsparadigma als Metatheorie der L2-Strategieforschung*. **In:** Rampillon, Ute/ Zimmermann, Günther (Hrsg.): *Strategien und Techniken beim Erwerb fremder Sprachen*. Max Hueber Verlag. Ismaning. S. 33-76. S. 43

11. Grotjahn, Rüdiger (1997): *Strategiewissen und Strategiegebrauch. Das Informationsverarbeitungsparadigma als Metatheorie der L2-Strategieforschung*. **In:** Rampillon, Ute/ Zimmermann, Günther (Hrsg.): *Strategien und Techniken beim Erwerb fremder Sprachen*. Max Hueber Verlag. Ismaning. S. 33-76. S. 43

12. Grotjahn, Rüdiger (1997): *Strategiewissen und Strategiegebrauch. Das Informationsverarbeitungsparadigma als Metatheorie der L2-Strategieforschung.* In: Rampillon, Ute/ Zimmermann, Günther (Hrsg.): *Strategien und Techniken beim Erwerb fremder Sprachen.* Max Hueber Verlag. Ismaning. S. 33-76. S. 41

13. Grotjahn, Rüdiger (1997): *Strategiewissen und Strategiegebrauch. Das Informationsverarbeitungsparadigma als Metatheorie der L2-Strategieforschung.* In: Rampillon, Ute/ Zimmermann, Günther (Hrsg.): *Strategien und Techniken beim Erwerb fremder Sprachen.* Max Hueber Verlag. Ismaning. S. 33-76. S. 42

14. Grotjahn, Rüdiger (1997): *Strategiewissen und Strategiegebrauch. Das Informationsverarbeitungsparadigma als Metatheorie der L2-Strategieforschung.* In: Rampillon, Ute/ Zimmermann, Günther (Hrsg.): *Strategien und Techniken beim Erwerb fremder Sprachen.* Max Hueber Verlag. Ismaning. S. 33-76. S. 43

15. Raith, Thomas (2011): *Kompetenzen für aufgabenorientiertes Fremdsprachenunterrichten. (Eine qualitative Untersuchung zur Ausbildung von Fremdsprachenlehrkräften).* Narr Verlag. Tübingen. S. 15

16. Trim, John/ North, Brian/ Coste, Daniel (2001): *Gemeinsamer europäischer Referenzrahmen für Sprachen: lernen, lehren, beurteilen.* Langenscheidt. Straßburg. S. 34-34

17. Leupold, Eynar (2007): *Kompetenzentwicklung im Französischunterricht. (Standards umsetzen – Persönlichkeit Bildung).* Klett/ Kallmeyer Verlag. Seelze-Velber. S. 32

18. Raith, Thomas (2011): *Kompetenzen für aufgabenorientiertes Fremdsprachenunterrichten. (Eine qualitative Untersuchung zur Ausbildung von Fremdsprachenlehrkräften).* Narr Verlag. Tübingen. S. 55

19. Leupold, Eynar (2007): *Kompetenzentwicklung im Französischunterricht. (Standards umsetzen – Persönlichkeit Bildung).* Klett/ Kallmeyer Verlag. Seelze-Velber. S. 26

20. Leupold, Eynar (2007): *Kompetenzentwicklung im Französischunterricht. (Standards umsetzen – Persönlichkeit Bildung).* Klett/ Kallmeyer Verlag. Seelze-Velber. S. 25

21. Trim, John/ North, Brian/ Coste, Daniel (2001): *Gemeinsamer europäischer Referenzrahmen für Sprachen: lernen, lehren, beurteilen.* Langenscheidt. Straßburg. S. 21

22. Leupold, Eynar (2007): *Kompetenzentwicklung im Französischunterricht. (Standards umsetzen – Persönlichkeit Bildung).* Klett/ Kallmeyer Verlag. Seelze-Velber. S. 33

23. Trim, John/ North, Brian/ Coste, Daniel (2001): *Gemeinsamer europäischer Referenzrahmen für Sprachen: lernen, lehren, beurteilen.* Langenscheidt. Straßburg. S. 46

24. Trim, John/ North, Brian/ Coste, Daniel (2001): *Gemeinsamer europäischer Referenzrahmen für Sprachen: lernen, lehren, beurteilen.* Langenscheidt. Straßburg. S. 47

25. Trim, John/ North, Brian/ Coste, Daniel (2001): *Gemeinsamer europäischer Referenzrahmen für Sprachen: lernen, lehren, beurteilen.* Langenscheidt. Straßburg. S. 45

26. Trim, John/ North, Brian/ Coste, Daniel (2001): *Gemeinsamer europäischer Referenzrahmen für Sprachen: lernen, lehren, beurteilen.* Langenscheidt. Straßburg. S. 43

27. Trim, John/ North, Brian/ Coste, Daniel (2001): *Gemeinsamer europäischer Referenzrahmen für Sprachen: lernen, lehren, beurteilen.* Langenscheidt. Straßburg. S. 44

28. Trim, John/ North, Brian/ Coste, Daniel (2001): *Gemeinsamer europäischer Referenzrahmen für Sprachen: lernen, lehren, beurteilen.* Langenscheidt. Straßburg. S. 44

29. Trim, John/ North, Brian/ Coste, Daniel (2001): *Gemeinsamer europäischer Referenzrahmen für Sprachen: lernen, lehren, beurteilen.* Langenscheidt. Straßburg. S. 45

30. Trim, John/ North, Brian/ Coste, Daniel (2001): *Gemeinsamer europäischer Referenzrahmen für Sprachen: lernen, lehren, beurteilen.* Langenscheidt. Straßburg. S. 42

31. Trim, John/ North, Brian/ Coste, Daniel (2001): *Gemeinsamer europäischer Referenzrahmen für Sprachen: lernen, lehren, beurteilen.* Langenscheidt. Straßburg. S. 42

32. Trim, John/ North, Brian/ Coste, Daniel (2001): *Gemeinsamer europäischer Referenzrahmen für Sprachen: lernen, lehren, beurteilen.* Langenscheidt. Straßburg. S. 43

33. Trim, John/ North, Brian/ Coste, Daniel (2001): *Gemeinsamer europäischer Referenzrahmen für Sprachen: lernen, lehren, beurteilen.* Langenscheidt. Straßburg. S. 44

34. Trim, John/ North, Brian/ Coste, Daniel (2001): *Gemeinsamer europäischer Referenzrahmen für Sprachen: lernen, lehren, beurteilen.* Langenscheidt. Straßburg. S. 44-45

35. Trim, John/ North, Brian/ Coste, Daniel (2001): *Gemeinsamer europäischer Referenzrahmen für Sprachen: lernen, lehren, beurteilen.* Langenscheidt. Straßburg. S. 45

36. Volpe, Idit/ Lauden, Edna/ Harusi, Hanna/ Shoshan Rachel (1991): *Et-Ivrit (Teil 2).* MATAH Zentrum Verlag.Tel-Aviv. S. 113

37. Lifschitz, Arieh/ Yakubovski, Sara (1984): *Beal-pe u'vichtav (Hebrew text and workbook for beddiners). (Part 1).* Printed in Israel. S. 268

38. Berosh, Shoshanah/ Mantsur, No'Omi/ Padan, Rinah (2005): *Ivrit me-alef ad tav. 2 (Bet).* Deyonon. Tel-Aviv. S. 1

39. Berosh, Shoshanah/ Mantsur, No'Omi/ Padan, Rinah (2005): *Ivrit me-alef ad tav. 2 (Bet)*. Deyonon. Tel-Aviv. S. 2

40. Groeben, Norbert / Hurrelmann, Bettina (2002): *Lesekompetenz*. Juventa Verlag Weinheim und München. S. 154

41. Groeben, Norbert / Hurrelmann, Bettina (2002): *Lesekompetenz*. Juventa Verlag Weinheim und München. S. 154

42. Groeben, Norbert / Hurrelmann, Bettina (2002): *Lesekompetenz*. Juventa Verlag Weinheim und München. S. 154

43. Groeben, Norbert / Hurrelmann, Bettina (2002): *Lesekompetenz*. Juventa Verlag Weinheim und München. S. 154

44. Groeben, Norbert / Hurrelmann, Bettina (2002): *Lesekompetenz*. Juventa Verlag Weinheim und München. S. 154

45. Ende, Karin/ Grotjahn, Rüdiger/ Kleppin, Karin/ Mohr, Imke (2013): *Curriculare Vorgaben und Unterrichtsplanung*. Langenscheidt Verlag. Berlin. S. 145

46. Ende, Karin/ Grotjahn, Rüdiger/ Kleppin, Karin/ Mohr, Imke (2013): *Curriculare Vorgaben und Unterrichtsplanung*. Langenscheidt Verlag. Berlin. S. 145

47. Linke, Angelika/ Nussbaumer, Markus/ Portmann, Paul R. (2004): *Studienbuch Linguistik (5., erweiterte Auflage)*.Max Niemeyer Verlag. Tübingen. S. 197

48. Kleppin, Karin (2002): *Lernen als sozialer Prozess*. In: Quetz, Jürgen/ Handt, Gerhard von der (Hrsg.): *Neue Sprachen lehren und lernen. (Fremdsprachenunterricht in der Weiterbildung)*. W. Bertelsmann Verlad. Bielefeld. S. 83-101. S. 83

49. Kleppin, Karin (2002): *Lernen als sozialer Prozess*. In: Quetz, Jürgen/ Handt, Gerhard von der (Hrsg.): *Neue Sprachen lehren und lernen. (Fremdsprachenunterricht in der Weiterbildung)*. W. Bertelsmann Verlad. Bielefeld. S. 83-101. S. 87

50. Kleppin, Karin (2002): *Lernen als sozialer Prozess*. In: Quetz, Jürgen/ Handt, Gerhard von der (Hrsg.): *Neue Sprachen lehren und lernen. (Fremdsprachenunterricht in der Weiterbildung)*. W. Bertelsmann Verlad. Bielefeld. S. 83-101. S. 87

51. Kleppin, Karin (2002): *Lernen als sozialer Prozess*. In: Quetz, Jürgen/ Handt, Gerhard von der (Hrsg.): *Neue Sprachen lehren und lernen. (Fremdsprachenunterricht in der Weiterbildung)*. W. Bertelsmann Verlad. Bielefeld. S. 83-101. S. 92

52. Kleppin, Karin (2002): *Lernen als sozialer Prozess*. In: Quetz, Jürgen/ Handt, Gerhard von der (Hrsg.): *Neue Sprachen lehren und lernen. (Fremdsprachenunterricht in der Weiterbildung)*. W. Bertelsmann Verlad. Bielefeld. S. 83-101. S. 92

53. Kleppin, Karin (2002): *Lernen als sozialer Prozess*. In: Quetz, Jürgen/ Handt, Gerhard von der (Hrsg.): *Neue Sprachen lehren und lernen*.

(*Fremdsprachenunterricht in der Weiterbildung*). W. Bertelsmann Verlad. Bielefeld. S. 83-101. S. 85

54. Neuner, Gerhard/ Hunfeld, Hans (2007): *Methoden des fremdsprachlichen Deutschunterrichts (Eine Einführung).* Langenscheid, Universität Gesamthochschule Kassel Verlag. Kassel. S. 61

55. Vielau, Axel (1997): *Methodik des kommunikativen Fremdsprachenunterricht (Ein lernerorientiertes Unterrichtskonzept [nicht nur] für Erwachsenenbildung) (4. Auflage).* Cornelsen Verlag. Berlin. S. 236

56. Pelz, Heidrun (1975): *Linguistik für Anfänger.* Hoffmann und Campe Verlag. Hamburg. S. 46

57. Brinker, Klaus/ Sager, S.F. (2006): *Linguistische Gesprächsanalyse (Eine Einführung). (4.,durchgesehene und ergänzte Auflage).* Erich Schmidt Verlag. Berlin. S. 65

58. Kleppin, Karin (2002): *Lernen als sozialer Prozess.* **In:** Quetz, Jürgen/ Handt, Gerhard von der (Hrsg.): *Neue Sprachen lehren und lernen. (Fremdsprachenunterricht in der Weiterbildung).* W. Bertelsmann Verlad. Bielefeld. S. 87

59. Kleppin, Karin (2002): *Lernen als sozialer Prozess.* **In:** Quetz, Jürgen/ Handt, Gerhard von der (Hrsg.): *Neue Sprachen lehren und lernen. (Fremdsprachenunterricht in der Weiterbildung).* W. Bertelsmann Verlad. Bielefeld. S. 87-88

60. Vielau, Axel (1997): *Methodik des kommunikativen Fremdsprachenunterricht (Ein lernerorientiertes Unterrichtskonzept [nicht nur] für Erwachsenenbildung) (4. Auflage).* Cornelsen Verlag. Berlin. S. 239-241

61. Vielau, Axel (1997): *Methodik des kommunikativen Fremdsprachenunterricht (Ein lernerorientiertes Unterrichtskonzept [nicht nur] für Erwachsenenbildung) (4. Auflage).* Cornelsen Verlag. Berlin. S. 236

62. Neuner, Gerhard (2007): *Vermittlungsmethoden: Historischer Überblick.* **In:** Bausch, Karl-Richard/ Christ, Nerbert/ Krumm, Hans-Jürgen (Hrsg.): *Handbuch Fremdsprachenunterricht (5 Auflage).* Narr Francke Attempto Verlag GmbH & Co.KG. Tübingen. S. 225-234. S. 228

63. Neuner, Gerhard/ Hunfeld, Hans (2007): *Methoden des fremdsprachlichen Deutschunterrichts (Eine Einführung).* Langenscheid, Universität Gesamthochschule Kassel Verlag. Kassel. S. 34

64. Neuner, Gerhard (2007): *Vermittlungsmethoden: Historischer Überblick.* **In:** Bausch, Karl-Richard/ Christ, Nerbert/ Krumm, Hans-Jürgen (Hrsg.): *Handbuch Fremdsprachenunterricht (5 Auflage).* Narr Francke Attempto Verlag GmbH & Co.KG. Tübingen. S. 225-234. S. 228

65. Trim, John/ North, Brian/ Coste, Daniel (2001): *Gemeinsamer europäischer Referenzrahmen für Sprachen: lernen, lehren, beurteilen.* Langenscheidt. Straßburg. S. 21

66. Vielau, Axel (1997): *Methodik des kommunikativen Fremdsprachenunterricht (Ein lernerorientiertes Unterrichtskonzept [nicht nur] für Erwachsenenbildung) (4. Auflage).* Cornelsen Verlag. Berlin. S. 91

67. Ende, Karin/ Grotjahn, Rüdiger/ Kleppin, Karin/ Mohr, Imke (2013): *Curriculare Vorgaben und Unterrichtsplanung.* Langenscheidt Verlag. Berlin. S. 143

68. Ende, Karin/ Grotjahn, Rüdiger/ Kleppin, Karin/ Mohr, Imke (2013): *Curriculare Vorgaben und Unterrichtsplanung.* Langenscheidt Verlag. Berlin. S. 143

69. Vielau, Axel (1997): *Methodik des kommunikativen Fremdsprachenunterricht (Ein lernerorientiertes Unterrichtskonzept [nicht nur] für Erwachsenenbildung) (4. Auflage).* Cornelsen Verlag. Berlin. S. 78

70. Bausch, Karl-Richard/ Bergmann, Birgit/ Grögor, Brigitte/ Heinrichsen, Heinrich/ Kleppin, Karin/ Menrath, Boris/ Thürmann, Elke (2009): *Rahmenplan „Deutsch als Fremdsprache" für das Auslandsschulwesen.* http://www.bva.bund.de/DE/Organisation/Abteilungen/Abteilung_ZfA/Auslandsschularbeit/DSD/DaF-Rahmenplan/DaF-Rahmenplan.pdf?__blob=publicationFile&v=2. S. 9

71. Haß, Frank/ Kieweg, Werner/ Kuty, Margitta/ Müller-Hartmann, Andreas/ Weisshaar, Harald (2006): *Fachdidaktik Englisch (Tradition, Innovation, Praxis).* Ernst Klett Sprachen Verlag. Stuttgart. S. 22

72. Vielau, Axel (1997): *Methodik des kommunikativen Fremdsprachenunterricht (Ein lernerorientiertes Unterrichtskonzept [nicht nur] für Erwachsenenbildung) (4. Auflage).* Cornelsen Verlag. Berlin. S. 77

73. Vielau, Axel (1997): *Methodik des kommunikativen Fremdsprachenunterricht (Ein lernerorientiertes Unterrichtskonzept [nicht nur] für Erwachsenenbildung) (4. Auflage).* Cornelsen Verlag. Berlin. S. 81

74. Haß, Frank/ Kieweg, Werner/ Kuty, Margitta/ Müller-Hartmann, Andreas/ Weisshaar, Harald (2006): *Fachdidaktik Englisch (Tradition, Innovation, Praxis).* Ernst Klett Sprachen Verlag. Stuttgart. S. 21

75. Gudjons, Herbert (1997): *Handlungsorientiert lehren und lernen. (Schüleraktivierung, Selbsttätigkeit, Projektarbeit). (5. Auflage).* Julius Klinkhardt Verlag. Bad Heilbrunn. S. 119

76. Ende, Karin/ Grotjahn, Rüdiger/ Kleppin, Karin/ Mohr, Imke (2013): *Curriculare Vorgaben und Unterrichtsplanung.* Langenscheidt Verlag. Berlin. S. 21

77. Bausch, Karl-Richard/ Bergmann, Birgit/ Grögor, Brigitte/ Heinrichsen, Heinrich/ Kleppin, Karin/ Menrath, Boris/ Thürmann, Elke (2009): *Rahmenplan „Deutsch als Fremdsprache" für das Auslandsschulwesen.* http://www.bva.bund.de/DE/Organisation/Abteilungen/Abteilung_ZfA/Auslandsschularbeit/DSD/DaF-Rahmenplan/DaF-Rahmenplan.pdf?__blob=publicationFile&v=2. S. 10

78. Vielau, Axel (1997): *Methodik des kommunikativen Fremdsprachenunterricht (Ein lernerorientiertes Unterrichtskonzept [nicht nur] für Erwachsenenbildung) (4. Auflage).* Cornelsen Verlag. Berlin. S. 80

79. Bausch, Karl-Richard/ Bergmann, Birgit/ Grögor, Brigitte/ Heinrichsen, Heinrich/ Kleppin, Karin/ Menrath, Boris/ Thürmann, Elke (2009): *Rahmenplan „Deutsch als Fremdsprache" für das Auslandsschulwesen.* http://www.bva.bund.de/DE/Organisation/Abteilungen/Abteilung_ZfA/ Auslandsschularbeit/DSD/DaF-Rahmenplan/DaF-Rahmenplan.pdf?__ blob=publicationFile&v=2. S. 11

80. Gudjons, Herbert (1997): *Handlungsorientiert lehren und lernen. (Schüleraktivierung, Selbsttätigkeit, Projektarbeit). (5. Auflage).* Julius Klinkhardt Verlag. Bad Heilbrunn. S. 45

81. Kleppin, Karin (1989): *Sprach- und Sprachlernspiele.* **In:** Bausch, Karl-Richard/ Christ, Herbert/ Hüllen, Werner/ Krumm, Hans-Jürgen (Hrsg.): *Handbuch Fremdsprachenunterricht.* Francke Verlag. Tübingen. S. 185-187. S. 185

82. Vielau, Axel (1997): *Methodik des kommunikativen Fremdsprachenunterricht (Ein lernerorientiertes Unterrichtskonzept [nicht nur] für Erwachsenenbildung) (4. Auflage).* Cornelsen Verlag. Berlin. S. 79

83. Gudjons, Herbert (1997): *Handlungsorientiert lehren und lernen. (Schüleraktivierung, Selbsttätigkeit, Projektarbeit). (5. Auflage).* Julius Klinkhardt Verlag. Bad Heilbrunn. S. 44

84. Gudjons, Herbert (1997): *Handlungsorientiert lehren und lernen. (Schüleraktivierung, Selbsttätigkeit, Projektarbeit). (5. Auflage).* Julius Klinkhardt Verlag. Bad Heilbrunn. S. 45

85. Haß, Frank/ Kieweg, Werner/ Kuty, Margitta/ Müller-Hartmann, Andreas/ Weisshaar, Harald (2006): *Fachdidaktik Englisch (Tradition, Innovation, Praxis).* Ernst Klett Sprachen Verlag. Stuttgart. S. 21

86. Gudjons, Herbert (1997): *Handlungsorientiert lehren und lernen. (Schüleraktivierung, Selbsttätigkeit, Projektarbeit). (5. Auflage).* Julius Klinkhardt Verlag. Bad Heilbrunn. S. 44

87. Ernst, Peter (2004): *Germanistische Sprachwissenschaft.* Facultas Verlagsund Buchhandels. Wien. S. 242

88. Gudjons, Herbert (1997): *Handlungsorientiert lehren und lernen. (Schüleraktivierung, Selbsttätigkeit, Projektarbeit). (5. Auflage).* Julius Klinkhardt Verlag. Bad Heilbrunn. S. 45

89. Ende, Karin/ Grotjahn, Rüdiger/ Kleppin, Karin/ Mohr, Imke (2013): *Curriculare Vorgaben und Unterrichtsplanung.* Langenscheidt Verlag. Berlin. S. 142

90. Raabe, Horst (2007): *Grammatikübungen.* **In:** Bausch, Karl-Richard/ Christ, Nerbert/ Krumm, Hans-Jürgen (Hrsg.): *Handbuch Fremdsprachenunterricht (5 Auflage).* Narr Francke Attempto Verlag GmbH & Co.KG. Tübingen. S. 283-287. S. 283

91. Ende, Karin/ Grotjahn, Rüdiger/ Kleppin, Karin/ Mohr, Imke (2013): *Curriculare Vorgaben und Unterrichtsplanung.* Langenscheidt Verlag. Berlin. S. 142

92. Ende, Karin/ Grotjahn, Rüdiger/ Kleppin, Karin/ Mohr, Imke (2013): *Curriculare Vorgaben und Unterrichtsplanung.* Langenscheidt Verlag. Berlin. S. 142

93. Haß, Frank/ Kieweg, Werner/ Kuty, Margitta/ Müller-Hartmann, Andreas/ Weisshaar, Harald (2006): *Fachdidaktik Englisch (Tradition, Innovation, Praxis).* Ernst Klett Sprachen Verlag. Stuttgart. S. 23

94. Kleppin, Karin (2002): *Lernen als sozialer Prozess.* **In:** Quetz, Jürgen/ Handt, Gerhard von der (Hrsg.): *Neue Sprachen lehren und lernen. (Fremdsprachenunterricht in der Weiterbildung).* W. Bertelsmann Verlad. Bielefeld. S. 83-101. S. 94

95. Caspari, Daniela/ Grotjahn, Rüdiger/ Kleppin Karin (2010): *Testaufgaben und Lernaufgaben.* In Buch: Porsch, Raphaela; Tesch, Bernd; Olaf Köller (Hrsg.): *Standardbasierte Testentwicklung und Leistungsmessung (Französisch in der Sekundarstufe I).* Waxmann Verlag GmbH. S. 46-68. S. 49-53

96. Kleppin, Karin (2002): *Lernen als sozialer Prozess.* **In:** Quetz, Jürgen/ Handt, Gerhard von der (Hrsg.): *Neue Sprachen lehren und lernen. (Fremdsprachenunterricht in der Weiterbildung).* W. Bertelsmann Verlad. Bielefeld. S. 83-101. S. 94

97. Chayat, Shlomit/ Israeli, Sara/ Kobliner, Hilla (1990): *Hebrew from scratch.* Academon Publishing House. Jerusalem. S. 12-13

98. Vielau, Axel (1997): *Methodik des kommunikativen Fremdsprachenunterricht (Ein lernerorientiertes Unterrichtskonzept [nicht nur] für Erwachsenenbildung) (4. Auflage).* Cornelsen Verlag. Berlin. S. 89

99. Ende, Karin/ Grotjahn, Rüdiger/ Kleppin, Karin/ Mohr, Imke (2013): *Curriculare Vorgaben und Unterrichtsplanung.* Langenscheidt Verlag. Berlin. S. 146

100. Lutjeharms, Madeline (1988): *Lesen in der Fremdsprache. Versuch einer psycholinguistischen Deutung am Beispiel Deutsch als Fremdsprache.* AKS-Verlag. Bochum. S. 45

101. Neuner, Gerhard/ Hunfeld, Hans (2007): *Methoden des fremdsprachlichen Deutschunterrichts (Eine Einführung).* Langenscheid, Universität Gesamthochschule Kassel Verlag. Kassel. S. 59

102. Raabe, Horst (2007): *Grammatikübungen.* **In:** Bausch, Karl-Richard/ Christ, Nerbert/ Krumm, Hans-Jürgen (Hrsg.): *Handbuch Fremdsprachenunterricht (5 Auflage).* Narr Francke Attempto Verlag GmbH & Co.KG. Tübingen. S. 283-287. S. 283

103. Vielau, Axel (1997): *Methodik des kommunikativen Fremdsprachenunterricht (Ein lernerorientiertes Unterrichtskonzept [nicht nur] für Erwachsenenbildung) (4. Auflage).* Cornelsen Verlag. Berlin. S. 185

104. Raabe, Horst (2007): *Grammatikübungen.* **In:** Bausch, Karl-Richard/ Christ, Nerbert/ Krumm, Hans-Jürgen (Hrsg.): *Handbuch Fremdsprachenunterricht (5 Auflage).* Narr Francke Attempto Verlag GmbH & Co.KG. Tübingen. S. 283-287. S. 283

105. Vielau, Axel (1997): *Methodik des kommunikativen Fremdsprachenunterricht (Ein lernerorientiertes Unterrichtskonzept [nicht nur] für Erwachsenenbildung) (4. Auflage).* Cornelsen Verlag. Berlin. S. 185

106. Raabe, Horst (2007): *Grammatikübungen.* **In:** Bausch, Karl-Richard/ Christ, Nerbert/ Krumm, Hans-Jürgen (Hrsg.): *Handbuch Fremdsprachenunterricht (5 Auflage).* Narr Francke Attempto Verlag GmbH & Co.KG. Tübingen. S. 283-287. S. 283

107. Bredel, Ursula (2007): *Sprachberatung und Grammatikunterricht.* Ferdinand Schöningh Verlag. Paderborn. S. 156

108. Bredel, Ursula (2007): *Sprachberatung und Grammatikunterricht.* Ferdinand Schöningh Verlag. Paderborn. S. 157

109. Kleppin, Karin (2007a): *Fehler und Fehlerkorrektur.* Langenscheidt Verlag. Kassel. S. 133

110. Lutjeharms, Madeline (1988): *Lesen in der Fremdsprache. Versuch einer psycholinguistischen Deutung am Beispiel Deutsch als Fremdsprache.* AKS-Verlag. Bochum. S. 89

111. Raabe, Horst (2007): *Grammatikübungen.* **In:** Bausch, Karl-Richard/ Christ, Nerbert/ Krumm, Hans-Jürgen (Hrsg.): *Handbuch Fremdsprachenunterricht (5 Auflage).* Narr Francke Attempto Verlag GmbH & Co.KG. Tübingen. S. 283-287. S. 286

112. Ende, Karin/ Grotjahn, Rüdiger/ Kleppin, Karin/ Mohr, Imke (2013): *Curriculare Vorgaben und Unterrichtsplanung.* Langenscheidt Verlag. Berlin. S. 131

113. Kleppin, Karin (2007a): *Fehler und Fehlerkorrektur.* Langenscheidt Verlag. Kassel. S. 31

114. Neuner, Gerhard/ Hunfeld, Hans (2007): *Methoden des fremdsprachlichen Deutschunterrichts (Eine Einführung).* Langenscheid, Universität Gesamthochschule Kassel Verlag. Kassel. S. 59

115. Neuner, Gerhard/ Hunfeld, Hans (2007): *Methoden des fremdsprachlichen Deutschunterrichts (Eine Einführung).* Langenscheid, Universität Gesamthochschule Kassel Verlag. Kassel. S. 59

116. Kleppin, Karin (2007a): *Fehler und Fehlerkorrektur.* Langenscheidt Verlag. Kassel. S. 33

117. Roche, Jörg (2005): *Fremdsprachenerwerb. Fremdsprachendidaktik.* A. Francke Verlag. Tübingen. S. 127

118. Multhaup, Uwe (1995): *Psycholinguistik und fremdsprachliche Lernen (Von Lehrplänen zu Lernprozessen).* Hueber Verlag. Ismaning. S. 21

119. Decke-Cornill, Helene/ Küster, Lutz (2010): *Fremdsprachendidaktik.* Narr Verlag. Tübingen. S. 79

120. Edmondson, Willis (2001): *Transfer beim Erlernen einer weiteren Fremdsprache: die L1-Transfer-Vermeidungsstrategie.* **In:** Aguado, Karin/ Riemer, Claudia (Hrsg.): *Wege und Ziele. Zur Theorie, Empirie und Praxis des*

Deutschen als Fremdsprache (und anderer Fremdsprache). Schneider Verlag. Hohengehren. S. 137-154. S. 139

121. Edmondson, Willis (2001): *Transfer beim Erlernen einer weiteren Fremdsprache: die L1-Transfer-Vermeidungsstrategie.* In: Aguado, Karin/ Riemer, Claudia (Hrsg.): *Wege und Ziele. Zur Theorie, Empirie und Praxis des Deutschen als Fremdsprache (und anderer Fremdsprache).* Schneider Verlag. Hohengehren. S. 137-154. S. 139

122. Kleppin, Karin (2007a): *Fehler und Fehlerkorrektur.* Langenscheidt Verlag. Kassel. S. 31-32

123. Multhaup, Uwe (1995): *Psycholinguistik und fremdsprachliche Lernen (Von Lehrplänen zu Lernprozessen).* Hueber Verlag. Ismaning. S. 156

124. Herausgegeben vom Ministerium für Schule und Weiterbildung, Wissenschaft und Forschung des Landes Nordrhein-Westfalen (1999): *Hebräisch (Richtlinien und Lehrpläne für die Sekundarstufe II – Gymnasium/ Gesamtschule im Nordrhein-Westfalen).* Copyright by Ritterbach Verlag. Frechen. S. 83

125. Multhaup, Uwe (1995): *Psycholinguistik und fremdsprachliche Lernen (Von Lehrplänen zu Lernprozessen).* Hueber Verlag. Ismaning. S. 22

126. Multhaup, Uwe (1995): *Psycholinguistik und fremdsprachliche Lernen (Von Lehrplänen zu Lernprozessen).* Hueber Verlag. Ismaning. S. 22

127. Multhaup, Uwe (1995): *Psycholinguistik und fremdsprachliche Lernen (Von Lehrplänen zu Lernprozessen).* Hueber Verlag. Ismaning. S. 23

128. Multhaup, Uwe (1995): *Psycholinguistik und fremdsprachliche Lernen (Von Lehrplänen zu Lernprozessen).* Hueber Verlag. Ismaning. S. 52

129. Multhaup, Uwe (1995): *Psycholinguistik und fremdsprachliche Lernen (Von Lehrplänen zu Lernprozessen).* Hueber Verlag. Ismaning. S. 52

130. Multhaup, Uwe (1995): *Psycholinguistik und fremdsprachliche Lernen (Von Lehrplänen zu Lernprozessen).* Hueber Verlag. Ismaning. S. 52

131. Multhaup, Uwe (1995): *Psycholinguistik und fremdsprachliche Lernen (Von Lehrplänen zu Lernprozessen).* Hueber Verlag. Ismaning. S. 53

132. Macedonia-Oleinek, Manuela (1999): *Sinn-voll Fremdsprachenunterrichten (Ein praxisbezogener Leitfaden für den ganzheitlichen Fremdsprachenunterricht).* Veritas Verlag. Linz. S. 46

133. Lauden, Edna/ Weinbach, Liora (1990): *Et-Ivrit (Teil 1).* MATAH Zentrum Verlag.Tel-Aviv. S. 23

134. Baumgratz, Gisela/ Becker, Norbert/ Bock, Hans-Manfred/ Christ, Herbert/ Edener, Wilfried/ Firges, Jean/ Picht, Robert/ Schröder, Konrad/ Stephan, Rüdiger/ Zapp, Franz-Josef (1982): *Stuttgarter Thesen zur Rolle der Landeskunde im Französischunterricht* In: Payer, Peter (Hrsg): *Fremdsprachenunterricht und internationale Beziehungen.* Robert Bosch Stiftung. S. 9

135. Bausch, Karl-Richard/ Bergmann, Birgit/ Grögor, Brigitte/ Heinrichsen, Heinrich/ Kleppin, Karin/ Menrath, Boris/ Thürmann, Elke (2009):

Rahmenplan "Deutsch als Fremdsprache" für das Auslandsschulwesen.
http://www.bva.bund.de/DE/Organisation/Abteilungen/Abteilung_ZfA/
Auslandsschularbeit/DSD/DaF-Rahmenplan/DaF-Rahmenplan.pdf?__
blob=publicationFile&v=2. S. 11

136. Linke, Angelika/ Nussbaumer, Markus/ Portmann, Paul R. (2004): *Studienbuch Linguistik (5., erweiterte Auflage).*Max Niemeyer Verlag. Tübingen. S. 258

137. Bausch, Karl-Richard/ Bergmann, Birgit/ Grögor, Brigitte/ Heinrichsen, Heinrich/ Kleppin, Karin/ Menrath, Boris/ Thürmann, Elke (2009): *Rahmenplan "Deutsch als Fremdsprache" für das Auslandsschulwesen.* http://www.bva.bund.de/DE/Organisation/Abteilungen/Abteilung_ZfA/ Auslandsschularbeit/DSD/DaF-Rahmenplan/DaF-Rahmenplan.pdf?__ blob=publicationFile&v=2. S. 11

138. Haß, Frank/ Kieweg, Werner/ Kuty, Margitta/ Müller-Hartmann, Andreas/ Weisshaar, Harald (2006): *Fachdidaktik Englisch (Tradition, Innovation, Praxis).* Ernst Klett Sprachen Verlag. Stuttgart. S. 71-72

139. Ende, Karin/ Grotjahn, Rüdiger/ Kleppin, Karin/ Mohr, Imke (2013): *Curriculare Vorgaben und Unterrichtsplanung.* Langenscheidt Verlag. Berlin. S. 143

140. Pelz, Heidrun (1975): *Linguistik für Anfänger.* Hoffmann und Campe Verlag. Hamburg. S. 221

141. Pelz, Heidrun (1975): *Linguistik für Anfänger.* Hoffmann und Campe Verlag. Hamburg. S. 223

142. Vielau, Axel (1997): *Methodik des kommunikativen Fremdsprachenunterricht (Ein lernerorientiertes Unterrichtskonzept [nicht nur] für Erwachsenenbildung) (4. Auflage).* Cornelsen Verlag. Berlin. S. 79

143. Pelz, Heidrun (1975): *Linguistik für Anfänger.* Hoffmann und Campe Verlag. Hamburg. S. 223

144. Knapp, Karlfried (2007): *Interkulturelle Kommunikation.* **In**: Knapp, Karlfried/ Antos, Gerd/ Becker-Mrotzek, Michael/ Deppermann, Arnulf/ Göpferich, Susanne/ Grabowski, Jochim/ Klemm, Michael/ Villiger, Claudia (Hrsg.): *Angewandte Linguistik (Ein Lehrbuch). (2., überarbeitete und erweiterte Auflage).* A. Francke Verlag. Tübingen. S. 411-432. S. 415

145. Kleppin, Karin (2002): *Lernen als sozialer Prozess.* **In**: Quetz, Jürgen/ Handt, Gerhard von der (Hrsg.): *Neue Sprachen lehren und lernen. (Fremdsprachenunterricht in der Weiterbildung).* W. Bertelsmann Verlad. Bielefeld. S. 83-101. S. 88

146. Vielau, Axel (1997): *Methodik des kommunikativen Fremdsprachenunterricht (Ein lernerorientiertes Unterrichtskonzept [nicht nur] für Erwachsenenbildung) (4. Auflage).* Cornelsen Verlag. Berlin. S. 79

147. Multhaup, Uwe (1995): *Psycholinguistik und fremdsprachliche Lernen (Von Lehrplänen zu Lernprozessen).* Hueber Verlag. Ismaning. S. 156

148. Waldmann, Michael/ Weinert, Franz E. (1990): *Intelligenz und Denken (Perspektiven der Hochbegabungsforschung)*. Verlag für Psychologie Dr. C.J. Hogrefe. Göttingen. S. 25-26

149. Kleppin, Karin (2007a): *Fehler und Fehlerkorrektur*. Langenscheidt Verlag. Kassel. S. 32

150. Gudjons, Herbert (1997): *Handlungsorientiert lehren und lernen. (Schüleraktivierung, Selbsttätigkeit, Projektarbeit). (5. Auflage)*. Julius Klinkhardt Verlag. Bad Heilbrunn. S. 24

151. Decke-Cornill, Helene/ Küster, Lutz (2010): *Fremdsprachendidaktik*. Narr Verlag. Tübingen. S. 80

152. Neckermann, Nicole (2001): *Instruktionstexte (Normativ-theoretische Anforderungen und empirische Strukturen am Beispiel des Kommunikationsmittels Telefon im 19. und 20. Jahrhundert)*. Weißensee-Verlag. Berlin. S. 57

153. Kleppin, Karin (2007b): *Sprachspiele und Sprachlernspiele*. In: Bausch, Karl-Richard/ Christ, Nerbert/ Krumm, Hans-Jürgen (Hrsg.): *Handbuch Fremdsprachenunterricht (5 Auflage)*. Narr Francke Attempto Verlag GmbH & Co.KG. Tübingen. S. 263-266. S. 264

154. Bimmel, Peter/ Kast, Bernd/ Neuner, Gerd (2011): *Deutschunterricht planen*. Universität Kassel Verlag. Kassel. S. 128

155. Kleppin, Karin (2007a): *Fehler und Fehlerkorrektur*. Langenscheidt Verlag. Kassel. S. 33

156. Kleppin, Karin (2007a): *Fehler und Fehlerkorrektur*. Langenscheidt Verlag. Kassel. S. 32

157. Kleppin, Karin (2007a): *Fehler und Fehlerkorrektur*. Langenscheidt Verlag. Kassel. S. 33

158. Vielau, Axel (1997): *Methodik des kommunikativen Fremdsprachenunterricht (Ein lernerorientiertes Unterrichtskonzept [nicht nur] für Erwachsenenbildung) (4. Auflage)*. Cornelsen Verlag. Berlin. S. 93

159. Wolff, Dieter (2008): *Selbstbestimmtes Lernen und Lernerautonomie. (Einige Überlegung zum lernpsychologischen Hintergrund)*. In: Arntz, Reiner/ Kühn, Bärbel (Hrsg.): *Autonomes Fremdsprachenlernen in Hochschule und Erwachsenenbildung (Erträge des 1. Bremen Symposions zum autonomen fremdsprachenlernen)*. AKS-Verlag. Bochum. S. 18-32. S. 25

160. Vielau, Axel (1997): *Methodik des kommunikativen Fremdsprachenunterricht (Ein lernerorientiertes Unterrichtskonzept [nicht nur] für Erwachsenenbildung) (4. Auflage)*. Cornelsen Verlag. Berlin. S. 166

161. Wolff, Dieter (2008): *Selbstbestimmtes Lernen und Lernerautonomie. (Einige Überlegung zum lernpsychologischen Hintergrund)*. In: Arntz, Reiner/ Kühn, Bärbel (Hrsg.): *Autonomes Fremdsprachenlernen in Hochschule und Erwachsenenbildung (Erträge des 1. Bremen Symposions zum autonomen fremdsprachenlernen)*. AKS-Verlag. Bochum. S. 18-32. S. 23

162. Schiffler, Ludger (2012): *Effektiver Fremdsprachenunterricht (Bewegung – Visualisierung – Entspannung)*. Narr Francke Verlag. Tübingen. S. 82

163. Schiffler, Ludger (2012): *Effektiver Fremdsprachenunterricht (Bewegung – Visualisierung – Entspannung)*. Narr Francke Verlag. Tübingen. S. 82

164. Wolff, Dieter (2008): *Selbstbestimmtes Lernen und Lernerautonomie. (Einige Überlegung zum lernpsychologischen Hintergrund)*. In: Arntz, Reiner/ Kühn, Bärbel (Hrsg.): *Autonomes Fremdsprachenlernen in Hochschule und Erwachsenenbildung (Erträge des 1. Bremen Symposions zum autonomen fremdsprachenlernen)*. AKS-Verlag. Bochum. S. 18-32. S. 29

165. Königs, Frank G. (1983): *Normenaspekte im Fremdsprachenunterricht (Ein konzeptorientierter Beitrag zur Forschung des Fremdsprachenunterrichts)*. Gunter Narr Verlag. Tübingen. S. 412

166. Vielau, Axel (1997): *Methodik des kommunikativen Fremdsprachenunterricht (Ein lernerorientiertes Unterrichtskonzept [nicht nur] für Erwachsenenbildung) (4. Auflage)*. Cornelsen Verlag. Berlin. S. 179

167. Häussermann, Ulrich/ Piepho, Hans-Eberhard (1996): *Aufgaben Handbuch Deutsch als Fremdsprache*. Iudicium Verlag. München. S. 85-125

168. Kleppin, Karin (2002): *Lernen als sozialer Prozess*. In: Quetz, Jürgen/ Handt, Gerhard von der (Hrsg.): *Neue Sprachen lehren und lernen. (Fremdsprachenunterricht in der Weiterbildung)*. W. Bertelsmann Verlad. Bielefeld. S. 83-101. S. 90

169. Edmondson, Willis/ House, Juliane (1993): *Einführung in die Sprachlehrforschung*. A. Francke Verlag. Tübingen. S. 109

170. Schiffler, Ludger (2012): *Effektiver Fremdsprachenunterricht (Bewegung – Visualisierung – Entspannung)*. Narr Francke Verlag. Tübingen. S. 80

171. Geuenich, Bettina/ Hammelmann, Iris/ Havas, Harald/ Mündemann, Belen-Mercedes/ Novak, Kaja/ Solms, Andrea (2006): *Das große Buch der Lerntechniken*. Compact Verlag. München. S. 236

172. Linke, Angelika/ Nussbaumer, Markus/ Portmann, Paul R. (2004): *Studienbuch Linguistik (5., erweiterte Auflage)*.Max Niemeyer Verlag. Tübingen. S. 161

173. Ghenghea, Voichita Alexandra (2000): *Sprache und Bild in Fachtexten. (Lesen im Unterricht für Deutsche als Fremdsprache)*. Peter Lang Verlag. Frankfurt am Main. S. 70

174. Stickel-Wolf, Christine/ Wolf, Joachim (2001): *Wissenschaftliches Arbeiten und Lerntechniken*. Gabler Verlag. Wiesbaden. S. 39

175. Ghenghea, Voichita Alexandra (2000): *Sprache und Bild in Fachtexten. (Lesen im Unterricht für Deutsche als Fremdsprache)*. Peter Lang Verlag. Frankfurt am Main. S. 70

176. Haß, Frank/ Kieweg, Werner/ Kuty, Margitta/ Müller-Hartmann, Andreas/ Weisshaar, Harald (2006): *Fachdidaktik Englisch (Tradition, Innovation, Praxis)*. Ernst Klett Sprachen Verlag. Stuttgart. S. 118

177. Ende, Karin/ Grotjahn, Rüdiger/ Kleppin, Karin/ Mohr, Imke (2013): *Curriculare Vorgaben und Unterrichtsplanung*. Langenscheidt Verlag. Berlin. S. 146

178. Edmondson, Willis/ House, Juliane (1993): *Einführung in die Sprachlehrforschung*. A. Francke Verlag. Tübingen. S. 109

179. Christmann, Ursula/ Groeben, Norbert (1999): *Psychologie des Lesens*. In: Franzmann, Bodo/ Hasemann, Klaus/ Löffler, Dietrich/ Schön, Erich (Hrsg.): *Handbuch Lesen*. Schneider Verlag. Hohengehren. S. 145-209. S. 197

180. Anderson, John R. (2001): *Kognitive Psychologie (3. Auflage)*. Spektrum Akademischer Verlag. Berlin. S. 211

181. Bodenmann, Guy/ Perrez, Meinrad/ Schär, Marcel (2011): *Klassische Lerntheorien (Grundlagen und Anwendungen in Erziehung und Psychotherapie) (2.,überarbeitete Auflage)*. Hans Huber Verlag. Bern. S. 257

182. Schiffler, Ludger (2012): *Effektiver Fremdsprachenunterricht (Bewegung – Visualisierung – Entspannung)*. Narr Francke Verlag. Tübingen. S. 80

183. Schlag, Sabine (2011): *Kognitive Strategien zur Förderung des Text- und Bildverstehens beim Lernen mit illustrierten Sachtexten (Theoretische Konzeptualisierung und empirische Prüfung)*. Logos Verlag. Berlin. S. 16

184. Bimmel, Peter/ Kast, Bernd/ Neuner, Gerd (2011): *Deutschunterricht planen*. Universität Kassel Verlag. Kassel. S. 90

185. Königs, Frank G. (1983): *Normenaspekte im Fremdsprachenunterricht (Ein konzeptorientierter Beitrag zur Forschung des Fremdsprachenunterrichts)*. Gunter Narr Verlag. Tübingen

186. Haß, Frank/ Kieweg, Werner/ Kuty, Margitta/ Müller-Hartmann, Andreas/ Weisshaar, Harald (2006): *Fachdidaktik Englisch (Tradition, Innovation, Praxis)*. Ernst Klett Sprachen Verlag. Stuttgart. S. 120

187. Haß, Frank/ Kieweg, Werner/ Kuty, Margitta/ Müller-Hartmann, Andreas/ Weisshaar, Harald (2006): *Fachdidaktik Englisch (Tradition, Innovation, Praxis)*. Ernst Klett Sprachen Verlag. Stuttgart. S. 118

188. Haß, Frank/ Kieweg, Werner/ Kuty, Margitta/ Müller-Hartmann, Andreas/ Weisshaar, Harald (2006): *Fachdidaktik Englisch (Tradition, Innovation, Praxis)*. Ernst Klett Sprachen Verlag. Stuttgart. S. 120

189. Müller, Bernd-Dietrich (1994): *Wortschatzarbeit und Bedeutungsvermittlung*. Langenscheidt Verlag. Kassel. S. 18

190. Linke, Angelika/ Nussbaumer, Markus/ Portmann, Paul R. (2004): *Studienbuch Linguistik (5., erweiterte Auflage)*.Max Niemeyer Verlag. Tübingen. S. 161

191. Schmidt, Wolfgang (1972): *Lernen – aber wie?*. List Verlag. München. S. 62

192. Linke, Angelika/ Nussbaumer, Markus/ Portmann, Paul R. (2004): *Studienbuch Linguistik (5., erweiterte Auflage)*.Max Niemeyer Verlag. Tübingen. S. 161

193. Linke, Angelika/ Nussbaumer, Markus/ Portmann, Paul R. (2004): *Studienbuch Linguistik (5., erweiterte Auflage)*.Max Niemeyer Verlag. Tübingen. S. 162

194. Schmidt, Wolfgang (1972): *Lernen – aber wie?*. List Verlag. München. S. 62

195. Linke, Angelika/ Nussbaumer, Markus/ Portmann, Paul R. (2004): *Studienbuch Linguistik (5., erweiterte Auflage)*.Max Niemeyer Verlag. Tübingen. S. 169-170

196. Multhaup, Uwe (1995): *Psycholinguistik und fremdsprachliche Lernen (Von Lehrplänen zu Lernprozessen)*. Hueber Verlag. Ismaning. S. 23

197. Multhaup, Uwe (1995): *Psycholinguistik und fremdsprachliche Lernen (Von Lehrplänen zu Lernprozessen)*. Hueber Verlag. Ismaning. S. 25

198. Multhaup, Uwe (1995): *Psycholinguistik und fremdsprachliche Lernen (Von Lehrplänen zu Lernprozessen)*. Hueber Verlag. Ismaning. S. 24

199. Multhaup, Uwe (1995): *Psycholinguistik und fremdsprachliche Lernen (Von Lehrplänen zu Lernprozessen)*. Hueber Verlag. Ismaning. S. 29

200. Lauden, Edna/ Weinbach, Liora (1990): *Et-Ivrit (Teil 1)*. MATAH Zentrum Verlag. Tel-Aviv. S. 19

201. Gudjons, Herbert (1997): *Handlungsorientiert lehren und lernen. (Schüleraktivierung, Selbsttätigkeit, Projektarbeit). (5. Auflage)*. Julius Klinkhardt Verlag. Bad Heilbrunn. S. 74

202. Wolff, Dieter (2008): *Selbstbestimmtes Lernen und Lernerautonomie. (Einige Überlegung zum lernpsychologischen Hintergrund)*. **In:** Arntz, Reiner/ Kühn, Bärbel (Hrsg.): *Autonomes Fremdsprachenlernen in Hochschule und Erwachsenenbildung (Erträge des 1. Bremen Symposions zum autonomen fremdsprachenlernen)*. AKS-Verlag. Bochum. S. 18-32. S. 24

203. Vielau, Axel (1997): *Methodik des kommunikativen Fremdsprachenunterricht (Ein lernerorientiertes Unterrichtskonzept [nicht nur] für Erwachsenenbildung) (4. Auflage)*. Cornelsen Verlag. Berlin. S. 16

204. Schlüter, Christiane (2007): *Die wichtigsten Psychologen im Porträt*. Marix Verlag. Wiesbaden. S. 111

205. Gage, Nathaniel L./ Berliner David C. (1986): *Pädagogische Psychologie (Herausgegeben und aus dem Amerikanischen übersetzt von Gerhard Bach). (Vierte, völlig neu bearbeitete Auflage)*. Psychologie Verlag Union. Weinheim und München. S. 154

206. Vielau, Axel (1997): *Methodik des kommunikativen Fremdsprachenunterricht (Ein lernerorientiertes Unterrichtskonzept [nicht nur] für Erwachsenenbildung) (4. Auflage)*. Cornelsen Verlag. Berlin. S. 75

207. Vielau, Axel (1997): *Methodik des kommunikativen Fremdsprachenunterricht (Ein lernerorientiertes Unterrichtskonzept [nicht nur] für Erwachsenenbildung) (4. Auflage)*. Cornelsen Verlag. Berlin. S. 54

208. Wolff, Dieter (2008): *Selbstbestimmtes Lernen und Lernerautonomie. (Einige Überlegung zum lernpsychologischen Hintergrund)*. **In:** Arntz, Reiner/

Kühn, Bärbel (Hrsg.): *Autonomes Fremdsprachenlernen in Hochschule und Erwachsenenbildung (Erträge des 1. Bremen Symposions zum autonomen fremdsprachenlernen)*. AKS-Verlag. Bochum. S. 18-32. S. 21

209. Wolff, Dieter (2008): *Selbstbestimmtes Lernen und Lernerautonomie. (Einige Überlegung zum lernpsychologischen Hintergrund).* In: Arntz, Reiner/ Kühn, Bärbel (Hrsg.): *Autonomes Fremdsprachenlernen in Hochschule und Erwachsenenbildung (Erträge des 1. Bremen Symposions zum autonomen fremdsprachenlernen)*. AKS-Verlag. Bochum. S. 18-32. S. 23

210. Vielau, Axel (1997): *Methodik des kommunikativen Fremdsprachenunterricht (Ein lernerorientiertes Unterrichtskonzept [nicht nur] für Erwachsenenbildung) (4. Auflage)*. Cornelsen Verlag. Berlin. S. 77

211. Vielau, Axel (1997): *Methodik des kommunikativen Fremdsprachenunterricht (Ein lernerorientiertes Unterrichtskonzept [nicht nur] für Erwachsenenbildung) (4. Auflage)*. Cornelsen Verlag. Berlin. S. 86

212. Vielau, Axel (1997): *Methodik des kommunikativen Fremdsprachenunterricht (Ein lernerorientiertes Unterrichtskonzept [nicht nur] für Erwachsenenbildung) (4. Auflage)*. Cornelsen Verlag. Berlin. S. 76

213. Vielau, Axel (1997): *Methodik des kommunikativen Fremdsprachenunterricht (Ein lernerorientiertes Unterrichtskonzept [nicht nur] für Erwachsenenbildung) (4. Auflage)*. Cornelsen Verlag. Berlin. S. 57

214. Herrmann, Theo/ Grabowski, Joachim (1994): *Sprechen (Psychologie der Sprachproduktion)*. Spektrum Akademischer Verlag. Heidelberg. S. 266

215. Wolff, Dieter (2008): *Selbstbestimmtes Lernen und Lernerautonomie. (Einige Überlegung zum lernpsychologischen Hintergrund).* In: Arntz, Reiner/ Kühn, Bärbel (Hrsg.): *Autonomes Fremdsprachenlernen in Hochschule und Erwachsenenbildung (Erträge des 1. Bremen Symposions zum autonomen fremdsprachenlernen)*. AKS-Verlag. Bochum. S. 18-32. S. 21

216. Wolff, Dieter (2008): *Selbstbestimmtes Lernen und Lernerautonomie. (Einige Überlegung zum lernpsychologischen Hintergrund).* In: Arntz, Reiner/ Kühn, Bärbel (Hrsg.): *Autonomes Fremdsprachenlernen in Hochschule und Erwachsenenbildung (Erträge des 1. Bremen Symposions zum autonomen fremdsprachenlernen)*. AKS-Verlag. Bochum. S. 18-32. S. 21-23

217. Wolff, Dieter (2008): *Selbstbestimmtes Lernen und Lernerautonomie. (Einige Überlegung zum lernpsychologischen Hintergrund).* In: Arntz, Reiner/ Kühn, Bärbel (Hrsg.): *Autonomes Fremdsprachenlernen in Hochschule und Erwachsenenbildung (Erträge des 1. Bremen Symposions zum autonomen fremdsprachenlernen)*. AKS-Verlag. Bochum. S. 18-32. S. 21

218. Wolff, Dieter (2008): *Selbstbestimmtes Lernen und Lernerautonomie. (Einige Überlegung zum lernpsychologischen Hintergrund).* In: Arntz, Reiner/ Kühn, Bärbel (Hrsg.): *Autonomes Fremdsprachenlernen in Hochschule und Erwachsenenbildung (Erträge des 1. Bremen Symposions zum autonomen fremdsprachenlernen)*. AKS-Verlag. Bochum. S. 18-32. S. 19

219. Burwitz-Melzer, Eva/Quetz, Jürgen (2002): *Methoden für den Fremdsprachenunterricht mit Erwachsenen.* In: Quetz, Jürgen/ Handt, Gerhard von der (Hrsg.): *Neue Sprachen lehren und lernen. (Fremdsprachenunterricht in der Weiterbildung).* W. Bertelsmann Verlad. Bielefeld. S. 102-186. S. 112

220. Vetter, Dieter/ Walther, Johanna (1973): *Hebräisch funktional (Beschreibung operationalen Verfahrens).* Calwer Verlag. Stuttgart. S. 11

221. Trim, John/ North, Brian/ Coste, Daniel (2001): *Gemeinsamer europäischer Referenzrahmen für Sprachen: lernen, lehren, beurteilen.* Langenscheidt. Straßburg. S. 77

222. Burwitz-Melzer, Eva/Quetz, Jürgen (2002): *Methoden für den Fremdsprachenunterricht mit Erwachsenen.* In: Quetz, Jürgen/ Handt, Gerhard von der (Hrsg.): *Neue Sprachen lehren und lernen. (Fremdsprachenunterricht in der Weiterbildung).* W. Bertelsmann Verlad. Bielefeld. S. 102-186. S. 112

223. Schmelter, Lars (2012): *Sprachbewusstheit – mehr als Grammatik.* In: Burwutz-Melzer, Eva/ Königs, Frank G./ Krumm, Hans-Jürgen (Hrsg.): *Sprachenbewusstheit im Fremdsprachenunterricht. (Arbeitspapiere der 32. Frühjahrskonferenz zur Erforschung des Fremdsprachenunterrichts).* Narr Verlag. Tübingen. S. 189-197. S. 191

224. Ehlers, Swantje (1998): *Lesetheorie und fremdsprachliche Lesepraxis (aus der Perspektive des Deutschen als Fremdsprache).* Gunter Narr Verlag. Tübingen. S. 111

225. Ehlers, Swantje (1998): *Lesetheorie und fremdsprachliche Lesepraxis (aus der Perspektive des Deutschen als Fremdsprache).* Gunter Narr Verlag. Tübingen. S. 115

226. Grotjahn, Rüdiger (2003): *Leistung und Leistungsbewertung.* Erprobungsfassung. Bochum. S. 96

227. Grotjahn, Rüdiger (2003): *Leistung und Leistungsbewertung.* Erprobungsfassung. Bochum. S. 99

228. Schmelter, Lars (2012): *Sprachbewusstheit – mehr als Grammatik.* In: Burwutz-Melzer, Eva/ Königs, Frank G./ Krumm, Hans-Jürgen (Hrsg.): *Sprachenbewusstheit im Fremdsprachenunterricht. (Arbeitspapiere der 32. Frühjahrskonferenz zur Erforschung des Fremdsprachenunterrichts).* Narr Verlag. Tübingen. S. 189-197. S. 191

229. Ehlers, Swantje (1998): *Lesetheorie und fremdsprachliche Lesepraxis (aus der Perspektive des Deutschen als Fremdsprache).* Gunter Narr Verlag. Tübingen. S. 147

230. Lutjeharms, Madeline (1988): *Lesen in der Fremdsprache. Versuch einer psycholinguistischen Deutung am Beispiel Deutsch als Fremdsprache.* AKS-Verlag. Bochum. S. 51

231. Lutjeharms, Madeline (1988): *Lesen in der Fremdsprache. Versuch einer psycholinguistischen Deutung am Beispiel Deutsch als Fremdsprache.* AKS-Verlag. Bochum. S. 47

232. Lutjeharms, Madeline (1988): *Lesen in der Fremdsprache. Versuch einer psycholinguistischen Deutung am Beispiel Deutsch als Fremdsprache.* AKS-Verlag. Bochum. S. 51

233. Lutjeharms, Madeline (1988): *Lesen in der Fremdsprache. Versuch einer psycholinguistischen Deutung am Beispiel Deutsch als Fremdsprache.* AKS-Verlag. Bochum. S. 48

234. Ehlers, Swantje (1998): *Lesetheorie und fremdsprachliche Lesepraxis (aus der Perspektive des Deutschen als Fremdsprache).* Gunter Narr Verlag. Tübingen. S. 18

235. Schiefele, Ulriche/ Artelt, Cordula/ Schneider, Wolfgang/ Stanat, Petra (2004): *Struktur, Entwicklung und Förderung von Lesekompetenz.* VS Verlag für Sozialwissenschaften/ GWV Fachverlage GmbH. Wiesbaden. S. 83

236. Schiefele, Ulriche/ Artelt, Cordula/ Schneider, Wolfgang/ Stanat, Petra (2004): *Struktur, Entwicklung und Förderung von Lesekompetenz.* VS Verlag für Sozialwissenschaften/ GWV Fachverlage GmbH. Wiesbaden. S. 80

237. Schiefele, Ulriche/ Artelt, Cordula/ Schneider, Wolfgang/ Stanat, Petra (2004): *Struktur, Entwicklung und Förderung von Lesekompetenz.* VS Verlag für Sozialwissenschaften/ GWV Fachverlage GmbH. Wiesbaden. S. 82

238. Ehlers, Swantje (1998): *Lesetheorie und fremdsprachliche Lesepraxis (aus der Perspektive des Deutschen als Fremdsprache).* Gunter Narr Verlag. Tübingen. S. 138

239. Lutjeharms, Madeline (1988): *Lesen in der Fremdsprache. Versuch einer psycholinguistischen Deutung am Beispiel Deutsch als Fremdsprache.* AKS-Verlag. Bochum. S. 47

240. Linke, Angelika/ Nussbaumer, Markus/ Portmann, Paul R. (2004): *Studienbuch Linguistik (5., erweiterte Auflage).*Max Niemeyer Verlag. Tübingen. S. 255

241. Lutjeharms, Madeline (1988): *Lesen in der Fremdsprache. Versuch einer psycholinguistischen Deutung am Beispiel Deutsch als Fremdsprache.* AKS-Verlag. Bochum. S. 55

242. Lutjeharms, Madeline (1988): *Lesen in der Fremdsprache. Versuch einer psycholinguistischen Deutung am Beispiel Deutsch als Fremdsprache.* AKS-Verlag. Bochum. S. 48

243. Lutjeharms, Madeline (1988): *Lesen in der Fremdsprache. Versuch einer psycholinguistischen Deutung am Beispiel Deutsch als Fremdsprache.* AKS-Verlag. Bochum. S. 48

244. Christmann, Ursula/ Groeben, Norbert (1999): *Psychologie des Lesens.* In: Franzmann, Bodo/ Hasemann, Klaus/ Löffler, Dietrich/ Schön, Erich (Hrsg.): *Handbuch Lesen.* Schneider Verlag. Hohengehren. S. 145-209. S. 202

245. Lutjeharms, Madeline (1988): *Lesen in der Fremdsprache. Versuch einer psycholinguistischen Deutung am Beispiel Deutsch als Fremdsprache.* AKS-Verlag. Bochum. S. 50

246. Christmann, Ursula/ Groeben, Norbert (1999): *Psychologie des Lesens.* In: Franzmann, Bodo/ Hasemann, Klaus/ Löffler, Dietrich/ Schön, Erich (Hrsg.): *Handbuch Lesen.* Schneider Verlag. Hohengehren. S. 145-209. S. 201

247. Lutjeharms, Madeline (1988): *Lesen in der Fremdsprache. Versuch einer psycholinguistischen Deutung am Beispiel Deutsch als Fremdsprache.* AKS-Verlag. Bochum. S. 47

248. Lutjeharms, Madeline (1988): *Lesen in der Fremdsprache. Versuch einer psycholinguistischen Deutung am Beispiel Deutsch als Fremdsprache.* AKS-Verlag. Bochum. S. 63

249. Ehlers, Swantje (1998): *Lesetheorie und fremdsprachliche Lesepraxis (aus der Perspektive des Deutschen als Fremdsprache).* Gunter Narr Verlag. Tübingen. S. 147

250. Lutjeharms, Madeline (1988): *Lesen in der Fremdsprache. Versuch einer psycholinguistischen Deutung am Beispiel Deutsch als Fremdsprache.* AKS-Verlag. Bochum. S. 47

251. Schiefele, Ulriche/ Artelt, Cordula/ Schneider, Wolfgang/ Stanat, Petra (2004): *Struktur, Entwicklung und Förderung von Lesekompetenz.* VS Verlag für Sozialwissenschaften/ GWV Fachverlage GmbH. Wiesbaden. S. 83

252. Christmann, Ursula/ Groeben, Norbert (1999): *Psychologie des Lesens.* In: Franzmann, Bodo/ Hasemann, Klaus/ Löffler, Dietrich/ Schön, Erich (Hrsg.): *Handbuch Lesen.* Schneider Verlag. Hohengehren. S. 145-209. S. 199-200

253. Vielau, Axel (1997): *Methodik des kommunikativen Fremdsprachenunterricht (Ein lernerorientiertes Unterrichtskonzept [nicht nur] für Erwachsenenbildung) (4. Auflage).* Cornelsen Verlag. Berlin. S. 237

254. Heinemann, Wolfgang/ Viehweger, Dieter (1991): *Textlinguistik (Eine Einführung).* Max Niemeyer Verlag. Tübingen. S. 264

255. Wolff, Dieter (2008): *Selbstbestimmtes Lernen und Lernerautonomie. (Einige Überlegung zum lernpsychologischen Hintergrund).* In: Arntz, Reiner/ Kühn, Bärbel (Hrsg.): *Autonomes Fremdsprachenlernen in Hochschule und Erwachsenenbildung (Erträge des 1. Bremen Symposions zum autonomen fremdsprachenlernen).* AKS-Verlag. Bochum. S. 18-32. S. 29

256. Vielau, Axel (1997): *Methodik des kommunikativen Fremdsprachenunterricht (Ein lernerorientiertes Unterrichtskonzept [nicht nur] für Erwachsenenbildung) (4. Auflage).* Cornelsen Verlag. Berlin. S. 236-237

257. Storch, Günther (2009): *Deutsch als Fremdsprache. Eine Didaktik. (Theoretische Grundlagen und praktische Unterrichtsgestaltung).* Wilhelm Fink Verlag. Paderborn. S. 121

258. Storch, Günther (2009): *Deutsch als Fremdsprache. Eine Didaktik. (Theoretische Grundlagen und praktische Unterrichtsgestaltung).* Wilhelm Fink Verlag. Paderborn. S. 121

259. Schramm, Karen (2001): *L2-Lesen in Aktion.* Waxmann Verlag. Münster/ Berlin. S. 77

260. Schramm, Karen (2001): *L2-Lesen in Aktion*. Waxmann Verlag. Münster/ Berlin. S. 67-68

261. Artelt, Cordula (2004): *Zur Bedeutung von Lernstrategien beim Textverstehen*. **In**: Köster, Juliane/ Lütgert, Will/ Creutzburg, Jürgen (Hrsg.): *Aufgabenkultur und Lesekompetenz*. Peter Lang Verlag. Frankfurt am Main. S. 61-75. S. 66

262. Finkbeiner, Claudia (2005): *Interessen und Strategien beim fremdsprachlichen Lesen*. Narr Francke Attempto Verlag. Tübingen. S. 156

263. Rickheit, Gert/ Weiss, Sabine/ Eikmeyer, Hans-Jürgen (2010): *Kognitive Linguistik*. A. Francke Verlag. Tübingen. S. 63

264. Neckermann, Nicole (2001): *Instruktionstexte (Normativ-theoretische Anforderungen und empirische Strukturen am Beispiel des Kommunikationsmittels Telefon im 19. und 20. Jahrhundert)*. Weißensee-Verlag. Berlin. S. 51

265. Storch, Günther (2009): *Deutsch als Fremdsprache. Eine Didaktik. (Theoretische Grundlagen und praktische Unterrichtsgestaltung)*. Wilhelm Fink Verlag.Paderborn. S. 124

266. Biechele, Barbara (2010): *top-down*. **In**: Barkowski, Hans/ Krumm, Hans-Jürgen (Hrsg.): *Fachlexikon Deutsch als Fremd- und Zweitsprache*. Narr Francke Attempto Verlag. Tübinger. S. 342

267. Rickheit, Gert/ Weiss, Sabine/ Eikmeyer, Hans-Jürgen (2010): *Kognitive Linguistik*. A. Francke Verlag. Tübingen. S. 61

268. Rickheit, Gert/ Weiss, Sabine/ Eikmeyer, Hans-Jürgen (2010): *Kognitive Linguistik*. A. Francke Verlag. Tübingen. S. 61

269. Rickheit, Gert/ Weiss, Sabine/ Eikmeyer, Hans-Jürgen (2010): *Kognitive Linguistik*. A. Francke Verlag. Tübingen. S. 63

270. Schoenke, Eva (1994): *Neuere Entwicklungen in der Textlinguistik*. **In**: Wagner, Karl Heinz/ Wildgen, Wolfgang (Hrsg.): *Kognitive Linguistik und Interpretation*. Verlag Universität Bremen. Bremen. S. 77-106. S. 82

271. Storch, Günther (2009): *Deutsch als Fremdsprache. Eine Didaktik. (Theoretische Grundlagen und praktische Unterrichtsgestaltung)*. Wilhelm Fink Verlag.Paderborn. S. 121

272. Ehlers, Swantje (1998): *Lesetheorie und fremdsprachliche Lesepraxis (aus der Perspektive des Deutschen als Fremdsprache)*. Gunter Narr Verlag. Tübingen. S. 17

273. Lutjeharms, Madeline (1988): *Lesen in der Fremdsprache. Versuch einer psycholinguistischen Deutung am Beispiel Deutsch als Fremdsprache*. AKS-Verlag. Bochum. S. 85

274. Christmann, Ursula (1989): *Modelle der Textverarbeitung: Textbeschreibung als Textverstehen*. Aschendorff Verlag. Münster. S. 87

275. Westhoff, Gerhard J. (1987): *Didaktik des Leseverstehens. Strategien des voraussagenden Lesens mit Übungsprogrammen*. Hueber Verlag. München. S. 49

276. Lutjeharms, Madeline (1988): *Lesen in der Fremdsprache. Versuch einer psycholinguistischen Deutung am Beispiel Deutsch als Fremdsprache.* AKS-Verlag. Bochum. S. 87

277. Lutjeharms, Madeline (1988): *Lesen in der Fremdsprache. Versuch einer psycholinguistischen Deutung am Beispiel Deutsch als Fremdsprache.* AKS-Verlag. Bochum. S. 82

278. Lutjeharms, Madeline (1988): *Lesen in der Fremdsprache. Versuch einer psycholinguistischen Deutung am Beispiel Deutsch als Fremdsprache.* AKS-Verlag. Bochum. S. 83

279. Lutjeharms, Madeline (1988): *Lesen in der Fremdsprache. Versuch einer psycholinguistischen Deutung am Beispiel Deutsch als Fremdsprache.* AKS-Verlag. Bochum. S. 82

280. Lutjeharms, Madeline (1988): *Lesen in der Fremdsprache. Versuch einer psycholinguistischen Deutung am Beispiel Deutsch als Fremdsprache.* AKS-Verlag. Bochum. S. 84

281. Schramm, Karen (2001): *L2-Lesen in Aktion.* Waxmann Verlag. Münster/ Berlin. S. 66

282. Lutjeharms, Madeline (1988): *Lesen in der Fremdsprache. Versuch einer psycholinguistischen Deutung am Beispiel Deutsch als Fremdsprache.* AKS-Verlag. Bochum. S. 82

283. Engelkamp, Johannes/ Zimmer, Hubert D. (2006): *Lehrbuch der Kognitiven Psychologie.* Hogrefe Verlag. Göttingen. S. 542

284. Zimbardo, Philip/ Gerrig, Richard J./ Hoppe-Graff, Siegfried (1999): *Psychologie.* Springer. Berlin. S. 143

285. Neckermann, Nicole (2001): *Instruktionstexte (Normativ-theoretische Anforderungen und empirische Strukturen am Beispiel des Kommunikationsmittels Telefon im 19. und 20. Jahrhundert).* Weißensee-Verlag. Berlin. S. 51

286. Rickheit, Gert/ Weiss, Sabine/ Eikmeyer, Hans-Jürgen (2010): *Kognitive Linguistik.* A. Francke Verlag. Tübingen. S. 60-61

287. Herausgegeben vom Ministerium für Schule und Weiterbildung, Wissenschaft und Forschung des Landes Nordrhein-Westfalen (1999): *Hebräisch (Richtlinien und Lehrpläne für die Sekundarstufe II – Gymnasium/ Gesamtschule im Nordrhein-Westfalen).* Copyright by Ritterbach Verlag. Frechen. S. 62

288. Biechele, Barbara (2010): *bottom-up.* In: Barkowski, Hans/ Krumm, Hans-Jürgen (Hrsg.): *Fachlexikon Deutsch als Fremd- und Zweitsprache.* Narr Francke Attempto Verlag. Tübinger. S. 33

289. Rickheit, Gert/ Weiss, Sabine/ Eikmeyer, Hans-Jürgen (2010): *Kognitive Linguistik.* A. Francke Verlag. Tübingen. S. 61

290. Lutjeharms, Madeline (1988): *Lesen in der Fremdsprache. Versuch einer psycholinguistischen Deutung am Beispiel Deutsch als Fremdsprache.* AKS-Verlag. Bochum. S. 86

291. Lutjeharms, Madeline (1988): *Lesen in der Fremdsprache. Versuch einer psycholinguistischen Deutung am Beispiel Deutsch als Fremdsprache*. AKS-Verlag. Bochum. S. 86

292. Grotjahn, Rüdiger (2003): *Leistung und Leistungsbewertung*. Erprobungsfassung. Bochum. S. 106

293. Lutjeharms, Madeline (1988): *Lesen in der Fremdsprache. Versuch einer psycholinguistischen Deutung am Beispiel Deutsch als Fremdsprache*. AKS-Verlag. Bochum. S. 83

294. Lutjeharms, Madeline (1988): *Lesen in der Fremdsprache. Versuch einer psycholinguistischen Deutung am Beispiel Deutsch als Fremdsprache*. AKS-Verlag. Bochum. S. 86

295. Schramm, Karen (2001): *L2-Lesen in Aktion*. Waxmann Verlag. Münster/ Berlin. S. 82

296. Rickheit, Gert/ Weiss, Sabine/ Eikmeyer, Hans-Jürgen (2010): *Kognitive Linguistik*. A. Francke Verlag. Tübingen. S. 62

297. Mokhlesgerami, Judith (2004): *Förderung der Lesekompetenz (Implementation und Evaluation eines Unterrichtsprogramms in der Sekundarstufe I)*. Verlag Dr. Kovac. Hamburg. S. 23

298. Schramm, Karen (2001): *L2-Lesen in Aktion*. Waxmann Verlag. Münster/ Berlin. S. 67-68

299. Rickheit, Gert/ Strohner, Hans (1993): *Grundlagen der kognitiven Sprachverarbeitung (Modelle, Methoden, Ergebnisse)*. Francke Verlag. Tübingen. S. 230

300. Lutjeharms, Madeline (1988): *Lesen in der Fremdsprache. Versuch einer psycholinguistischen Deutung am Beispiel Deutsch als Fremdsprache*. AKS-Verlag. Bochum. S. 83

301. Rickheit, Gert/ Weiss, Sabine/ Eikmeyer, Hans-Jürgen (2010): *Kognitive Linguistik*. A. Francke Verlag. Tübingen. S. 61

302. Lutjeharms, Madeline (1988): *Lesen in der Fremdsprache. Versuch einer psycholinguistischen Deutung am Beispiel Deutsch als Fremdsprache*. AKS-Verlag. Bochum. S. 83

303. Schramm, Karen (2001): *L2-Lesen in Aktion*. Waxmann Verlag. Münster/ Berlin. S. 66

304. Rickheit, Gert/ Weiss, Sabine/ Eikmeyer, Hans-Jürgen (2010): *Kognitive Linguistik*. A. Francke Verlag. Tübingen. S. 63

305. Rickheit, Gert/ Weiss, Sabine/ Eikmeyer, Hans-Jürgen (2010): *Kognitive Linguistik*. A. Francke Verlag. Tübingen. S. 63

306. Rickheit, Gert/ Weiss, Sabine/ Eikmeyer, Hans-Jürgen (2010): *Kognitive Linguistik*. A. Francke Verlag. Tübingen. S. 63

307. Schramm, Karen (2001): *L2-Lesen in Aktion*. Waxmann Verlag. Münster/ Berlin. S. 69

308. Schramm, Karen (2001): *L2-Lesen in Aktion*. Waxmann Verlag. Münster/ Berlin. S. 69

309. Mokhlesgerami, Judith (2004): *Förderung der Lesekompetenz (Implementation und Evaluation eines Unterrichtsprogramms in der Sekundarstufe I)*. Verlag Dr. Kovac. Hamburg. S. 23

310. Lutjeharms, Madeline (1988): *Lesen in der Fremdsprache. Versuch einer psycholinguistischen Deutung am Beispiel Deutsch als Fremdsprache*. AKS-Verlag. Bochum. S. 88

311. Schramm, Karen (2001): *L2-Lesen in Aktion*. Waxmann Verlag. Münster/ Berlin. S. 70

312. Schramm, Karen (2001): *L2-Lesen in Aktion*. Waxmann Verlag. Münster/ Berlin. S. 69

313. Schlag, Sabine (2011): *Kognitive Strategien zur Förderung des Text- und Bildverstehens beim Lernen mit illustrierten Sachtexten (Theoretische Konzeptualisierung und empirische Prüfung)*. Logos Verlag. Berlin. S. 14

314. Finkbeiner, Claudia (2005): *Interessen und Strategien beim fremdsprachlichen Lesen*. Narr Francke Attempto Verlag. Tübingen. S. 164

315. Brinker, Klaus (2001): *Linguistische Textanalyse (Eine Einführung in Grundbegriffe und Methoden). (5.,durchgesehene und ergänzte Auflage)*. Erich Schmidt Verlag. Berlin. S. 47

316. Henrici, Gert (2001b): *Methodische Konzepte für Deutsch als Fremdsprache*. **In:** Helbig, Gerhard/ Götze, Lutz/ Henrici, Gert/ Krumm, Hans-Jürgen (Hrsg.): *Deutsch als Fremdsprache – ein internationales Handbuch. 2. Halbband*. Walter de Gruyter Verlag. Berlin. S. 841-853. S. 851

317. Henrici, Gert (2001b): *Methodische Konzepte für Deutsch als Fremdsprache*. **In:** Helbig, Gerhard/ Götze, Lutz/ Henrici, Gert/ Krumm, Hans-Jürgen (Hrsg.): *Deutsch als Fremdsprache – ein internationales Handbuch. 2. Halbband*. Walter de Gruyter Verlag. Berlin. S. 841-853. S. 851

318. Neuner, Gerhard/ Hunfeld, Hans (2007): *Methoden des fremdsprachlichen Deutschunterrichts (Eine Einführung)*. Langenscheid, Universität Gesamthochschule Kassel Verlag. Kassel. S. 72

319. Henrici, Gert (2001a): *Zweitsprachenerwerb als Interaktion I: Interaktiv-kommunikative Variablen*. **In:** Helbig, Gerhard/ Götze, Lutz/ Henrici, Gert/ Krumm, Hans-Jürgen (Hrsg.): *Deutsch als Fremdsprache – ein internationales Handbuch. 1. Halbband*. Walter de Gruyter Verlag. Berlin. S. 732-741. S. 736

320. Bredel, Ursula (2007): *Sprachberatung und Grammatikunterricht*. Ferdinand Schöningh Verlag. Paderborn. S. 229

321. Raabe, Horst (2007): *Grammatikübungen*. **In:** Bausch, Karl-Richard/ Christ, Nerbert/ Krumm, Hans-Jürgen (Hrsg.): *Handbuch Fremdsprachenunterricht (5 Auflage)*. Narr Francke Attempto Verlag GmbH & Co.KG. Tübingen. S. 283-287. S. 283

322. Schmelter, Lars (2012): *Sprachbewusstheit – mehr als Grammatik*. **In:** Burwutz-Melzer, Eva/ Königs, Frank G./ Krumm, Hans-Jürgen (Hrsg.):

Sprachenbewusstheit im Fremdsprachenunterricht. (Arbeitspapiere der 32. Frühjahrskonferenz zur Erforschung des Fremdsprachenunterrichts). Narr Verlag. Tübingen. S. 189-197. S. 190-191

323. Multhaup, Uwe (1995): *Psycholinguistik und fremdsprachliche Lernen (Von Lehrplänen zu Lernprozessen).* Hueber Verlag. Ismaning. S. 23

324. Gilboa, Shula (2010): *Hebräisch (Sprachkurs Plus) (systematisch, schnell und gut).* Cornelsen Verlag. Berlin

325. Neuner, Gerhard/ Hunfeld, Hans (2007): *Methoden des fremdsprachlichen Deutschunterrichts (Eine Einführung).* Langenscheid, Universität Gesamthochschule Kassel Verlag. Kassel. S. 72

326. Multhaup, Uwe (1995): *Psycholinguistik und fremdsprachliche Lernen (Von Lehrplänen zu Lernprozessen).* Hueber Verlag. Ismaning. S. 23

327. Multhaup, Uwe (1995): *Psycholinguistik und fremdsprachliche Lernen (Von Lehrplänen zu Lernprozessen).* Hueber Verlag. Ismaning. S. 56

328. Lutjeharms, Madeline (1988): *Lesen in der Fremdsprache. Versuch einer psycholinguistischen Deutung am Beispiel Deutsch als Fremdsprache.* AKS-Verlag. Bochum. S. 86

329. Pauels, Wolfgang (2007): *Kommunikative Übungen.* **In:** Bausch, Karl-Richard/ Christ, Nerbert/ Krumm, Hans-Jürgen (Hrsg.): *Handbuch Fremdsprachenunterricht (5 Auflage).* Narr Francke Attempto Verlag GmbH & Co.KG. Tübingen. S. 302-305. S. 304

330. Richter, Tobias/ Christmann, Ursula (2002): *Lesekompetenz: Prozessebenen und interindividuelle Unterschiede.* **In:** Groeben, Norbert / Hurrelmann, Bettina (2002): *Lesekompetenz.* Juventa Verlag Weinheim und München. S. 25-58. S. 39

331. Storch, Günther (2009): *Deutsch als Fremdsprache. Eine Didaktik. (Theoretische Grundlagen und praktische Unterrichtsgestaltung).* Wilhelm Fink Verlag. Paderborn. S. 118

332. Lutjeharms, Madeline (1988): *Lesen in der Fremdsprache. Versuch einer psycholinguistischen Deutung am Beispiel Deutsch als Fremdsprache.* AKS-Verlag. Bochum. S. 51

333. Ehlers, Swantje (1998): *Lesetheorie und fremdsprachliche Lesepraxis (aus der Perspektive des Deutschen als Fremdsprache).* Gunter Narr Verlag. Tübingen. S. 138

334. Heinemann, Wolfgang/ Viehweger, Dieter (1991): *Textlinguistik (Eine Einführung).* Max Niemeyer Verlag. Tübingen. S. 260

335. Storch, Günther (2009): *Deutsch als Fremdsprache. Eine Didaktik. (Theoretische Grundlagen und praktische Unterrichtsgestaltung).* Wilhelm Fink Verlag. Paderborn. S. 118

336. Ende, Karin/ Grotjahn, Rüdiger/ Kleppin, Karin/ Mohr, Imke (2013): *Curriculare Vorgaben und Unterrichtsplanung.* Langenscheidt Verlag. Berlin. S. 143

337. Vielau, Axel (1997): *Methodik des kommunikativen Fremdsprachenunterricht (Ein lernerorientiertes Unterrichtskonzept [nicht nur] für Erwachsenenbildung) (4. Auflage)*. Cornelsen Verlag. Berlin. S. 82

338. Kleppin, Karin (2002): *Lernen als sozialer Prozess*. In: Quetz, Jürgen/ Handt, Gerhard von der (Hrsg.): *Neue Sprachen lehren und lernen. (Fremdsprachenunterricht in der Weiterbildung)*. W. Bertelsmann Verlad. Bielefeld. S. 83-101. S. 92

339. Vielau, Axel (1997): *Methodik des kommunikativen Fremdsprachenunterricht (Ein lernerorientiertes Unterrichtskonzept [nicht nur] für Erwachsenenbildung) (4. Auflage)*. Cornelsen Verlag. Berlin. S. 83

340. Vielau, Axel (1997): *Methodik des kommunikativen Fremdsprachenunterricht (Ein lernerorientiertes Unterrichtskonzept [nicht nur] für Erwachsenenbildung) (4. Auflage)*. Cornelsen Verlag. Berlin. S. 83

341. Butzkamm, Wolfgang (2007): *Lust zum Lehren, Lust zum Lernen*. A. Francke Verlag. Tübingen. S. 54

342. Engelkamp, Johannes (1984): *Sprachverstehen als Informationsverarbeitung*. In: Engelkamp, Johannes (Hrsg.): *Psychologische Aspekte des Verstehens*. Springer-Verlag. Berlin. S. 31-53. S. 37

343. Mandl, Heinz/ Friedrich, Helmut Felix/ Hron Aemilian (1988): *Theoretische Ansätze zum Wissenserwerb*. In: Mandl, Heinz/ Spada, Hans (Hrsg.): *Wissenspsychologie*. Psychologie Verlag Union. München – Wienheim. S. 123-160. S. 133

344. Mandl, Heinz/ Friedrich, Helmut Felix/ Hron Aemilian (1988): *Theoretische Ansätze zum Wissenserwerb*. In: Mandl, Heinz/ Spada, Hans (Hrsg.): *Wissenspsychologie*. Psychologie Verlag Union. München – Wienheim. S. 123-160. S. 132

345. Vielau, Axel (1997): *Methodik des kommunikativen Fremdsprachenunterricht (Ein lernerorientiertes Unterrichtskonzept [nicht nur] für Erwachsenenbildung) (4. Auflage)*. Cornelsen Verlag. Berlin. S. 86

346. Anderson, John R. (2001): *Kognitive Psychologie (3. Auflage)*. Spektrum Akademischer Verlag. Berlin. S. 419

347. Wolff, Dieter (2002): *Fremdsprachenlernen als Konstruktion*. Peter Lang Verlag. Frankfurt am Main. S. 153

348. Wolff, Dieter (2002): *Fremdsprachenlernen als Konstruktion*. Peter Lang Verlag. Frankfurt am Main. S. 153

349. Christmann, Ursula (1989): *Modelle der Textverarbeitung: Textbeschreibung als Textverstehen*. Aschendorff Verlag. Münster. S. 87

350. Mokhlesgerami, Judith (2004): *Förderung der Lesekompetenz (Implementation und Evaluation eines Unterrichtsprogramms in der Sekundarstufe I)*. Verlag Dr. Kovac. Hamburg. S. 18-19

351. Ehlers, Swantje (1998): *Lesetheorie und fremdsprachliche Lesepraxis (aus der Perspektive des Deutschen als Fremdsprache)*. Gunter Narr Verlag. Tübingen. S. 151

352. Kleppin, Karin (2002): *Lernen als sozialer Prozess.* In: Quetz, Jürgen/ Handt, Gerhard von der (Hrsg.): *Neue Sprachen lehren und lernen. (Fremdsprachenunterricht in der Weiterbildung).* W. Bertelsmann Verlad. Bielefeld. S. 83-101. S. 92-93

353. Vielau, Axel (1997): *Methodik des kommunikativen Fremdsprachenunterricht (Ein lernerorientiertes Unterrichtskonzept [nicht nur] für Erwachsenenbildung) (4. Auflage).* Cornelsen Verlag. Berlin. S. 94

354. Bufe, Waltraud (2006): *Die klassischen Sprachlehrmethoden als historisches Fundament des heutigen Fremdsprachenunterrichts.* In: Jung, Udo O.H. (Hrsg.): *Praktische Handreichung für Fremdsprachenlehrer (4., vollständig neu bearbeitete Auflage).* Peter Lang Verlag. Frankfurt am Main. S. 409-416. S. 411-412

355. Neuner, Gerhard/ Hunfeld, Hans (2007): *Methoden des fremdsprachlichen Deutschunterrichts (Eine Einführung).* Langenscheid, Universität Gesamthochschule Kassel Verlag. Kassel. S. 72-78

356. Ende, Karin/ Grotjahn, Rüdiger/ Kleppin, Karin/ Mohr, Imke (2013): *Curriculare Vorgaben und Unterrichtsplanung.* Langenscheidt Verlag. Berlin. S. 144

357. Neuner, Gerhard/ Hunfeld, Hans (2007): *Methoden des fremdsprachlichen Deutschunterrichts (Eine Einführung).* Langenscheid, Universität Gesamthochschule Kassel Verlag. Kassel. S. 72

358. Henrici, Gert (2001b): *Methodische Konzepte für Deutsch als Fremdsprache.* In: Helbig, Gerhard/ Götze, Lutz/ Henrici, Gert/ Krumm, Hans-Jürgen (Hrsg.): *Deutsch als Fremdsprache – ein internationales Handbuch. 2. Halbband.* Walter de Gruyter Verlag. Berlin. S. 841-853. S. 851

359. Meyer, Hilbert (2004): *Was ist guter Unterricht?.* Cornelsen Verlag. Berlin. S. 23-66

360. Meyer, Hilbert (2004): *Was ist guter Unterricht?.* Cornelsen Verlag. Berlin. S. 23-66

361. Roche, Jörg (2005): *Fremdsprachenerwerb. Fremdsprachendidaktik.* A. Francke Verlag. Tübingen. S. 36

362. Roche, Jörg (2005): *Fremdsprachenerwerb. Fremdsprachendidaktik.* A. Francke Verlag. Tübingen. S. 36

Literaturquelle:

1. Anderson, John R. (2001): *Kognitive Psychologie (3. Auflage)*. Spektrum Akademischer Verlag. Berlin.

2. Artelt, Cordula (2004): *Zur Bedeutung von Lernstrategien beim Textverstehen*. In: Köster, Juliane/ Lütgert, Will/ Creutzburg, Jürgen (Hrsg.): *Aufgabenkultur und Lesekompetenz*. Peter Lang Verlag. Frankfurt am Main. S. 61-75. S. 66

3. Baumgratz, Gisela/ Becker, Norbert/ Bock, Hans-Manfred/ Christ, Herbert/ Edener, Wilfried/ Firges, Jean/ Picht, Robert/ Schröder, Konrad/ Stephan, Rüdiger/ Zapp, Franz-Josef (1982): *Stuttgarter Thesen zur Rolle der Landeskunde im Französischunterricht* In: Payer, Peter (Hrsg): *Fremdsprachenunterricht und internationale Beziehungen*. Robert Bosch Stiftung. S. 9

4. Bausch, Karl-Richard/ Bergmann, Birgit/ Grögor, Brigitte/ Heinrichsen, Heinrich/ Kleppin, Karin/ Menrath, Boris/ Thürmann, Elke (2009): *Rahmenplan „Deutsch als Fremdsprache" für das Auslandsschulwesen*. http://www.bva.bund.de/DE/Organisation/Abteilungen/Abteilung_ ZfA/Auslandsschularbeit/DSD/DaF-Rahmenplan/DaF-Rahmenplan. pdf?__blob=publicationFile&v=2.

5. Berosh, Shoshanah/ Mantsur, No'Omi/ Padan, Rinah (2005): *Ivrit me-alef ad tav. 2 (Bet)*. Deyonon. Tel-Aviv.

6. Biechele, Barbara (2010): *bottom-up*. In: Barkowski, Hans/ Krumm, Hans-Jürgen (Hrsg.): *Fachlexikon Deutsch als Fremd- und Zweitsprache*. Narr Francke Attempto Verlag. Tübinger. S. 33

7. Bimmel, Peter/ Kast, Bernd/ Neuner, Gerd (2011): *Deutschunterricht planen*. Universität Kassel Verlag. Kassel.

8. Bodenmann, Guy/ Perrez, Meinrad/ Schär, Marcel (2011): *Klassische Lerntheorien (Grundlagen und Anwendungen in Erziehung und Psychotherapie) (2.,überarbeitete Auflage)*. Hans Huber Verlag. Bern.

9. Bredel, Ursula (2007): *Sprachberatung und Grammatikunterricht*. Ferdinand Schöningh Verlag. Paderborn.

10. Brinker, Klaus/ Sager, S.F. (2006): *Linguistische Gesprächsanalyse (Eine Einführung). (4.,durchgesehene und ergänzte Auflage)*. Erich Schmidt Verlag. Berlin.

11. Bufe, Waltraud (2006): *Die klassischen Sprachlehrmethoden als historisches Fundament des heutigen Fremdsprachenunterrichts*. In: Jung, Udo O.H. (Hrsg.): *Praktische Handreichung für Fremdsprachenlehrer (4., vollständig neu bearbeitete Auflage)*. Peter Lang Verlag. Frankfurt am Main. S. 409-416.

12. Burwitz-Melzer, Eva/Quetz, Jürgen (2002): *Methoden für den Fremdsprachenunterricht mit Erwachsenen*. In: Quetz, Jürgen/ Handt, Gerhard von

der (Hrsg.): *Neue Sprachen lehren und lernen. (Fremdsprachenunterricht in der Weiterbildung).* W. Bertelsmann Verlad. Bielefeld. S. 102-186.

13. Butzkamm, Wolfgang (2007): *Lust zum Lehren, Lust zum Lernen.* A. Francke Verlag. Tübingen.

14. Caspari, Daniela/ Grotjahn, Rüdiger/ Kleppin Karin (2010): *Testaufgaben und Lernaufgaben.* In Buch: Porsch, Raphaela; Tesch, Bernd; Olaf Köller (Hrsg.): *Standardbasierte Testentwicklung und Leistungsmessung (Französisch in der Sekundarstufe I).* Waxmann Verlag GmbH. S. 46-68.

15. Chayat, Shlomit/ Israeli, Sara/ Kobliner, Hilla (1990): *Hebrew from scratch.* Academon Publishing House. Jerusalem.

16. Christmann, Ursula (1989): *Modelle der Textverarbeitung: Textbeschreibung als Textverstehen.* Aschendorff Verlag. Münster

17. Christmann, Ursula/ Groeben, Norbert (1999): *Psychologie des Lesens.* **In:** Franzmann, Bodo/ Hasemann, Klaus/ Löffler, Dietrich/ Schön, Erich (Hrsg.): *Handbuch Lesen.* Schneider Verlag. Hohengehren. S. 145-209.

18. Decke-Cornill, Helene/ Küster, Lutz (2010): *Fremdsprachendidaktik.* Narr Verlag. Tübingen.

19. Edmondson, Willis/ House, Juliane (1993): *Einführung in die Sprachlehrforschung.* A. Francke Verlag. Tübingen.

20. Edmondson, Willis (2001): *Transfer beim Erlernen einer weiteren Fremdsprache: die L1-Transfer-Vermeidungsstrategie.* In: Aguado, Karin/ Riemer, Claudia (Hrsg.): *Wege und Ziele. Zur Theorie, Empirie und Praxis des Deutschen als Fremdsprache (und anderer Fremdsprache).* Schneider Verlag. Hohengehren. S. 137-154.

21. Ehlers, Swantje (1998): *Lesetheorie und fremdsprachliche Lesepraxis (aus der Perspektive des Deutschen als Fremdsprache).* Gunter Narr Verlag. Tübingen.

22. Ende, Karin/ Grotjahn, Rüdiger/Kleppin, Karin/Mohr, Imke (2013): *Curriculare Vorgaben und Unterrichtsplanung.* Langenscheidt Verlag. Berlin.

23. Engelkamp, Johannes (1984): *Sprachverstehen als Informationsverarbeitung.* In: Engelkamp, Johannes (Hrsg.): *Psychologische Aspekte des Verstehens.* Springer-Verlag. Berlin. S. 31-53.

24. Engelkamp, Johannes/ Zimmer, Hubert D. (2006): *Lehrbuch der Kognitiven Psychologie.* Hogrefe Verlag. Göttingen.

25. Ernst, Peter (2004): *Germanistische Sprachwissenschaft.* Facultas Verlagsund Buchhandels. Wien.

26. Finkbeiner, Claudia (2005): *Interessen und Strategien beim fremdsprachlichen Lesen.* Narr Francke Attempto Verlag. Tübingen.

27. Gage, Nathaniel L./ Berliner David C. (1986): *Pädagogische Psychologie (Herausgegeben und aus dem Amerikanischen übersetzt von Gerhard Bach). (Vierte, völlig neu bearbeitete Auflage).* Psychologie Verlag Union. Weinheim und München.

28. Geuenich, Bettina/ Hammelmann, Iris/ Havas, Harald/ Mündemann, Belen-Mercedes/ Novak, Kaja/ Solms, Andrea (2006): *Das große Buch der Lerntechniken*. Compact Verlag. München.

29. Ghenghea, Voichita Alexandra (2000): *Sprache und Bild in Fachtexten. (Lesen im Unterricht für Deutsche als Fremdsprache)*. Peter Lang Verlag. Frankfurt am Main.

30. Gilboa, Shula (2010): *Hebräisch (Sprachkurs Plus) (systematisch, schnell und gut)*. Cornelsen Verlag. Berlin

31. Groeben, Norbert / Hurrelmann, Bettina (2002): *Lesekompetenz*. Juventa Verlag Weinheim und München

32. Grotjahn, Rüdiger (1997): *Strategiewissen und Strategiegebrauch. Das Informationsverarbeitungsparadigma als Metatheorie der L2-Strategieforschung*. **In:** Rampillon, Ute/ Zimmermann, Günther (Hrsg.): *Strategien und Techniken beim Erwerb fremder Sprachen*. Max Hueber Verlag. Ismaning. S. 33-76.

33. Grotjahn, Rüdiger (2003): *Leistung und Leistungsbewertung*. Erprobungsfassung. Bochum.

34. Gudjons, Herbert (1997): *Handlungsorientiert lehren und lernen. (Schüleraktivierung, Selbsttätigkeit, Projektarbeit). (5. Auflage)*. Julius Klinkhardt Verlag. Bad Heilbrunn.

35. Haß, Frank/ Kieweg, Werner/ Kuty, Margitta/ Müller-Hartmann, Andreas/ Weisshaar, Harald (2006): *Fachdidaktik Englisch (Tradition, Innovation, Praxis)*. Ernst Klett Sprachen Verlag. Stuttgart.

36. Häussermann, Ulrich/ Piepho, Hans-Eberhard (1996): *Aufgaben Handbuch Deutsch als Fremdsprache*. Iudicium Verlag. München.

37. Heinemann, Wolfgang/ Viehweger, Dieter (1991): *Textlinguistik (Eine Einführung)*. Max Niemeyer Verlag. Tübingen

38. Henrici, Gert (2001a): *Zweitsprachenerwerb als Interaktion I: Interaktiv-kommunikative Variablen*. **In:** Helbig, Gerhard/ Götze, Lutz/ Henrici, Gert/ Krumm, Hans-Jürgen (Hrsg.): *Deutsch als Fremdsprache – ein internationales Handbuch. 1. Halbband*. Walter de Gruyter Verlag. Berlin. S. 732-741.

39. Henrici, Gert (2001b): *Methodische Konzepte für Deutsch als Fremdsprache*. **In:** Helbig, Gerhard/ Götze, Lutz/ Henrici, Gert/ Krumm, Hans-Jürgen (Hrsg.): *Deutsch als Fremdsprache – ein internationales Handbuch. 2. Halbband*. Walter de Gruyter Verlag. Berlin. S. 841-853.

40. Herausgegeben vom Ministerium für Schule und Weiterbildung, Wissenschaft und Forschung des Landes Nordrhein-Westfalen (1999): *Hebräisch (Richtlinien und Lehrpläne für die Sekundarstufe II – Gymnasium/ Gesamtschule im Nordrhein-Westfalen)*. Copyright by Ritterbach Verlag. Frechen.

41. Herrmann, Theo/ Grabowski, Joachim (1994): *Sprechen (Psychologie der Sprachproduktion)*. Spektrum Akademischer Verlag. Heidelberg.

42. Kleppin, Karin (1989): *Sprach- und Sprachlernspiele*. In: Bausch, Karl-Richard/ Christ, Herbert/ Hüllen, Werner/ Krumm, Hans-Jürgen (Hrsg.): *Handbuch Fremdsprachenunterricht*. Francke Verlag. Tübingen. S. 185-187.

43. Kleppin, Karin (2002): *Lernen als sozialer Prozess*. In: Quetz, Jürgen/ Handt, Gerhard von der (Hrsg.): *Neue Sprachen lehren und lernen. (Fremdsprachenunterricht in der Weiterbildung)*. W. Bertelsmann Verlad. Bielefeld. S. 83-101.

44. Kleppin, Karin (2007a): *Fehler und Fehlerkorrektur*. Langenscheidt Verlag. Kassel.

45. Kleppin, Karin (2007b): *Sprachspiele und Sprachlernspiele*. In: Bausch, Karl-Richard/ Christ, Nerbert/ Krumm, Hans-Jürgen (Hrsg.): *Handbuch Fremdsprachenunterricht (5 Auflage)*. Narr Francke Attempto Verlag GmbH & Co.KG. Tübingen. S. 263-266.

46. Knapp, Karlfried (2007): *Interkulturelle Kommunikation*. In: Knapp, Karlfried/ Antos, Gerd/ Becker-Mrotzek, Michael/ Deppermann, Arnulf/ Göpferich, Susanne/ Grabowski, Jochim/ Klemm, Michael/ Villiger, Claudia (Hrsg.): *Angewandte Linguistik (Ein Lehrbuch). (2., überarbeitete und erweiterte Auflage)*. A. Francke Verlag. Tübingen. S. 411-432.

47. Königs, Frank G. (1983): *Normenaspekte im Fremdsprachenunterricht (Ein konzeptorientierter Beitrag zur Forschung des Fremdsprachenunterrichts)*. Gunter Narr Verlag. Tübingen

48. Lauden, Edna/ Weinbach, Liora (1990): *Et-Ivrit (Teil 1)*. MATAH Zentrum Verlag. Tel-Aviv.

49. Leupold, Eynar (2007): *Kompetenzentwicklung im Französischunterricht. (Standards umsetzen – Persönlichkeit Bildung)*. Klett/ Kallmeyer Verlag. Seelze-Velber.

50. Lifschitz, Arieh/ Yakubovski, Sara (1984): *Be'al-pe u'vichtav (Hebrew text and workbook for beddiners). (Part 1)*. Printed in Israel.

51. Linke, Angelika/ Nussbaumer, Markus/ Portmann, Paul R. (2004): *Studienbuch Linguistik (5., erweiterte Auflage)*.Max Niemeyer Verlag. Tübingen.

52. Lutjeharms, Madeline (1988): *Lesen in der Fremdsprache. Versuch einer psycholinguistischen Deutung am Beispiel Deutsch als Fremdsprache*. AKS-Verlag. Bochum.

53. Macedonia-Oleinek, Manuela (1999): *Sinn-voll Fremdsprachenunterrichten (Ein praxisbezogener Leitfaden für den ganzheitlichen Fremdsprachenunterricht)*. Veritas Verlag. Linz.

54. Mandl, Heinz/ Friedrich, Helmut Felix/ Hron Aemilian (1988): *Theoretische Ansätze zum Wissenserwerb*. In: Mandl, Heinz/ Spada, Hans (Hrsg.): *Wissenspsychologie*. Psychologie Verlag Union. München – Wienheim. S. 123-160.

55. Meyer, Hilbert (2004): *Was ist guter Unterricht?*. Cornelsen Verlag. Berlin.

56. Mokhlesgerami, Judith (2004): *Förderung der Lesekompetenz (Implementation und Evaluation eines Unterrichtsprogramms in der Sekundarstufe I).* Verlag Dr. Kovac. Hamburg.

57. Müller, Bernd-Dietrich (1994): *Wortschatzarbeit und Bedeutungsvermittlung.* Langenscheidt Verlag. Kassel.

58. Multhaup, Uwe (1995): *Psycholinguistik und fremdsprachliche Lernen (Von Lehrplänen zu Lernprozessen).* Hueber Verlag. Ismaning.

59. Neckermann, Nicole (2001): *Instruktionstexte (Normativ-theoretische Anforderungen und empirische Strukturen am Beispiel des Kommunikationsmittels Telefon im 19. und 20. Jahrhundert).* Weißensee-Verlag. Berlin.

60. Neuner, Gerhard (2007): *Vermittlungsmethoden: Historischer Überblick.* **In:** Bausch, Karl-Richard/ Christ, Nerbert/ Krumm, Hans-Jürgen (Hrsg.): *Handbuch Fremdsprachenunterricht (5 Auflage).* Narr Francke Attempto Verlag GmbH & Co.KG. Tübingen. S. 225-234.

61. Neuner, Gerhard/ Hunfeld, Hans (2007): *Methoden des fremdsprachlichen Deutschunterrichts (Eine Einführung).* Langenscheid, Universität Gesamthochschule Kassel Verlag. Kassel

62. Pauels, Wolfgang (2007): *Kommunikative Übungen.* **In:** Bausch, Karl-Richard/ Christ, Nerbert/ Krumm, Hans-Jürgen (Hrsg.): *Handbuch Fremdsprachenunterricht (5 Auflage).* Narr Francke Attempto Verlag GmbH & Co.KG. Tübingen. S. 302-305.

63. Pelz, Heidrun (1975): *Linguistik für Anfänger.* Hoffmann und Campe Verlag. Hamburg.

64. Raabe, Horst (2007): *Grammatikübungen.* **In:** Bausch, Karl-Richard/ Christ, Nerbert/ Krumm, Hans-Jürgen (Hrsg.): *Handbuch Fremdsprachenunterricht (5 Auflage).* Narr Francke Attempto Verlag GmbH & Co.KG. Tübingen. S. 283-287.

65. Raith, Thomas (2011): *Kompetenzen für aufgabenorientiertes Fremdsprachenunterrichten. (Eine qualitative Untersuchung zur Ausbildung von Fremdsprachenlehrkräften).* Narr Verlag. Tübingen.

66. Richter, Tobias/ Christmann, Ursula (2002): *Lesekompetenz: Prozessebenen und interindividuelle Unterschiede.* **In:** Groeben, Norbert / Hurrelmann, Bettina (2002): *Lesekompetenz.* Juventa Verlag Weinheim und München. S. 25-58.

67. Rickheit, Gert/ Strohner, Hans (1993): *Grundlagen der kognitiven Sprachverarbeitung (Modelle, Methoden, Ergebnisse).* Francke Verlag. Tübingen.

68. Rickheit, Gert/ Weiss, Sabine/ Eikmeyer, Hans-Jürgen (2010): *Kognitive Linguistik.* A. Francke Verlag. Tübingen.

69. Roche, Jörg (2005): *Fremdsprachenerwerb. Fremdsprachendidaktik.* A. Francke Verlag. Tübingen.

70. Schiefele, Ulriche/ Artelt, Cordula/ Schneider, Wolfgang/ Stanat, Petra (2004): *Struktur, Entwicklung und Förderung von Lesekompetenz.* VS Verlag für Sozialwissenschaften/ GWV Fachverlage GmbH. Wiesbaden

71. Schiffler, Ludger (2012): *Effektiver Fremdsprachenunterricht (Bewegung – Visualisierung – Entspannung)*. Narr Francke Verlag. Tübingen.
72. Schlag, Sabine (2011): *Kognitive Strategien zur Förderung des Text- und Bildverstehens beim Lernen mit illustrierten Sachtexten (Theoretische Konzeptualisierung und empirische Prüfung)*. Logos Verlag. Berlin.
73. Schlüter, Christiane (2007): *Die wichtigsten Psychologen im Porträt*. Marix Verlag. Wiesbaden.
74. Schmelter, Lars (2012): *Sprachbewusstheit – mehr als Grammatik*. In: Burwutz-Melzer, Eva/ Königs, Frank G./ Krumm, Hans-Jürgen (Hrsg.): *Sprachenbewusstheit im Fremdsprachenunterricht. (Arbeitspapiere der 32. Frühjahrskonferenz zur Erforschung des Fremdsprachenunterrichts)*. Narr Verlag. Tübingen. S. 189-197.
75. Schmidt, Wolfgang (1972): *Lernen – aber wie?*. List Verlag. München.
76. Schoenke, Eva (1994): *Neuere Entwicklungen in der Textlinguistik*. In: Wagner, Karl Heinz/ Wildgen, Wolfgang (Hrsg.): *Kognitive Linguistik und Interpretation*. Verlag Universität Bremen. Bremen. S. 77-106.
77. Schramm, Karen (2001): *L2-Lesen in Aktion*. Waxmann Verlag. Münster/ Berlin.
78. Stickel-Wolf, Christine/ Wolf, Joachim (2001): Wissenschaftliches Arbeiten und Lerntechniken. Gabler Verlag. Wiesbaden.
79. Storch, Günther (2009): *Deutsch als Fremdsprache. Eine Didaktik. (Theoretische Grundlagen und praktische Unterrichtsgestaltung)*. Wilhelm Fink Verlag. Paderborn.
80. Trim, John/ North, Brian/ Coste, Daniel (2001): *Gemeinsamer europäischer Referenzrahmen für Sprachen: lernen, lehren, beurteilen*. Langenscheidt. Straßburg.
81. Vetter, Dieter/ Walther, Johanna (1973): *Hebräisch funktional (Beschreibung operationalen Verfahrens)*. Calwer Verlag. Stuttgart.
82. Vielau, Axel (1997): *Methodik des kommunikativen Fremdsprachenunterricht (Ein lernerorientiertes Unterrichtskonzept [nicht nur] für Erwachsenenbildung) (4. Auflage)*. Cornelsen Verlag. Berlin.
83. Volpe, Idit/ Lauden, Edna/ Harusi, Hanna/ Shoshan Rachel (1991): *Et-Ivrit (Teil 2)*. Tel-Aviv.
84. Waldmann, Michael/ Weinert, Franz E. (1990): *Intelligenz und Denken (Perspektiven der Hochbegabungsforschung)*. Verlag für Psychologie Dr. C.J. Hogrefe. Göttingen.
85. Westhoff, Gerhard J. (1987): *Didaktik des Leseverstehens. Strategien des voraussagenden Lesens mit Übungsprogrammen*. Hueber Verlag. München.
86. Wolff, Dieter (2002): *Fremdsprachenlernen als Konstruktion*. Peter Lang Verlag. Frankfurt am Main.
87. Wolff, Dieter (2008): *Selbstbestimmtes Lernen und Lernerautonomie. (Einige Überlegung zum lernpsychologischen Hintergrund)*. In: Arntz, Reiner/

Kühn, Bärbel (Hrsg.): *Autonomes Fremdsprachenlernen in Hochschule und Erwachsenenbildung (Erträge des 1. Bremen Symposions zum autonomen fremdsprachenlernen).* AKS-Verlag. Bochum. S. 18-32.

88. Zimbardo, Philip/ Gerrig, Richard J./ Hoppe-Graff, Siegfried (1999): *Psychologie.* Springer. Berlin.

Anhangverzeichnis:

Anhang:

Anhang 1: Konzept (schematische Darstellung der Arbeit)

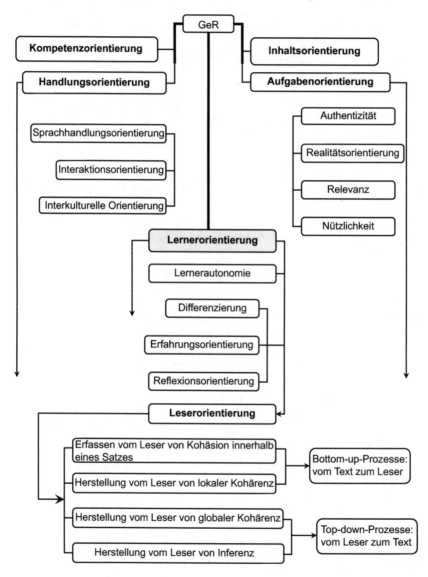

Anhang 2: Leitfaden für Gruppengespräch mit Studierenden der Universität Düsseldorf, die Hebräisch als Fremdsprache lernen

1. Einstieg

Wenn wird Hebräischsprachelernen bis jetzt noch einmal reflektiert, welches waren die **schwierigen Hürden** oder kritischen Phasen am Anfang? Oder werden nur noch positive **Erfahrungen** gesammelt?

_____

_____

_____

2. Fragen zur Motivation

• Welche Gründe haben für Ihre Entscheidung, **hebräische Sprache** zu lernen?

_____

_____

_____

• Wozu lernen Sie Hebräisch:
a. um Fachwissen im bestimmten Bereich zu erweitern (Bibel, Literatur, Kultur usw.)
b. um neuen Bekanntschaften zu haben (persönlich oder per E-Mail (Internet))
c. für Projektarbeiten mit Hebräischsprechende (Zusammenarbeit in Gruppen während Auslandsemesters)
d. Hören und halten von Referaten auf hebräische Sprache
e. um selbst Übersetzungen zu machen bzw. schriftliche Dokumente von Kollegen aus Israel zu verstehen
f. um Israel zu besuchen/ mit Israeliten sprechen
g. systematische Recherche von Informationen bzw. auf hebräische Sprache
h. weitere Gründe:

_____

_____

_____

• Aus heutiger Sicht, finden Sie diese Gründe bestätigt?

_____

_____

• Wie verändert Ihre Motivation zum Sprachenlernen im Laufe der Zeit?

_____

_____

• Würden Sie sagen, aus heutiger Sicht, dass Ihre Erwartungen über den erfolgreiches Sprachenlernen erfüllt wurden?

_____

_____

_____

3. Fragen zu Kenntnissen und Fähigkeiten:

• Wie schätzen Sie waren Ihre Kenntnisse und Fähigkeiten auf hebräische Sprache zu Beginn des Sprachkurses „Modernes Hebräisch" an der Universität? Haben Sie früher Hebräisch gelernt? Wenn ja: wo, wann, wie lange, mit welchem Erfolg?

_____

_____

_____

• Haben Sie neuen Methoden und Techniken des wissenschaftlichen Arbeitens beim Hebräischlernen erfahren? Welche Lerntechnik konkret in Bezug auf Sprachenunterricht „Hebräisch" besonders effektiv ist?

_____

_____

_____

- Hätten Sie mehr Förderung / Unterstützung zu Anfang Ihres Hebräischsprachelernens gebraucht? Oder waren die Fähigkeiten ausreichend für selbständiges Lernen?

_____

_____

_____

- Wie beurteilen Sie heute Ihre Kenntnisse von hebräische Sprache?
  (Hören, verstehen von Sendungen; Lesen; Reden; Verfassen von Texten)

_____

_____

_____

- Wie beurteilen Sie folgende Bedingungen Ihres Lernens?
a. Wie beurteilen Sie die Bereitschaft der Lehrer, auf Fragen und Probleme im Bezug auf Sprache einzugehen?

_____

_____

- Wie beurteilen Sie das Bemühen der Lehrkräfte um eine verständliche Darstellung in den Lehrveranstaltungen machen?

_____

_____

4. Fragen zu Sprachlernproblemen

- Welche Schwierigkeiten haben Sie in Ihrem Sprachlernverlauf gehabt?

_____

_____

- Wenn Sie an Ihren Sprachproblemen denken, was bereitet Ihnen Sorgen?

_____

_____

- Welche Förderangebote noch vorhanden sind, um Prozess des Spracherwerbs zu erleichtern? Nehmen Sie diese in Anspruch?

_____

_____

5. Fragen zu Lehren und Lernen:
(Wie wird die Qualität des Lehrangebots eingeschätzt?(Wie werden die Lehrinhalte und das Lehrangebot beurteilt)

- Wo sehen Sie die Hauptschwächen des Lernvorgangs?

_____

_____

- Was gefällt besonders gut und was macht die größten Schwierigkeiten beim erlernen der hebräischen Sprache?

_____

_____

Anhang 3: Schema: Verständnis von Skalen und die Deskriptoren durch Veranschaulichung

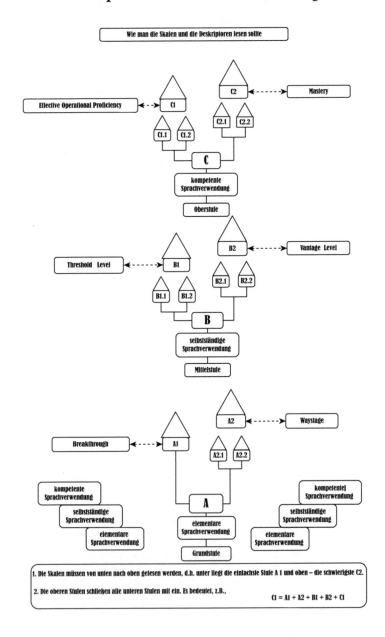

Anhang 4: Tabelle: GeR (Gemeinsamer europäischer Referenzrahmen) (vgl. Trim, John/ North, Brian/ Coste, Daniel (2001): *Gemeinsamer europäischer Referenzrahmen für Sprachen: lernen, lehren, beurteilen.* **Langenscheidt. Straßburg)**

GeR: was, wofür, wozu	
Definition:	der GeR ist ein umfassender, transparenter und kohärenter Referenzrahmen für das Lernen und Lehren von Sprachen, der multifunktional, flexibel, offen, dynamisch, benutzerfreundlich und undogmatisch sein soll.
Merkmale des GeR:	→ kontextfrei / kontextrelevant
	→ universal
	→ funktional
	→ benutzerfreundlich
	→ flexibel / ein flexibles Verzweigungsmodell
	→ kohärent
Wozu dient der GeR?	Gemeinsamer europäischer Referenzrahmen (GeR) ist ein Versuch, die unterschiedlichen Anforderungen an den Fremdsprachenunterricht (FU), verursacht durch die unterschiedlichen Bildungssysteme, anzugleichen.
Ziel:	Der Standard erarbeiten für Kompetenzniveaubeschreibung und - Beurteilung
Aufgabe:	der GeR stellt die Entwicklung von zielsprachlichen Lehrplänen, curricularen Richtlinien, sowie Prüfungen und Lehrwerken auf einer gemeinsamen europäischen Basis, d.h. man bestimmt die Kompetenzen und die Teilkompetenzen, die der Lerner auf einer bestimmten Stufe in der Zielsprache erreichen sollte.
GeR beinhaltet:	
Beschreibungs-system	theoriebezogene
Begriffsraster	konkrete Formulierung / System der Bezeichnung
Globalskala	Erarbeitung von Deskriptoren → formulierte Kompetenzskala
Deskriptoren	benutzerfreundlich/ zugänglich/ kurz / klar / transparent / flexibel /kohärent
Skalen	Messverfahren: Richtigkeit der Skalierung:objektiv / valide / systematisiert

Kriterien:	→Orientierung	Skalen für Benutzer	Selbsteinschätzung (Raster)	was das Lernende tun kann
	→ Diagnostizierung	Skalen für Beurteilende	kompetente Einschätzung	wie gut ein Lernender die Sprache verwenden kann
	→Kategorisierung → Systematisierung	Skalen für Testautoren	Testerstellung (aufgabenorientierte)	was Lernende mit der Sprache tun kann

Lernen und Lehren mit GeR	
Gewinn für Lernende:	der GeR erleichtert den Lernern die Einschätzung ihrer Sprachkenntnisse und das Lernen der Sprachen durch das Wissen über Kenntnisse und Fertigkeiten, die mit einem bestimmten Niveau verbunden sind.
Gewinn für Lehrer:	der GeR gibt den Sprachvermittlern aus unterschiedlichen Ländern eine Möglichkeit der Kommunikation und Zusammenarbeit durch die Transparenz der Ziele, Inhalte und Methoden der Sprachvermittlung.

Globalisierung und GeR	
GeR → sofort Niveau bestimmen	Mit dem Wachstum der Europäischen Union und dem damit verbundenen Schwinden von Grenzen ist es auch notwendig, den Arbeitgebern die Möglichkeit zu geben, einen Überblick über die verfügbaren Sprachkenntnisse der Arbeitnehmer zu haben.

handlungsorientierte Ansatz im GeR	
Handlungsorientierung →	handlungsorientierte Ansatz mit dem funktionalen Gebrauch der Sprache verbunden und beinhaltet die Verwendung von kommunikativen Aufgaben, die zur Handlung anregen.
Lerner und Handlungsorientierung	der Lerner wird als sozial Handelnder betrachtet. Dabei ist sein erfolgreiches Handeln in einer bestimmten Situation wichtiger, als die perfekte Beherrschung der Sprache.

3 allgemeine Sprachkompetenzskalen im GeR		
Skalen	benutzerorientierte	benutzerorientierte Skalen (für Benutzer) auf Quantität ausgerichtet. Man beschreibt dem Lerner, was er tun kann. Diese Skalen sind grundsätzlich positiv formuliert.
	beuerteilungs-sorientierte = diagnostizierte	beurteilungsorientierte Skalen (für Beurteilende) auf Qualität ausgerichtet. Man schaut an, wie gut der Lerner die Sprache verwendet. Diese Skalen sind oft negativ formuliert und können sowohl holistisch, als auch analytisch sein.
	aufgabenorientierte	aufgabenorientierte Skalen (für Testautoren) sind als Anleitung zur Testerstellung zu verstehen. Man schaut an, was der Lerner mit der Sprache tun kann. Diese Skalen sind holistisch und als kommunikative Aufgaben formuliert.

GeR: produktive mündliche Kompetenz einschätzen

produktive mündliche Aktivitäten:		→ mündliche Produktion allgemein
		→ zusammenhängendes monologisches Sprechen: Erfahrungen beschreiben
		→ zusammenhängendes monologisches Sprechen: Argumentieren
		→ öffentliche Ankündigungen/Durchsagen machen/ vor Publikum sprechen
GeR: produktive schriftliche Kompetenz einschätzen		
produktive schriftliche Aktivitäten:		→ schriftliche Produktion allgemein
		→ kreatives Schreiben
		→ Berichte und Aufsätze schreiben
Referenzniveau bestimmen → inhaltliche Kohärenz der GeR		
A 1	„Anfängerniveau"	→ Themen: Wohnort, Bekannte, Dinge Deskriptoren: nur öffentlicher Bereich Ziel: unmittelbare Bedürfnisse zu befriedigen
A2		→ Themen: alltägliche Gespräche führen bzw.Höflichkeitsformen verwenden Deskriptoren: nur öffentlicher Bereich Ziel: kurze soziale Kontaktgespräche führen
B1	„Reisendeniveau"	→ Themen: Deskriptoren: öffentlicher und sozialer Bereiche Ziel: Interaktion aufrechtzuerhalten/ Hauptpunkte von längeren Gesprächen verstehen
B2	„Berufniveau"	→ Themen: Interaktion im alltäglichen und beruflichen Leben Deskriptoren: öffentlicher, sozialer und beruflicher Bereiche Ziel: im Berufsfeld kommunizieren: Argumentieren, Vermutungen anzustellen, Vorschläge beurteilen
C1	„Studiumniveau"	→ Themen: längere wissenschaftliche Texte analysieren Deskriptoren: öffentlicher, sozialer, beruflicher und wissenschaftlicher Bereiche Ziel: flüssige, spontane Kommunikation / detailliertes Verstehen / idiomatische Ausdrücke verwenden/ sehr fließend und gut strukturiert sprechen/ Umschreibungen machen
C2	„Mastery"	→ Themen: alle Deskriptoren: öffentlicher, sozialer, beruflicher und wissenschaftlicher Bereiche Ziel: Bedeutungsnuancen genau und flexibel auszudrücken / Information sinnvoll zusammenzufassen
Kompetenzskala → Noten → Verbindung		GeR entwickelt sich für: 1) Lernerfolg feststellen; 2) transparente Kriterien für Vergabe von Noten haben → Prüfungsoperationalisierung; 3) kohärente Bezüge zwischen verschiedenen Bildungssektoren, Leistungsstufen und Beurteilungsarten innerhalb des Systems zu schaffen

Anhang 5: Semantisierung mithilfe des Visualisierungsverfahrens

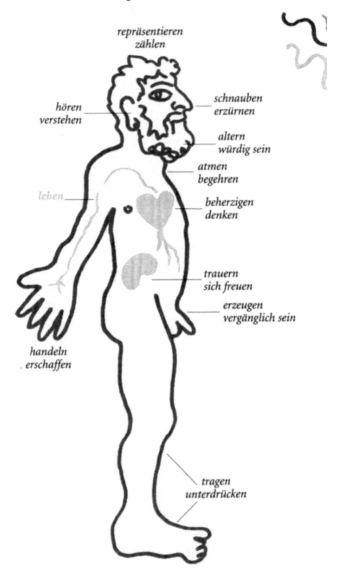

(Schroer, Silvia/ Staubli, Thomas (2005): Die Körpersymbolik der Bibel. *Gütersloher Verlagshaus. Gütersloh)*

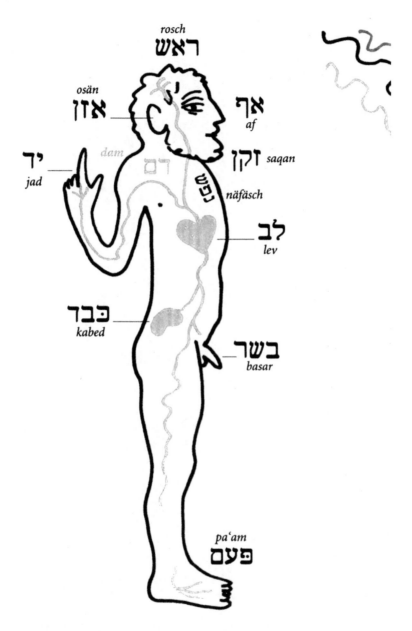

rosch
ראש

osän
אזן

af
אף

jad
יד

dam
דם

saqan
זקן

näfäsch
נפש

lev
לב

kabed
כבד

basar
בשר

pa'am
פעם

Schroer, Silvia/ Staubli, Thomas (2005): Die Körpersymbolik der Bibel. *Gütersloher Verlagshaus. Gütersloh*

173

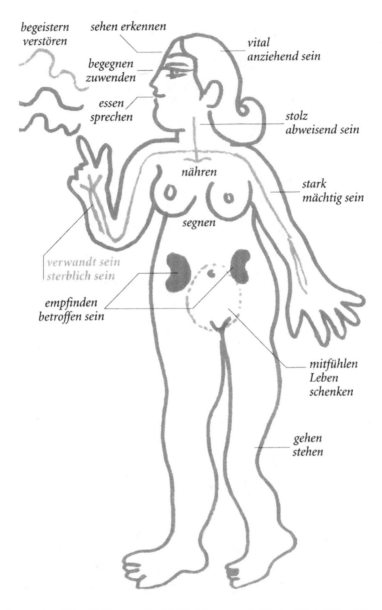

begeistern
verstören

sehen erkennen

begegnen
zuwenden

essen
sprechen

vital
anziehend sein

stolz
abweisend sein

nähren

stark
mächtig sein

segnen

verwandt sein
sterblich sein

empfinden
betroffen sein

mitfühlen
Leben
schenken

gehen
stehen

Schroer, Silvia/ Staubli, Thomas (2005): Die Körpersymbolik der Bibel. Gütersloher Verlagshaus. Gütersloh

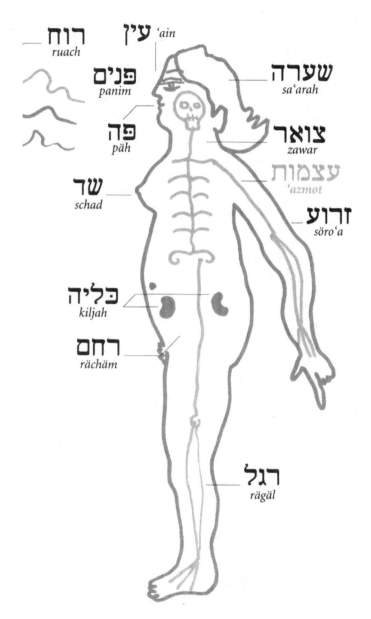

רוּחַ
ruach

עַיִן 'ain

פָּנִים
panim

פֶּה
päh

שַׁד
schad

שַׂעֲרָה
sa'arah

צַוָּאר
zawar

עַצְמוֹת
'azmot

זְרוֹעַ
söro'a

כִּלְיָה
kiljah

רֶחֶם
rächäm

רֶגֶל
rägäl

Schroer, Silvia/ Staubli, Thomas (2005): Die Körpersymbolik der Bibel. *Gütersloher Verlagshaus*. Gütersloh

175

Anhang 6: Schema: Visualisierung: Bilder und Bilderfunktionen

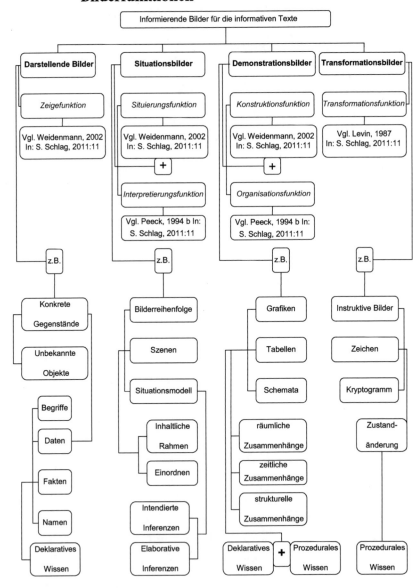

(zusammengefasst nach: S. Schlag, 2011:10-15)

Anhang 7: Tabelle: Drei Arten des Verstehens

Vor dem Lesen	Vorverständnis Bedeutung-santizipation	Antizipation Hypothesen-bildung	Auf der Grundlage der Schemakenntnis	Top-down-Prozesse (auf der Grundlage des Weltwissens)
Während des Lesens	Sinnverstehen Bedeutung-sentnahme	Kohärenzbildung (Erschließung von expliziten Bedeutungen)	Extraktion von Propositionen und Erstellung einer kohärenten Textbasis unter dem Einfluss von gespeicherten im Kopf Schemata	Bottom-up-Prozesse (auf der Grundlage des Sprachwissens)
Nach dem Lesen	Interpretation Deutung der Bedeutung komparatives Verstehen	Inferenzbildung (Erweiterung von expliziten Bedeutungen durch Erschließung von impliziten Bedeutungen)	Bildung eines mentalen Modells auf der Grundlage der Textbasis	Interaktion von Top-down und bottom-up-Prozesse (Interaktion von Welt- und Sprachwissen)

Anhang 8: Schema: Vorverständnis ist mit den Texterwartungen (Hypothesen über Inhalt des Textes) gleichgesetzt

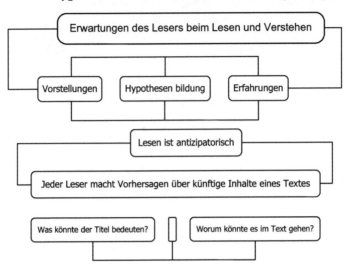

Anhang 9: Schema: Begriff „Sprachbewusstheit"
(zusammengefasst nach L. Schmelter, 2012: 189-190)

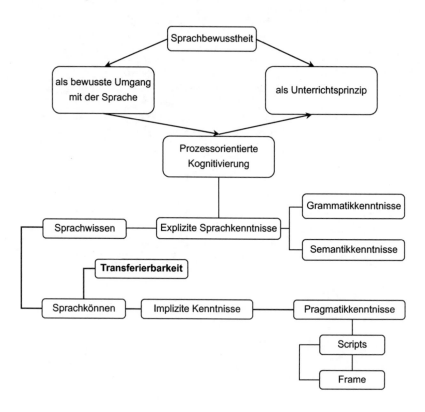

Anhang 10: Tabelle (a): Lehrbuchanalyse für die Direkte Methode

№	Lehrbuchanalyse für die Modernhebräisch-unterricht	Buch: עת העברית (חלק 1) Autor: עדנה לאודן\ חנה הרוסי\ רחל שושן\ עידית וולפה Verlag: מטח המרכז לטכנולוגיה חימוכות Jahr: 1991 Seitenzahl: 212	Buch: עברית מן ההתחלה (חלק 1) Autor: שלומית חייט\ שרה \ישראליו הילה קובלינר Verlag: אקדמון. ירושלים Jahr: 1990 Seitenzahl: 224	Buch: עברית מאלף עד תיו Autor: שושנה ברוש\ חנה הרוסי\ אנינה חיים\ עדנה לאודן\ עירית עמית Verlag: הוצאת דיונון – אוניברסיטת תל-אביב Jahr: 2006 Seitenzahl: 303
1	Lehrwerk			
	Zielgruppe: Erwachsene	ohne Vorkenntnisse	ohne Vorkenntnisse	mit Alphabet-kenntnisse
	Zielsetzungen: für Direkte Methode (תירבעב תירבע)	+		+
	Zeitbedarf	1 JAHR (2 Semester)	1 JAHR (2 Semester)	1 JAHR (2 Semester)
	Aufbau der Lektionen:			
	Zahl der Lektionen	18	67	25
	Teile der Lektionen			
	Dialog	+	+	+
	Redemittel	+	+	+
	Übungen	+	+	+
	Lange der Lektionen	ca. 4 Seite	ca. 4 Seite	ca. 10 Seite
	Inhalte der Lektionen			
	Landeskun-dekenntnisse	+	+	+

№	Lehrbuchanalyse für die Modernhebräischunterricht	Buch: עת העברית (חלק 1) Autor: עדנה לאודן\ חנה הרוסי\ רחל שושן\ עידית וולפה Verlag: מטח המרכז לטכנולוגיה חימוכות Jahr: 1991 Seitenzahl: 212	Buch: עברית מן ההתחלה (חלק 1) Autor: שלומית חייט\ שרה \ישראלי\ הילה קובלינר Verlag: אקדמון. ירושלים Jahr: 1990 Seitenzahl: 224	Buch: עברית מאלף עד תיו Autor: שושנה ברוש\ חנה הרוסי\ אנינה חיים\ עדנה לאודן\ עירית עמית Verlag: הוצאת דיונון – אוניברסיטת תל-אביב Jahr: 2006 Seitenzahl: 303
	Pragmatisch - interkulturelle Ausrichtung	+	+	+
2	**Mediale Ausstattung & Konzeption: CDs/ Kassette pro Band**	1 Kassette oder 1 CD	-	1 CD
3	**Curriculare Kalibrierung**			
	Orientierung am Sprachniveau der Lernenden	Niveau א (alef)/A1-A2	Niveau א (alef)/A1-A2	Niveau א (alef)/ A1-A2
	Angemessener Umfang des Materials zur Verfügung	+	+	+
4	**Fremdsprachen-didaktische Aktivität/ Die Fertigkeit Lesen**			
	Lesetexten: Textsorte „Dialog" steht am Anfang jeweiliger Lektion	+	+	+
	Überprüfende Leseübungen (Beantwortung auf Verständnisfragen)	+	+	+

№	Lehrbuchanalyse für die Modernhebräisch-unterricht	Buch: עת העברית (חלק 1) Autor: עדנה לאודן\ חנה הרוסי\ רחל שושן\ עידית וולפה Verlag: מטח המרכז לטכנולוגיה חימוכות Jahr: 1991 Seitenzahl: 212	Buch: עברית מן ההתחלה (חלק 1) Autor: שלומית חייט\ שרה \ישראליו הילה קובלינר Verlag: אקדמון. ירושלים Jahr: 1990 Seitenzahl: 224	Buch: עברית מאלף עד תיו Autor: שושנה ברוש\ חנה הרוסי\ אנינה חיים\ עדנה לאודן\ עירית עמית Verlag: הוצאת דיונון – אוניברסיטת תל-אביב Jahr: 2006 Seitenzahl: 303
	Lesestrategietraining	-	-	-
5	**Fremdsprachen-didaktische Aktivität/ Die Fertigkeit Hören**			
	Hörübungen	-	-	+
	Hörverstehenstrai-ning: globale und selektive Ebene	-	-	-
	Audiotextesqualität	gut	-	gut
6	**Fremdsprachen-didaktische Aktivität/ Die Fertigkeit Sprechen**			
	Dialogische Vorgaben zum Gespräch	-	-	-
	Training aktiven Sprachhandelns zur Entwicklung der sprachlichen Flüssigkeit	-	-	-
7	**Fremdsprachen-didaktische Aktivität/ Die Fertigkeit Schreiben**			

№	Lehrbuchanalyse für die Modernhebräisch-unterricht	Buch: עת העברית (חלק 1) Autor: עדנה לאודן\ חנה הרוסי\ רחל שושן\ עידית וולפה Verlag: מטח המרכז לטכנולוגיה חימוכות Jahr: 1991 Seitenzahl: 212	Buch: עברית מן ההתחלה (חלק 1) Autor: שלומית חייט\ שרה \ישראלי\ הילה קובלינר Verlag: אקדמון. ירושלים Jahr: 1990 Seitenzahl: 224	Buch: עברית מאלף עד תיו Autor: שושנה ברוש\ חנה הרוסי\ אנינה חיים\ עדנה לאודן\ עירית עמית Verlag: הוצאת דיונון – אוניברסיטת תל-אביב Jahr: 2006 Seitenzahl: 303
	Aufbau der Fertigkeit, auf Hebräisch zu schreiben (schriftliche Aufgaben)	+	-	+
	Schreibtraining von unterschiedlichen Textarten: Briefe etc.	-	+	+
8	**Übungs- und Aufgabenkonzeption**			
	Integrierte Fertigkeitstraining als Konzept	+		+
	Progression der Übungen: vom Einfachen zu Schwierigem	+		+
9	**Grammatik**			
	Grammatiktraining induktiv (Grammatiklernen aus Beispiel)	+	+	+
	Erarbeitung grammatischer Regeln// Automatisierungsübungen	+	-	-

№	Lehrbuchanalyse für die Modernhebräisch-unterricht	Buch: עת העברית (חלק 1) Autor: עדנה לאודן\ חנה הרוסי\ רחל שושן\ עידית וולפה Verlag: מטח המרכז לטכנולוגיה חימוכות Jahr: 1991 Seitenzahl: 212	Buch: עברית מן ההתחלה (חלק 1) Autor: שלומית חייט\ שרה \ישראלי\ הילה קובלינר Verlag: אקדמון. ירושלים Jahr: 1990 Seitenzahl: 224	Buch: עברית מאלף עד תיו Autor: שושנה ברוש\ חנה הרוסי\ אנינה חיים\ עדנה לאודן\ עירית עמית Verlag: הוצאת דיונון – אוניברסיטת תל-אביב Jahr: 2006 Seitenzahl: 303
	Induktive Zusammenfassung der Grammatik am Ende jeweiliger Lektionen	-	-	+
10	**Phonetik**			
	Phonetische Übungen am Anfang/ Integration von Übungen zu Aussprache	+	-	-
11	**Wortschatzarbeit**			
	Sprachformen, Redewendungen, Idiomen und Ausdrücke im Kontext assoziativ üben/ fokussierte Verwendung von Wortschatz / Zusammenfassung am Ende der jeweiligen Lektion	-	-	+
12	**Visualisierung von Dialogen**	+	+	+
	Graphisch gestützte Strategien zur Erweiterung von Wortschatz (Bilder etc.)	+	+	+

Tabelle (b): Lehrbuchanalyse

№	Lehrbuchanalyse für den Modernhebräisch-unterricht	Buch: בעל-פה ובכתב ((חלק אי מחודש Autor:\ אריה ליפשיץ שרה יעקובובסקי Verlag: הודפס בישראל Jahr: 1984 Seitenzahl: 297	Buch: ב להצלית בעברית! Autor: מאירה מעדיה Verlag: תל-אביב Jahr: 2005 Seitenzahl: 200
1	Lehrwerk		
	Zielgruppe: Erwachsene	ohne Vorkenntnisse	mit Vorkenntnisse
	Zielsetzungen: für Direkte Methode (עברית בעברית)	+	+
	Zeitbedarf	1 JAHR (2 Semester)	1 JAHR (2 Semester)
	Aufbau der Lektionen:		
	Zahl der Lektionen	תרגילים 233	28 Lektionen
	Teile der Lektionen		
	Dialog	+	+ längere Texte (ca. 200 Wörter)
	Redemittel	+	+
	Übungen	+	+
	Lange der Lektionen	von1 bis 5 Seiten	ca. 4 Seite
	Inhalte der Lektionen		
	Landeskundekennt-nisse	+	+
	Pragmatisch - interkulturelle Ausrichtung	+	+

No	Lehrbuchanalyse für den Modernhebräischunterricht	<u>Buch:</u> בעל-פה ובכתב (\חלק אי מחודש) <u>Autor:</u> \אריה ליפשיץ שרה יעקובובסקי <u>Verlag:</u> הודפס בישראל <u>Jahr:</u> 1984 <u>Seitenzahl:</u> 297	<u>Buch:</u> ב להצלית בעברית! מאירה מעדיה <u>Autor:</u> תל-אביב <u>Verlag:</u> <u>Jahr:</u> 2005 <u>Seitenzahl:</u> 200
2	**Mediale Ausstattung & Konzeption: CDs/ Kassette pro Band**	-	-
3	**Curriculare Kalibrierung**		
	Orientierung am Sprachniveau der Lernenden	Niveau א (alef/A1-A2)	Niveau ב (bet/B1-B2)
	Angemessener Umfang des Materials zur Verfügung	+	+
4	**Fremdsprachendidaktische Aktivität/ Die Fertigkeit Lesen**		
	Lesetexten: Textsorte „Dialog" steht am Anfang jeweiliger Lektion	+	+
	Überprüfende Leseübungen (Beantwortung auf Verständnisfragen)	+	+
	Lesestrategietraining	-	-
5	**Fremdsprachendidaktische Aktivität/ Die Fertigkeit Hören**		
	Hörübungen	-	-
	Hörverstehenstraining: globale und selektive Ebene	-	-
	Audiotextesqualität	-	-

№	Lehrbuchanalyse für den Modernhebräischunterricht	Buch: בעל-פה ובכתב ((חלק אי מחודש Autor:\ אריה ליפשיץ שרה יעקובובסקי Verlag: הודפס בישראל Jahr: 1984 Seitenzahl: 297	Buch: להצלית בעברית! ב Autor: מאירה מעדיה Verlag: תל-אביב Jahr: 2005 Seitenzahl: 200
6	**Fremdsprachendidaktische Aktivität/ Die Fertigkeit Sprechen**		
	Dialogische Vorgaben zum Gespräch	-	-
	Training aktiven Sprachhandelns zur Entwicklung der sprachlichen Flüssigkeit	-	-
7	**Fremdsprachendidaktische Aktivität/ Die Fertigkeit Schreiben**		
	Aufbau der Fertigkeit, auf Hebräisch zu schreiben (schriftliche Aufgaben)	+	+
	Schreibtraining von unterschiedlichen Textarten: Briefe etc.	-	-
8	**Übungs- und Aufgabenkonzeption**		
	Integrierte Fertigkeitstraining als Konzept	+	+
	Progression der Übungen: vom Einfachen zu Schwierigem	+	+
9	**Grammatik**		

№	Lehrbuchanalyse für den Modernhebräischunterricht	Buch: בעל-פה ובכתב ((חלק אי מחודש Autor: אריה ליפשיץ\ שרה יעקובובסקי Verlag: הודפס בישראל Jahr: 1984 Seitenzahl: 297	Buch: ב להצלית בעברית! Autor: מאירה מעדיה Verlag: תל-אביב Jahr: 2005 Seitenzahl: 200
	Grammatiktraining induktiv (Grammatiklernen aus Beispiel)	+	+
	Erarbeitung grammatischer Regeln// Automatisierungsübungen	-	-
	Induktive Zusammenfassung der Grammatik am Ende jeweiliger Lektionen	-	-
10	Phonetik		
	Phonetische Übungen am Anfang/ Integration von Übungen zu Aussprache	-	+
11	Wortschatzarbeit		
	Sprachformen, Redewendungen, Idiomen und Ausdrücke im Kontext assoziativ üben/ fokussierte Verwendung von Wortschatz / Zusammenfassung am Ende der jeweiligen Lektion	-	-
12	Visualisierung von Dialogen	+	+
	Graphisch gestützte Strategien zur Erweiterung von Wortschatz (Bilder etc.)	+	+

Tabelle (c): Lehrbuchanalyse

№	Lehrbuchanalyse für den Modernhebräisch-unterricht	Buch: מי מפחד מעיתון Autor: רינה פדן Verlag: הוצאת ריונון אוניבקרסיטת תל-אביב Jahr: 1997 Seitenzahl: 104	Buch: עברית מאלף עד תיו. ג Autor: \מנצור נומי רינה פדן\ עדנה לאודן Verlag: תל-אביב Jahr: 2005 Seitenzahl: 152
1	**Lehrwerk**		
	Zielgruppe: Erwachsene	mit Vorkenntnisse	mit Vorkenntnisse
	Zielsetzungen: für Direkte Methode (עברית בעברית)	+	+
	Zeitbedarf	1-2 JAHREN (2-4 Semester)	1-2 JAHREN (2-4 Semester)
	Aufbau der Lektionen:		
	Zahl der Lektionen		26
	Teile der Lektionen		
	Dialog	Zeitungstexte (ca. 150-400 Wörter)	lange Texte (ca. 250-350 Wörter)
	Redemittel	+	+
	Übungen	+	+
	Lange der Lektionen	ca. 19 Seiten (incl. 6 Texten)	ca. 4 Seite (1-2 Text pro Lektion)
	Inhalte der Lektionen		
	Landeskundekenntnisse	+	+
	Pragmatisch - interkulturelle Ausrichtung	+	+
2	**Mediale Ausstattung & Konzeption: CDs/ Kassette pro Band**	-	-

№	Lehrbuchanalyse für den Modernhebräisch-unterricht	**Buch:** מי מפחד מעיתון **Autor:** רינה פדן **Verlag:** הוצאת ריונון אוניבקרסיטת תל-אביב **Jahr:** 1997 **Seitenzahl:** 104	**Buch:** עברית מאלף עד תיו. ג **Autor:** מנצור נומי\ רינה פדן\ עדנה לאודן **Verlag:** תל-אביב **Jahr:** 2005 **Seitenzahl:** 152
3	**Curriculare Kalibrierung**		
	Orientierung am Sprachniveau der Lernenden		
	Angemessener Umfang des Materials zur Verfügung	Niveau ג-ב (Bet - Gimel/ B2-C1)	Niveau ג (Gimel/ C1)
4	**Fremdsprachen-didaktische Aktivität/ Die Fertigkeit Lesen**	+	+
	Lesetexten: Textsorte „Dialog" steht am Anfang jeweiliger Lektion		
	Überprüfende Leseübungen (Beantwortung auf Verständnisfragen)	+	+
	Lesestrategietraining	+	+
5	**Fremdsprachen-didaktische Aktivität/ Die Fertigkeit Hören**	+	+
	Hörübungen		
	Hörverstehenstraining: globale und selektive Ebene	-	-
	Audiotextesqualität	-	-
6	**Fremdsprachen-didaktische Aktivität/ Die Fertigkeit Sprechen**	-	-
	Dialogische Vorgaben zum Gespräch		
	Training aktiven Sprachhandelns zur Entwicklung der sprachlichen Flüssigkeit	-	-

№	Lehrbuchanalyse für den Modernhebräisch-unterricht	**Buch:** מי מפחד מעיתון **Autor:** רינה פדן **Verlag:** הוצאת ריונון אוניבקרסיטת תל-אביב **Jahr:** 1997 **Seitenzahl:** 104	**Buch:** עברית מאלף עד תיו. ג **Autor:** \מנצור נומי רינה פדן\ עדנה לאודן **Verlag:** תל-אביב **Jahr:** 2005 **Seitenzahl:** 152
7	**Fremdsprachen-didaktische Aktivität/ Die Fertigkeit Schreiben**	-	-
	Aufbau der Fertigkeit, auf Hebräisch zu schreiben (schriftliche Aufgaben)		
	Schreibtraining von unterschiedlichen Textarten: Briefe etc.	-	+
		-	-
8	**Übungs- und Aufgabenkonzeption**		
	Integrierte Fertigkeitstraining als Konzept	nur Lesefertigkeit	+
	Progression der Übungen: vom Einfachen zu Schwierigem	+	+
9	**Grammatik**		
	Grammatiktraining induktiv (Grammatiklernen aus Beispiel)	-	+
	Erarbeitung grammatischer Regeln// Automatisierungsübungen	-	-
	Induktive Zusammenfassung der Grammatik am Ende jeweiliger Lektionen	-	-
10	**Phonetik**		
	Phonetische Übungen am Anfang/ Integration von Übungen zu Aussprache	-	-

№	Lehrbuchanalyse für den Modernhebräisch-unterricht	Buch: מי מפחד מעיתון Autor: רינה פדן Verlag: הוצאת ריונון אוניברסיטת תל-אביב Jahr: 1997 Seitenzahl: 104	Buch: עברית מאלף עד תיו. ג Autor: מנצור נומי\ רינה פדן\ עדנה לאודן Verlag: תל-אביב Jahr: 2005 Seitenzahl: 152
11	**Wortschatzarbeit**		
	Sprachformen, Redewendungen, Idiomen und Ausdrücke im Kontext assoziativ üben/ fokussierte Verwendung von Wortschatz / Zusammenfassung am Ende der jeweiligen Lektion	-	-
12	**Visualisierung von Dialogen**	-	+
	Graphisch gestützte Strategien zur Erweiterung von Wortschatz (Bilder etc.)	-	+

Tabelle (d): zweisprachige Lehrbuchanalyse für den Modern Hebräisch

№	Lehrbuchanalyse für den Modernhebräischunterricht	Buch: Lehrbuch der modernen hebräischen Sprache (8., unveränderte Auflage) Autor: Simon, Heinrich Verlag: VEB Verlag. Leipzig Jahr: 1986 Seitenzahl: 238	Buch: מורי (חלק 1,2) Autor: ל.י. ריקליס Verlag: דפוס תומר Jahr: 1989 Seitenzahl: 230 und 273
1	**Lehrwerk**		
	Zielgruppe: Erwachsene	ohne Vorkenntnisse	ohne Vorkenntnisse
	Zielsetzungen: für Grammatik-Übersetzungs-Methode	+	
	Erklärungen und Übersetzungen	auf Deutsch	auf Russisch
	Zeitbedarf	1 JAHR (2 Semester)	2 JAHREN (4Semester)
	Aufbau der Lektionen:		
	Zahl der Lektionen	25	36 für Teil 1 und 36 für Teil 2
	Teile der Lektionen		
	Grammatische Erklärungen	+	+
	Übungen	+	+
	Texte	+	+
	Lange der Lektionen	ca. 2-4 Seite	ca. 2-5 Seite
	Grammatiklernen und Übersetzen	+	+
	Analytische Ausrichtung	+	+
2	**Curriculare Kalibrierung**		
	Orientierung am Sprachniveau der Lernenden	Niveau א (Alef)	Niveau א (Alef)
	Angemessener Umfang des Materials zur Verfügung	+	+

№	Lehrbuchanalyse für den Modernhebräisch-unterricht	Buch: Lehrbuch der modernen hebräischen Sprache (8., unveränderte Auflage) Autor: Simon, Heinrich Verlag: VEB Verlag. Leipzig Jahr: 1986 Seitenzahl: 238	Buch: (1,2 חלק) מורי Autor: ל.י. ריקליס Verlag: דפוס תומר Jahr: 1989 Seitenzahl: 230 und 273
3	Fremdsprachen-didaktische Aktivität/ Die Fertigkeit Lesen		
	Lesetexten: narrative Texte	+	+
	zahlreiche Leseübungen für Anfänger	+	+
4	Fremdsprachen-didaktische Aktivität/ Die Fertigkeit Schreiben		
	Aufbau der Fertigkeit, auf Hebräisch zu schreiben (schriftliche Aufgaben)	+	+
	Analyse und Training von wort-wörtlichen Übersetzungen	+	+
5	Übungs- und Aufgabenkonzeption		
	Nur 2 Fertigkeiten von 4 trainiert wurden: Lesen und Schreiben	+	+
	Progression der Übungen: vom Einfachen zu Schwierigem	+	+
6	Grammatik		

№	Lehrbuchanalyse für den Modernhebräisch-unterricht	Buch: Lehrbuch der modernen hebräischen Sprache (8., unveränderte Auflage) Autor: Simon, Heinrich Verlag: VEB Verlag. Leipzig Jahr: 1986 Seitenzahl: 238	Buch: מורי (חלק 1,2 Autor: ל.י. ריקליס Verlag: דפוס תומר Jahr: 1989 Seitenzahl: 230 und 273
	Grammatiklernen ist deduktiv, d.h. mithilfe vorgegebenen und explizit formulierten, am Anfang des jeweiligen Kapitels stehenden Regeln)	+	+
	Erarbeitung grammatischer Regeln mithilfe zahlreichen Übungen	+	+
7	**Wortschatzarbeit**		
	Explizite Übungen nach gezielten Suche der Wörter im Wörterbücher	-	-

Tabelle (e): Lehrbuchanalyse für den Modern Hebräisch

№	Lehrbuchanalyse für den Modernhebräisch	Buch: צעדים 2000 ראשונים Autor: ליורה וינברן\ עדנה לאודן\ חנה הרוסי Verlag: תל-אביב Jahr: 1990 Seitenzahl: 57	Buch: א !להצלית בעברית. Autor: מאירה מעדיה Verlag: תל-אביב Jahr: 2005 Seitenzahl: 272
1	**Lehrwerk**		
	Zielgruppe: Erwachsene	ohne Vorkenntnisse	ohne Vorkenntnisse
	Zielsetzungen: für Grammatik-Übersetzungs-Methode	+	+
	Erklärungen und Übersetzungen	auf Russisch	auf Englisch
	Zeitbedarf	1 JAHR (2 Semester)	1 JAHR (2 Semester)
	Aufbau der Lektionen:		
	Zahl der Lektionen	7	14
	Teile der Lektionen		
	Grammatische Erklärungen	+	+
	Übungen	+	+
	Texte	+	+
	Lange der Lektionen	ca. 7-10 Seite	ca. 6-8 Seiten
	Grammatiklernen und Übersetzen	+	+
	Analytische Ausrichtung	+	+
2	**Curriculare Kalibrierung**		
	Orientierung am Sprachniveau der Lernenden	Niveau א	Niveau א
	Angemessener Umfang des Materials zur Verfügung	+	+

№	Lehrbuchanalyse für den Modernhebräisch	Buch: צעדים 2000 ראשונים Autor: \ליורה וינבך\ עדנה לאודן\ חנה הרוסי Verlag: תל-אביב Jahr: 1990 Seitenzahl: 57	Buch: א !להצלית בעברית. Autor: מאירה מעדיה Verlag: תל-אביב Jahr: 2005 Seitenzahl: 272
3	Fremdsprachen-didaktische Aktivität/ Die Fertigkeit Lesen		
	Lesetexten: narrative Texte	+	+
	zahlreiche Leseübungen für Anfänger	+	+
4	Fremdsprachen-didaktische Aktivität/ Die Fertigkeit Schreiben		
	Aufbau der Fertigkeit, auf Hebräisch zu schreiben (schriftliche Aufgaben)	+	+
	Analyse und Training von wort-wörtlichen Übersetzungen	+	+
5	Übungs- und Aufgabenkonzeption		
	Nur 2 Fertigkeiten von 4 trainiert wurden: Lesen und Schreiben	+	+
	Progression der Übungen: vom Einfachen zu Schwierigem	+	+
6	Grammatik		

№	Lehrbuchanalyse für den Modernhebräisch	<u>Buch:</u> צעדים 2000 ראשונים <u>Autor:</u> ליורה וינבך\ עדנה לאודן\ חנה הרוסי <u>Verlag:</u> תל-אביב <u>Jahr:</u> 1990 <u>Seitenzahl:</u> 57	<u>Buch:</u> א להצלית בעברית!. <u>Autor:</u> מאירה מעדיה <u>Verlag:</u> תל-אביב <u>Jahr:</u> 2005 <u>Seitenzahl:</u> 272
	Grammatiklernen ist deduktiv, d.h. mithilfe vorgegebenen und explizit formulierten, am Anfang des jeweiligen Kapitels stehenden Regeln)	+	+
	Erarbeitung grammatischer Regeln mithilfe zahlreichen Übungen	+	+
7	**Wortschatzarbeit**		
	Explizite Übungen nach gezielten Suche der Wörter im Wörterbücher	+	-

Tabelle (f): Wörterbuchanalyse für Modernhebräisch

Wörterbuch-analyse für Modernhebräisch	Autor: אברהם אבן-שושן Wörterbuch: המלון החדש Verlag: קרית ספר בע"מ ירושלים Jahr: 1966 Bände: 7	Autor: רוביק רוזנטל Wörterbuch: מילון הסלנג המקיר Verlag: כתר הוצאה לאור ירושלים Jahr: 2006 Bände: 1	Autor: יעקב שויקה Wörterbuch: מילון רב-מלים הצעיר Verlag: מטח – המרכז לטכנולוגיה הינוכית משכל (ידיעות אחרונות וספרי חמד) סטימצקי Jahr: 1996 Bände: 2	Autor: עורך ראשי: איתן אבניאון Wörterbuch: מילון ספיר (מילון עברי-עברי מרוכז בשיטת ההווה בהשתתפות אנשי לשון, חינוך ומדע Verlag: הד ארצי לאור\ איתאב בית הוצאה לאור Jahr: 1997 Bände: 1
Wörterbuch: einsprachig	+	+ (mündliche gesprochene Sprache im Alltag/ Slang)	+	+
Semantisierungs-verfahren: Visualisierung Graphisch gestützte Strategien zur Erweiterung von Wortschatz (Bilder etc.)	+	-	+	-
Zielsetzungen: (תירבעב תירבע) zielsprachlichen Erklärungen (durch Ersetzung von Synonymen)	+	+	+	+
Aufbau des Wörterbuches: hebräisch-alphabetisch geordnet	+	+	+	+

Wörterbuch-analyse für Modernhebräisch	**Autor:** אברהם אבן-שושן **Wörterbuch:** המלון החדש **Verlag:** קרית ספר בע"מ ירושלים **Jahr:** 1966 **Bände:** 7	**Autor:** רוביק רוזנטל **Wörterbuch:** מילון הסלנג המקיר **Verlag:** כתר הוצאה לאור ירושלים **Jahr:** 2006 **Bände:** 1	**Autor:** יעקב שויקה **Wörterbuch:** מילון רב-מלים הצעיר **Verlag:** – מטח המרכז לטכנולוגיה הינוכית משכל (ידיעות אחרונות וספרי חמד) סטימצקי **Jahr:** 1996 **Bände:** 2	**Autor:** עורך ראשי: איתן אבניאון **Wörterbuch:** מילון ספיר (מילון עברי-עברי מרוכז בשיטת ההווה בהשתתפות אנשי לשון, חינוך ומדע **Verlag:** הד ארצי לאור\ איתאב בית הוצאה לאור **Jahr:** 1997 **Bände:** 1
Pragmatisch - zielsprachlichen Ausrichtung	+	+	+	+
Wortschatz				
Sprachformen, Redewendungen, Idiomen und Ausdrücke im Kontext assoziativ üben/ fokussierte Verwendung von Wortschatz /	+	+	+	- (nur Sprachformen)

Anhang 11: Tabelle „Bestimmung von Lernziele" (vgl. Ende, Karin/ Grotjahn, Rüdiger/ Kleppin, Karin/ Mohr, Imke, 2013:134)

Thema „Kleidung" (vgl. *Sprachkurs Plus Anfänger Hebräisch*. Cornelsen Verlag. Berlin. 2010. ISBN: 978-3-589-01862-8, S. 109)

Bereiche	Tillernziele	
Sprachliches Wissen	Wortfeld „Kleidung": Kleiderarten + Verben	(z.b. Hose anziehen; Hemd anprobieren)
Lexik	Adjektiven für Charakteristik von Kleidung	(z.b. rot, gelb; groß – klein; modisch –veraltet; lang – kurz; teuer – billig; bequem – unbequem; alltägliche – festliche
Syntax	Sprachliche Strukturen, die man benutzt, um im Geschäft zurechtzukommen	(z.b.: darf ich… Ich möchte…. kaufen Wo kann ich… bezahlen?
Landeskundliches Wissen Land	Arten von Kleidung in Bezug auf Land und Klima	z.b. kalte Klima – warme Kleidung
Nationalität	Religiöse Vorstellungen und Kleidergewohnheiten	z.b., lange Kleider bei der religiösen jüdischen Frauen
Orte	Wo kann man Kleidung kaufen	(z.b. wo ist billiger, wo ist praktischer)
Prozedurales Wissen = Fertigkeiten = Sprachkönnen = Performanz	Prozedur Kauf-Verkauf ist auf Standard orientiert und bezieht auf das schematische Wissen des Scripts des Kauf-Verkaufprozesses	(z.b. Script „Kleid kaufen": - ins Geschäft gehen - ein Kleid auswählen - dieses Kleid anprobieren - wenn passt und gefällt, dieses Kleid zum Kasse nehmen und dort bezahlen - über Kauf freuen
Persönlichkeitsbezogene Kompetenzen Kommunikative Kompetenz	Situationsbezug	Rollenspiele z.b. Kleider kaufen – Kleider verkaufen (Vokabulartraining)

Bereiche	Tillernziele	
Kaufen als Leidenschaft	Begriff „Shopping" besprechen	Gruppenarbeit organisieren z.b. lernen, auf Zielsprache Kleidervorliebe ausdrücken Wer ist „Shoppogolik?" Was haben Sie dazu gehört oder gelesen?
Aufgabenorientierung	Training von produktiven Sprachgebrauch in Bezug auf das Thema „Kleidung"	